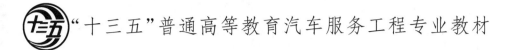"十三五"普通高等教育汽车服务工程专业教材

电动汽车构造与原理

刘玉梅　主　编
赵聪聪　副主编
林　逸　主　审

人民交通出版社股份有限公司
北京

内 容 提 要

本书是"十三五"普通高等院校汽车服务工程专业教材。全书共五章,主要内容包括:绪论、电动汽车的总体构造与工作原理、电动汽车车载能量源系统、电动汽车动力驱动系统、电动汽车辅助电气系统。本书吸收了汽车行业学术界的最新成果,知识体系合理,语言简洁明了,可读性强,适应当今汽车行业产业调整和高等教育发展的新要求。

本书由汽车服务工程专业教学指导委员会组织编写,可作为高等院校汽车服务工程专业与车辆工程专业等本科专业教学的教材使用,也可作为交通运输行业和汽车制造行业从业人员的参考书。

图书在版编目(CIP)数据

电动汽车构造与原理/刘玉梅主编.—北京:人民交通出版社股份有限公司,2020.6
ISBN 978-7-114-16406-4

Ⅰ.①电⋯ Ⅱ.①刘⋯ Ⅲ.①电传动汽车—车体构造—高等学校—教材②电传动汽车—理论—高等学校—教材 Ⅳ.①U469.72

中国版本图书馆 CIP 数据核字(2020)第 042310 号

书　名	电动汽车构造与原理
著　作　者	刘玉梅
责任编辑	李　良
责任校对	孙国靖　龙　雪
责任印制	张　凯
出版发行	人民交通出版社股份有限公司
地　　址	(100011)北京市朝阳区安定门外外馆斜街 3 号
网　　址	http://www.ccpcl.com.cn
销售电话	(010)59757973
总　经　销	人民交通出版社股份有限公司发行部
经　　销	各地新华书店
印　　刷	北京市密东印刷有限公司
开　　本	787×1092　1/16
印　　张	16.25
字　　数	398 千
版　　次	2020 年 6 月　第 1 版
印　　次	2020 年 6 月　第 1 次印刷
书　　号	ISBN 978-7-114-16406-4
定　　价	40.00 元

(有印刷、装订质量问题的图书由本公司负责调换)

"十三五"普通高等教育汽车服务工程专业教材编委会

主任委员: 许洪国(吉林大学)

副主任委员:

张国方(武汉理工大学)	储江伟(东北林业大学)
简晓春(重庆交通大学)	王生昌(长安大学)
李岳林(长沙理工大学)	肖生发(湖北汽车工业学院)
关志伟(天津职业技术师范大学)	付百学(黑龙江工程学院)

委员:

杨志发(吉林大学)	杜丹丰(东北林业大学)
赵长利(山东交通学院)	唐 岚(西华大学)
李耀平(昆明理工大学)	林谋有(南昌工程学院)
李国庆(江苏理工学院)	路玉峰(齐鲁工业大学)
周水庭(厦门理工学院)	宋年秀(青岛理工大学)
方祖华(上海师范大学)	郭健忠(武汉科技大学)
黄 玮(天津职业技术师范大学)	邬志军(皖西学院)
姚层林(武汉商学院)	田茂盛(重庆交通大学)
李素华(江汉大学)	夏基胜(盐城工学院)
刘志强(长沙理工大学)	孟利清(西南林业大学)
陈文刚(西南林业大学)	王 飞(安阳工学院)
廖抒华(广西科技大学)	李军政(湖南农业大学)
程文明(江西科技学院)	鲁植雄(南京农业大学)
钟 勇(福建工程学院)	张新锋(长安大学)
彭小龙(南京工业大学浦江学院)	姜连勃(深圳大学)
陈庆樟(常熟理工学院)	迟瑞娟(中国农业大学)
田玉东(上海电机学院)	赵 伟(河南科技大学)
陈无畏(合肥工业大学)	左付山(南京林业大学)
马其华(上海工程技术大学)	王国富(桂林航天工业大学)

秘书处: 李 斌 李 良

前言

环境保护是21世纪的关注热点,环境污染和能源危机已成为当下全球关注的焦点。在能源与环境的双重压力下,传统汽车动力系统的转型已成为必然。大力发展电动汽车是汽车工业借以解决能源、环境问题的可持续发展的重要途径。与传统内燃机汽车相比,电动汽车具有能量利用效率高、低排放、低噪声等特点,成为各大汽车厂商研发工作的主要关注点。我国电动汽车研究在"十五"和"十一五"期间发展迅速,在"863"计划、"电动汽车重大科技专项"等项目支持下,形成了"三纵三横"的发展格局。目前,通过政府、汽车厂商、研究机构等多方协力合作,推动了电动汽车产业的快速发展。

电动汽车是涉及机械、电子、电力、微机控制等多学科的高科技产品。经过多年的研究发展,电动汽车许多重要技术得到突破,电动汽车的性能也不断完善和提高。但电动汽车在电池及其管理技术、电机及其控制技术、整车控制与集成技术等方面仍面临巨大挑战。

本书由刘玉梅任主编,赵聪聪任副主编,林逸任主审。本书全面系统地论述了电动汽车的结构及原理,全书共分为5章:第一章介绍了电动汽车的概念、发展历史及其国内外发展现状,阐述了电动汽车的关键技术及发展方向;第二章系统阐述了纯电动汽车、增程式电动汽车、燃料电池电动汽车和混合动力电动汽车的结构、工作原理、关键技术和特性;第三章介绍了电动汽车各种车载能量源的结构、工作原理和使用特性;第四章介绍了电动汽车驱动电机的类型、结构、运行特性及特点,阐述了电动汽车再生制动的原理;第五章介绍了电动汽车的主要辅助电气系统。本书内容既涵盖了目前电动汽车已广泛使用的成熟技术,也涵盖了电动汽车发展的相关新技术。

由于编者学识有限,且电动汽车发展不断革新,书中错误和疏漏之处在所难免,敬请广大读者批评指正。

编 者
2020年1月

目 录
Mulu

第一章　绪论 …… 1
 第一节　电动汽车的定义 …… 1
 第二节　电动汽车的发展历史 …… 1
 第三节　电动汽车的国内外发展现状 …… 3
 第四节　电动汽车技术的特点及发展方向 …… 14

第二章　电动汽车的总体构造与工作原理 …… 17
 第一节　电动汽车的使用性能及评价参数 …… 17
 第二节　纯电动汽车 …… 19
 第三节　增程式电动汽车 …… 33
 第四节　燃料电池电动汽车 …… 40
 第五节　混合动力电动汽车 …… 52

第三章　电动汽车车载能量源系统 …… 90
 第一节　电动汽车车载能量源系统的基本结构与原理 …… 90
 第二节　铅酸蓄电池 …… 99
 第三节　镍氢蓄电池 …… 104
 第四节　锂离子蓄电池 …… 109
 第五节　燃料电池 …… 113
 第六节　电动汽车的其他储能装置 …… 135
 第七节　电动汽车动力电池集成系统 …… 143

第四章　电动汽车动力驱动系统 …… 155
 第一节　电动汽车动力驱动系统的构成、类型与原理 …… 155
 第二节　直流电机驱动系统 …… 159
 第三节　交流异步电机驱动系统 …… 173
 第四节　永磁电机驱动系统 …… 192
 第五节　开关磁阻电机驱动系统 …… 197
 第六节　轮毂电机驱动系统 …… 203
 第七节　电动汽车的再生制动能量回收技术 …… 210

第五章　电动汽车辅助电气系统 …… 216
第一节　电动汽车动力转向系统 …… 216
第二节　电动汽车制动助力系统 …… 230
第三节　采暖及空调系统 …… 237
第四节　电动汽车总线系统 …… 241
第五节　电动汽车仪表 …… 247
参考文献 …… 251

第一章 绪论

第一节 电动汽车的定义

2015年,全球汽车保有量从2007年的近9.2亿辆增至11.2亿辆左右,且每年以超过3000万辆的速度增长,预计2030年全球汽车保有量将达到30亿辆,主要增幅来自发展中国家。汽车产业的迅猛发展必然会导致环境问题和能源问题。一方面,汽车能源消费占世界能源总消费的25%左右;另一方面,燃油汽车以传统石油为燃料,排放尾气中含有大量有害物质,如CO、HC和NO_x等,对人类和自然环境造成严重危害。据统计,汽车CO_2的排放比例占人类CO_2排放总量的21%,并且该比例将随着汽车保有量的不断增加而持续增长。

为缓解能源与环境的双重危机,必然要求汽车工业提高车辆的能源使用效率,同时降低污染物的排放。为实现汽车的节能减排,欧美一些国家通过法规来限制燃油汽车有害物质的排放量。但遗憾的是,仅通过改善现有内燃汽车性能很难有效解决能源和环境问题,而能源与环境又恰恰影响并制约汽车技术的发展方向。因此,很多汽车制造商转向研究、开发、制造零污染和低污染汽车。电动汽车具有高能源利用率,且排放性能优良,其发展正是当今汽车工业借以解决环境和能源问题的重要途径,也是未来汽车工业实现可持续发展的必经之路。

电动汽车指由车载电源(或其他能源)提供全部或部分动力,用电动机驱动车轮行驶,且符合道路交通、安全法规各项要求的车辆。相比于内燃机汽车,电动汽车除具有不同的动力传递路径外,其性能和基本特征与内燃机汽车并无区别。电动汽车的车载能源(充电电池、燃料电池等)相当于内燃机汽车的油箱,而电动机则相当于内燃机汽车的发动机。

第二节 电动汽车的发展历史

1886年,德国人卡尔·奔驰(Karl Benz)设计制造了世界上第一辆以汽油为燃料的机动三轮车(图1-1),其具有现代汽车的基本特征。

相比于内燃机车,电动汽车的历史更为悠久,最早可溯源到19世纪上半叶。1834年,美国发明家托马斯·达文波特(Thomas Davenport)发明制造了世界上第一辆电动汽车。虽然该车性能很差、续驶里程短,且不能充电,但在电动汽车发展史上具

图1-1 卡尔·奔驰制造的第一辆汽车

有重要的里程碑意义,是世界上第一辆真正意义上的电动汽车。1835年,荷兰教授西博兰斯·斯特町(Si brandus Stratingh)设计了一款电动三轮车,其电动机应用了法拉第电磁感应原理。1859年,法国物理学家加斯顿·普兰特(Gaston Plante)成功研制了可进行重复充电的蓄电池。卡米尔·福尔在1881年对蓄电池性能进行了改进,提高了蓄电池容量,为电动汽车的进一步发展奠定了基础。1867年,奥地利发明家Franz Kravogl在巴黎世界博览会上推出了一款双轮驱动的电动汽车。

1873年,英国人罗伯特·戴维森(Robert Davidsson)制造了世界上第一辆具有实用价值的电动汽车(图1-2),这比1886年制造的第一辆内燃机汽车早了10年以上。该车长4800mm,宽1800mm,使用蓄电池作为储能装置。1881年,法国工程师Gustave Trouve在巴黎国际电力博览会上展示了三轮电动车,这是电动汽车第一次在国际舞台上亮相,也是第一辆实际意义上的可充电电动汽车。该电动三轮车的动力装置包括一台电动机和六节铅酸蓄电池组,时速仅为12km/h。1891年,莫里斯制造了第一辆电动四轮车(图1-3),实现了三轮向四轮的过渡,成为现代电动汽车的雏形。

图1-2　罗伯特·戴维森发明的电动汽车　　　　图1-3　莫里斯研制的电动四轮车

随后几年时间内,即19世纪末到20世纪初,电动汽车技术迅速发展,迎来了第一次黄金时期。1897年,美国费城电车公司研制的纽约电动出租车实现了电动汽车的商用化。20世纪初,安东尼电气、贝克、底特律电气(安德森电动车公司)、爱迪生等公司相继推出电动汽车,电动汽车销量全面超过燃油汽车。1912年美国电动汽车保有量已达到33842辆,电动汽车迎来了早期的全盛期。然而随着燃油汽车技术的迅速发展,加之电动汽车受限于电池技术、续驶里程以及价格等原因,电动汽车很快便丧失了吸引力,逐步退出市场。20世纪30年代起,电动汽车进入了冬眠期。

尽管内燃机汽车技术不断成熟,但大批量的投入使用造成了严重的环境问题。同时,燃油作为内燃机汽车的唯一原料,对其应用具有明显的制约作用,一旦出现能源紧缺,内燃机汽车必然面临致命影响。20世纪70年代初,中东爆发石油危机。在能源问题和环境问题的双重压力下,日本、欧洲和美国开始重新审视电动汽车的重要性,使电动汽车又得到了新一轮重视。

1965年,日本通产省正式把电动汽车列入国家项目,开始进行电动汽车的研制;1967年,日本成立电动汽车协会以促进电动汽车事业的发展;1971年,通产省制定《电动汽车的开发计划》,随后3年共拨款50亿日元来进行电动汽车的研发。1978年,日本研制出混合动力汽车,即由内燃机和电动机共同驱动车辆行驶。

石油危机同样刺激了美国对新能源汽车的研发进程。1967年美国通用汽车公司与福特汽车公司分别研发了新型电动汽车。随后,通用汽车在底特律附近的兰辛市建成EV-1

电动轿车总装厂。此外,美国政府也颁布了众多关于电动汽车研究、开发和应用的法律法规。如1976年美国公布了《纯电动汽车和混合动力电动汽车的研究开发和样车试用法》,通过政府资助等手段来推动电动汽车的发展。1977年第一次国际电动汽车会议在美国举行,公开展出了100多辆电动汽车。

但具有戏剧性的是,随着能源危机的逐渐退去,同时由于电动汽车技术进展缓慢,各国政府开始提倡对内燃机进行改进,通过提高燃油利用率来降低排放。电动汽车再次失去发展契机,步入低谷。

自20世纪90年代起,除能源问题外,因汽车工业迅猛发展而引发的空气污染、全球变暖等环境问题也日益突出。作为新能源的电动汽车再一次得到关注,并进入了快速发展时期,特别是电子技术和电池技术的突破性进展,为电动汽车的研发带来了质的飞越。镍氢电池、锂离子电池和锂聚合物电池等新型电池,有效增加了蓄电池容量,提高了电动汽车的动力性和续航能力。如通用研发的EV-1跑车,其组成结构包括液体动力式交流电机和铅酸电池,时速可达160km/h;1995年索尼公司研发出100A·h的锂离子蓄电池;1997年索尼公司所研发的搭载了大容量锂离子蓄电池的电动汽车可实现200km的续驶里程。

自20世纪末起,电动汽车的研发就已成为一项全球性课题。各国从政策、法规、基础配套设施、资金等方面全力推进电动汽车的研发进程,为电动汽车的开发、改进、普及积极创造条件。1999年,通用汽车公司和丰田汽车公司宣布,未来5年时间内,双方将合作共同开发面向21世纪的具有先进技术的电动汽车、混合动力汽车和燃料电池汽车。各大汽车厂商及研究机构也投入更多的研究人员和资金来研发电动汽车产品。此外,新材料、电子、电机和计算机技术的不断发展与广泛应用,促使电动汽车技术日益成熟,推动了电动汽车产业的深刻变革,使电动汽车迎来了新时代的发展机遇。

第三节 电动汽车的国内外发展现状

21世纪以来,燃油汽车的大批量投放使用所引起的能源、环境污染、气候变暖等问题已受到社会的广泛关注。对汽车产业进行调整、开发电动汽车并优化其性能、解决电动汽车关键性技术难点、推动电动汽车产业发展已成为汽车工业的必然趋势。为在新一轮竞争中占有制高点,各国加大了对电动汽车的研发力度。政府、汽车厂商、研究机构等多方协力合作,共同推动了电动汽车产业的快速发展。

据统计,全球2014年电动汽车总销量达35.4万辆,同比增长56.78%。其中电动乘用车(指最高时速80km/h以上,一次充电续驶里程80km以上)32.4万辆,占销售总量的91.61%;电动客车和电动专用车3万辆,占销售总量的8.39%。表1-1列出了各主要国家电动汽车2014年保有量及2020年的预计保有量,其中中国、美国、欧洲、日本在全球电动汽车领域中占有重要地位。

世界主要国家的电动汽车保有量(万辆)　　　　表1-1

年　份	中　国	法　国	德　国	印　度	英　国	美　国	日　本
2014	12.00	3.09	2.44	0.76	2.14	27.51	10.82
2020	500	200	100	700	150	150	200

一般来讲,根据车辆动力来源的不同,电动汽车分为纯电动汽车(Battery Electric Vehicle,BEV)、混合动力电动汽车(Hybrid Electric Vehicle,HEV)、插电式混合动力电动汽车

(Plug-in Hybrid Electric Vehicle,PHEV)和燃料电池电动汽车(Fuel Cell Electric Vehicle,FCEV)4种基本形式。

一、国外电动汽车的发展状况

1. 日本电动汽车发展现状

一直以来,出于对能源危机和环境保护的关注以及占领未来汽车市场的角度考虑,日本十分重视电动汽车的研制与开发。目前从世界范围来看,日本是电动汽车技术发展速度最快的少数几个国家之一,特别是在混合动力汽车技术领域,日本仍处于主导地位。

1997年,丰田汽车公司率先推出了世界第一款批量生产的混合动力汽车Prius。该车于2000年7月进入北美市场,并于同年9月出口欧洲,现已在全世界20多个国家销售。目前Prius使用的是第二代THS(Toyota Hybrid System)混合动力驱动系统。根据丰田汽车公司的测试,Prius在城市工况下比同等排量的花冠轿车节油44.4%,在市郊工况下节油29.7%,综合节油达40.5%。表1-2列出了2002款Prius的技术参数。

2002款丰田Prius技术参数 表1-2

特征及优势	THS混合动力系统:提高燃油经济性和续驶里程;降低排放;无缝操作,无需改变驾驶习惯
质量保障	(1)基础部分:3年/57935km; (2)传动系统:5年/96558km; (3)THS M/G及蓄电池组:8年/160930km
机械规格	(1)发动机:1.5L、I4阿特金森循环、16气门DOHC、VVT-I、75hp/4500(r/min)、82ft-lbs/4200(r/min); (2)M/G:内置式同步永磁电机、44hp/1040~5600(r/min);258lb-ft/5600(r/min); (3)驱动系统:前轮驱动;THS功率分流式变速器; (4)整备质量:2765lb; (5)油箱容积:11.9Usgal(加仑)
蓄电池组	(1)镍金属氢化物蓄电池:NiMH;尺寸:35.5in×12in×6.5in; (2)质量:110lb(494.12N); (3)电压:274V
制动系统	(1)再生制动系统(RBS):能量转换效率提升30%; (2)车速超过5mile/h时,M/G可作为发电机为蓄电池充电; (3)ABS取代THS再生装置

注:1hp=745.7W;1ft=0.3048m;1lb=0.453.592kg;
1USgal(美加仑)=3.78541dm³,1in=0.0254m;1mile=1609.344m。

继Prius混合动力汽车之后,丰田汽车公司还推出了Estima混合动力汽车和搭载软混合动力系统的Crown轿车。丰田汽车公司在普及混合动力系统的低燃耗、低排放和改进行驶性能方面已走在了世界前沿。

在成功推出集成式电机辅助(Integrated Motor Assist,IMA)系统之后,本田汽车公司也开始着力引进混合动力汽车,并在1999年和2002年分别推出混合动力汽车Insight和Civic,这两款混合动力汽车在全球电动汽车市场上占有较大份额。图1-4、图1-5所示分别为本田Civic混合动力汽车及其整车的结构布置。Civic混合动力汽车的动力蓄电池组电压为144V,由120个单体NiMH蓄电池组成,放置在后排座位的后面。2010/2011款Civic混合动力汽车引进了高功率、紧凑型的锂离子(LNMCO阴极,37V,6.0A·h)蓄电池,蓄电池稳定性和蓄电池容量得到了较好的改善。同时，通过对 IMA 混合动力系统进行升级，2010/2011 款 Civic 的燃油经济性比现款提高 15%。

a) 2013 款 Civic   b) 2018 款 Civic

图 1-4　本田 Civic 混合动力汽车

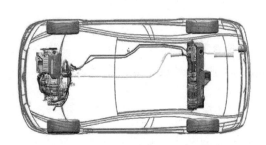 

图 1-5　Civic 整车结构布置及仪表板布局

由于日产公司在锂离子蓄电池技术方面具有优势，其主要研究方向集中于纯电动汽车，并在 1997 年推出了全球第一辆锂离子蓄电池电动汽车 Prairie Joy，如图 1-6 所示。经过 10 余年的发展改进，日产公司在 2010 年 12 月推出了一款装载锂离子蓄电池的电动轿车 Leaf（图 1-7），其续驶里程可达 160km，能够满足全球 70% 车主的日常需求。此外，Leaf 的快速充电模式能够在 30min 时间内将蓄电池电量补充到 80%。可以说，Leaf 不仅标志着零排放时代的到来，也集中体现了日产汽车公司在新能源领域经数十年所达到的巅峰水准，成为世界上首款面向全球市场量产的纯电动汽车。

图 1-6　日产 Prairie Joy 电动汽车　　　　图 1-7　日产 Leaf 电动汽车

除混合动力汽车和纯电动汽车外，日本也在积极发展燃料电池汽车。自 2008 年夏季起，本田 FCX 氢燃料电池汽车就开始在美国加州等地区租售，成为美国第一部合法上路的氢燃料环保汽车。丰田汽车公司于 2014 年推出全新 Mirai（图 1-8）氢燃料电池动力汽车，只需 3min 就可完成氢燃料的补给，续驶里程达到 482km。2015 年，本田 Clarity（图 1-9）量产版正式亮相,其采用70MPa压力的碳纤维氢燃料罐,并实现了燃料电池堆的突破,使燃料电池堆的体积比之前车型减小33%,功率输出则达到100kW以上。Clarity续驶里程达589km,高出其继任车型FCX Clarity 53%,高出丰田Mirai 107km。与美国市场销量领先的电动车特斯拉Model S 90D相比,本田Clarity续驶里程也高出了103km。

图1-8　丰田Mirai

图1-9　本田Clarity

此外,日本政府在推动电动汽车研发方面十分注重充分利用社会资源,加强与企业和科研院所之间的合作,设立了"开发高性能电动汽车动力蓄电池产业联盟"等产学研合作组织。从20世纪80年代至今,日本已发布各类标准60余项,形成了完善的电动汽车生产和研发体系。

2. 美国电动汽车发展现状

美国是全球规模最大的电动汽车市场,2014年电动乘用车销量达到11.97万辆,较2013年增长22.7%。美国电动汽车主要以通用、福特和克莱斯勒三大公司为主导。1990年,通用汽车推出Impact电动汽车,是汽车工业史上的第一辆纯电动汽车。Impact搭载16.8kW的免维修铅酸蓄电池组,续驶里程可达200km。2007年,通用汽车公司推出增程式电动汽车Volt。Volt在纯电动情况下的续驶里程达483km,而在启动增程发动机的情况下,续驶里程可提高到1000km。此外,通用汽车公司也致力于燃料电池电动汽车的研发。Zafira是通用汽车公司的第一款燃料电池汽车,其蓄电池组由200个单体蓄电池串联构成,输出电压125~200V。蓄电池工作温度相对较低,能够在-20°环境下实现冷起动。

福特汽车公司也在不遗余力地开展电动汽车项目。20世纪60年代末,福特推出第一款电动汽车Comuta,随后又相继推出Econoline、Fiesta、Escort和ETX等多款电动汽车。2003年,福特汽车公司在洛杉矶车展上展出Escape混合动力型SUV(图1-10),其动力系统由2.3L 4缸发动机、65kW电动机和28kW发电机共同构成,同时配备300V的镍氢蓄电池。P2000是福特汽车公司所生产的燃料电池电动汽车的典型代表,也是全球第一辆直接用氢能源驱动、零排放的燃料电池汽车(图1-11)。P2000采用了氢燃料及质子交换膜燃料电池系统,理论最高车速可达128km/h,续驶里程160km。目前,福特汽车公司获得美国能源部600万美元资金用来加速氢燃料电池技术的研究进程,以推动氢燃料汽车的发展,使美国的汽车更加清洁、高效、安全。

美国另一大汽车公司戴姆勒—克莱斯勒是燃料电池开发领域的先锋。从20世纪90年代初期起,戴姆勒—克莱斯勒就致力于燃料电池技术的实际运用。在实现批量生产的进程中,戴姆勒—克莱斯勒研制了大约20辆研究用车和原型车。1994年戴姆勒—克莱斯勒推出了装备800kg燃料电池组的Necar1车型,这是该公司第一辆进入路试阶段的燃料电池汽车。1999年,戴姆勒—克莱斯勒研制出第四代燃料电池电动汽车Necar4车型。该车以液态氢为燃料,最高车速为 145km/h,续驶里程为 450km。2000 年,戴姆勒—克莱斯勒推出的 Necar5 车型应用了甲醇重整器,实现了燃料电池的小型化和高功率化。2000 年后,戴姆勒—克莱斯勒将燃料电池应用于 SUV 汽车,并在 2000 年 11 月推出 Jeep Comander 车型。

图 1-10　福特 Escape 混合动力型 SUV

图 1-11　福特氢燃料电池汽车

为大力推进电动汽车项目,美国政府进行了大量积极工作。1993 年,美国政府与通用、福特、克莱斯勒三大汽车公司协作,合力推出新一代汽车合作伙伴(The Partnership for a New Generation of Vehicles,PNGV)计划,其组织框架如图 1-12 所示,以期加强关于汽车环保能源的开发、减少有害气体及二氧化碳排放、提高汽车燃油效率等。PNGV 项目加快了美国汽车产业的技术革命,对电动汽车的发展具有良好的推动作用。此外,布什政府在 2002 年推出"自由车"项目,掀起了氢燃料电池的研发热潮。2009 年奥巴马上台后又转向率先实现混合动力汽车商业化、燃料电池汽车作为远期目标的电动汽车发展战略。截至 2012 年,在混合动力汽车、燃料电池汽车等电动汽车关键技术领域,美国获得授权专利数量占全球专利总数的 22%。

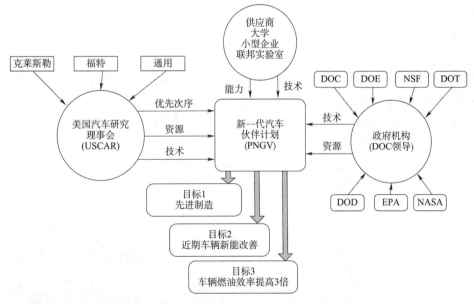

图 1-12　PNGV 组织框架

3. 欧洲电动汽车发展现状

欧洲电动汽车起步较晚,但自 21 世纪以来,欧洲电动汽车行业发展迅速,电动汽车保有量持续增加。据欧洲汽车制造商协会(ACEA)数据显示,2014 年欧盟 28 个成员国加上自由贸易联盟国家的电动汽车销量近 10 万辆,同比增长 50.3%,挪威、英国等国家的电动汽车销量甚至实现成倍增长;同时欧盟各国电动汽车保有量也出现大幅增长,如图 1-13 所示。

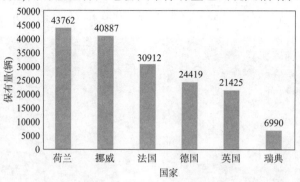

图 1-13　欧盟各国家电动汽车保有量

欧洲在燃料电池技术领域投入了大量资金用于新技术的研发,并取得了一定成果,如戴姆勒公司在 20 世纪 80 年代初期就宣布投资 4.7 亿美元用于燃料电池的研发。2008 年 11 月,欧盟、欧洲工业委员会和欧洲研究社团联合制定了 2020 年氢能与燃料电池发展计划,主要目标是在 2010—2020 年实现氢能与燃料电池技术的商业化应用;2013 年 7 月,欧盟委员会又公布了一项总额高达 220 亿欧元的"联合技术计划",其中有 14 亿欧元被用于第二阶段的"燃料电池与氢能联合技术计划"。

在汽车产业转型的新形势下,欧洲的汽车企业也纷纷在传统内燃机汽车的技术优势基础上推出了插电式混合动力汽车和纯电动汽车,如雷诺推出了雷诺 ZOE、雷诺 Kangroo ZOE、雷诺 twizy 三款纯电动汽车,宝马推出了纯电动跑车 i3、插电式混合动力跑车 i8,大众推出了插电式混合动力汽车高尔夫"Twin Drive"等。

德国奔驰汽车公司早在 20 世纪 70 年代末就生产了一批 LE306 电动汽车,其采用铅酸蓄电池,最高车速为 50km/h,最大爬坡度为 16%,原地起步加速到 50km/h 的时间是 14s,续驶里程为 120km。随后,奔驰公司又开发并生产了多款纯电动汽车,包括电动轿车、电动客车、电动货车等。其中 A class 电动汽车(图 1-14)采用了最大功率 50kW 的感应电机,最高车速为 130km/h,百公里加速时间为 16.5s,无空调续驶里程为 200km。在 2009 年北美车展上,奔驰发布了全新系列概念车 BlueZero,包括 BlueZero E-Cell、BlueZero E-Cell PLUS 以及 BlueZero F-Cell 等车型。这 3 款汽车采用了锂离子蓄电池、锂离子蓄电池搭配汽油发动机以及氢燃料电池 3 种不同配置。奔驰 ML450(图 1-15)是德国第一款双模式油电混合动力 SUV,采用了双模式混合驱动系统,综合动力输出分别为 253.5kW 和 480N·m,百公里油耗仅为 7.7L。

图 1-14　奔驰 A Class 电动汽车

图 1-15　奔驰 ML450 混合动力 SUV

德国奥迪在1996年推出了世界首辆柴油混合动力汽车——奥迪 duo Ⅲ。1997年，奥迪开发了 A4 Avant 混合动力汽车，其动力系统同样由柴油机和电动机共同构成。2005年，奥迪 Q7 混合动力概念车在法兰克福车展上亮相。其采用了 V8 发动机和 Tiptronic 6 速自动变速器，0~100km/h 加速时间只需 6.8s，且百公里油耗仅为 12L。

法国雪铁龙汽车公司于 20 世纪 90 末就开始进行电动汽车的研发，并在 1990 年投放 Peugeot J5 和 Citroen C25 两款电动汽车。随后，雪铁龙汽车公司加快了电动汽车的研究进程，相继在市场上投放 Peugeot 106、Citroen AX、Citroen Citela 等多款电动汽车。表 1-3 对比了国外几种不同品牌的电动汽车主要性能参数。

几种国外电动汽车性能参数对比　　　　表 1-3

各项性能参数		东京电力股份有限公司 IZA（1998 年开始研制）	本田汽车公司 HEV（20 世纪 80 年代研制）	通用汽车公司 IMPACT（1989 年开始研制）	美国加勒特公司 ETV-2（20 世纪 70 年代研制）
最高速度(km/h)		176	130	128.7 电控；195.8 非电控	96
加速性能(s)		18.5(0~400m/h) 3.74(0~40km/h)		8.5(0~60km/h)	8(0~48km/h) 12(0~88km/h)
续驶里程(km)		548(0~40km/h) 390(0~60km/h) 270(0~100km/h)	350(0~40km/h) 210(15，工况)	112(市区) 144(高速公路)	165(56km/h) 134(72km/h)
定员、车门		4人,5门	4人,3门	4人,4门	4人,3门
长×宽×高(m×m×m)		4.87×1.77×1.27	4.045×1.75×1.63	4.14×1.732×1.206	4.19×1.73×1.39
空车质量(kg)		1573	1615	1100	1468
迎风面积(m²)		1.76			2.0
空气阻力系数		0.19	0.19		0.37
控制系统		控制类型 PWM，正弦波，控制器 IGBT	PWM，IGBT		电枢控制及磁场断路
车身及底盘		车身用玻璃纤维强化塑料，底盘用铝合金	大断面纵直车架，铝制发动机舱盖及保险杠	车身用特种 SMC 树脂，骨架用铝合金，车身质量 603kg	车身及底盘用玻璃纤维铝化塑料制
蓄电池	种类	镍-镉(密封)	镍-金属氢化物(密封)	铅酸	铅酸
	电压(V)	288	12	312	108
	电荷量(A·h)	100	95		187
	能量(kW·h)	28.8	16		8.7
	充电时间(h)	8(50A、200V)	8(200V)	2~3(220V)；6~8(110V)	8
	质量(kg)	531	202	396	468

续上表

各项性能参数		东京电力股份有限公司 IZA（1998年开始研制）	本田汽车公司 HEV（20世纪80年代研制）	通用汽车公司 IMPACT（1989年开始研制）	美国加勒特公司 ETV-2（20世纪70年代研制）
电动机	类型	无刷直流电机,4台	无刷直流电机	交流感应电机	单独励磁直流电机
	转速(r/min)	1650	1700~8750	1500	11650
	最大功率(kW)	25×4	49	54×2	23
	转矩(N·m)	42.5	275(0~1700r/min)	66(0~6000r/min 恒定)	
	安装形式	装在车轮内侧(33kg×4)		前轮各一个,减速比10.5	
	驱动形式	4×4	前置电机,前驱动		后轮驱动
	制动形式	盘式	带电动负压助力,再生制动	前盘后鼓、ABS、再生制动	
	车内装备	空调,电动窗玻璃	全自动热泵空调,前座安全气囊		柴油加热器
	轮胎		195/65R14、压力300kPa	P125/65R14、压力488kPa	P175/75R13
	能量消耗(Wh/km)	56(40km/h) 75.2(60km/h) 100(100km/h)	130(10、15工况)		

随着电动汽车技术的不断发展与瓶颈的不断突破，各大汽车公司与汽车制造商竞相角逐电动汽车市场，各类电动汽车产品相继投放，加之政府政策的扶持，必将进一步推动电动汽车产业的繁荣发展。

二、国内电动汽车的发展状况

虽然我国电动汽车起步晚于美、日以及欧洲一些发达国家，但自20世纪90年代起，我国政府充分认识到传统汽车产业对能源和环境所带来的巨大压力，开始大力扶持电动汽车项目。自"八五"时期以来，电动汽车的研发一直是国家重点计划项目。"十五"和"十一五"期间，我国先后启动实施了"863"计划、"电动汽车重大科技专项""节能与电动汽车重大项目"等，逐渐形成了以纯电动、油电混合动力、燃料电池3条技术路线为"三纵"，以多能源动力总成控制系统、驱动电动机及其控制系统、动力蓄电池及其管理系统3种共性技术为"三横"的电动汽车研发格局。近几年，我国加大了对新能源汽车的研发力度。2019年《新能源汽车产业发展规划（2021—2035）》要求：到2025年，新能源汽车新车销量占比要达到25%；纯电动乘用车新车平均电耗降至12.0kW·h/100km，插电式混合动力（含增程式）乘用车新车平均油耗降至2.0L/100km。

经过数十年的探索与努力，我国电动汽车技术经过"三纵三横、整车牵头"和"三纵三横、动力系统技术平台为核心"的两阶段攻关，在电动汽车蓄电池、电机、电控三大关键技术上取得了突破性进展。如锂离子动力电池和燃料电池系统性能与耐久性稳步提升，成本大幅降低；车用电机系统性能取得较大进展，产业化能力大幅提升；高效高密度永磁电机功率密度达 4.3kW/kg 以上,电机控制器功率密度达 23.1kW/kg 以上,系统效率超过 94.5%,产品广泛应用于奇瑞、长安、众泰、北汽等国内主流新能源汽车。此外,我国实现了全数字化交流电机的矢量控制,研制出系列化高功率密度、高效率及高转矩控制精度的电机控制器;发明了低感和低阻 IGBT 模块设计方法,提高了电流密度,降低了功耗,打破了国外技术垄断,实现了规模化生产和国产化替代。

  作为全球最大的新能源汽车市场,近几年我国新能源汽车产销量及保有量显著增长。如图 1-16 所示,2019 年新能源汽车产量 124.2 万辆,销量 120.6 万辆;同年新能源汽车保有量 381 万辆,同比增长 46.0%。2019 年 1~9 月新能源汽车销量结构如图 1-17 所示,我国纯电动汽车产销量分别为 71.7 万辆和 69.2 万辆,比上年同期分别增长 29.2% 和 27.8%;插电式混合动力汽车产销量分别为 17.0 万辆和 17.9 万辆,比上年同期分别下降 5.4% 和 0.8%;燃料电池电动汽车产销量分别为 1315 辆和 1251 辆,比上年同期分别增长 7.7 倍和 7.6 倍。2017 年至 2019 年我国新能源汽车市场销售车型统计如表 1-4 所示。

图 1-16   2014~2019 年我国新能源汽车产销量

图 1-17   2019 年 1~9 月我国新能源汽车销量结构

2017—2019 年国内新能源汽车市场车型分析   表 1-4

新能源汽车类型	2017 年(万辆)	2018 年(万辆)	2019 年(万辆)	同比增长(%)
新能源汽车	77.7	125.6	120.6	-4.0%
新能源乘用车	57.8	105.3	106.6	1.2%
纯电动乘用车	46.8	78.8	83.4	5.8%
插电混合动力乘用车	11.0	26.5	22.6	-14.7%
新能源商用车	19.8	20.3	14.6	-28.1%
纯电动商用车	18.4	19.6	13.7	-30.1%
插电混合动力商用车	1.4	0.7	0.8	-16.7%

图1-18 北汽EU5

目前,我国涉足电动汽车领域的企业逐渐增加,主要有北汽新能源、比亚迪汽车、江淮汽车、奇瑞汽车、吉利汽车、一汽集团等。北汽新能源通过采用"外引内联"的战略,与戴姆勒开展战略合作,以奔驰B级轿车为基础,开发了第一款量产车型E系列。北汽还与富士康集团合作,进行动力电池及其系统的开发和生产制造。目前,北汽新能源旗下共有EX3、EX5、EU5(图1-18所示)、EU7四款车型,而EU系列2019年前11个月累计销量达到90404台,约占整体销量的80%,2019年上半年销量稳居新能源汽车销量榜首(表1-5)。EU5搭载最大功率为160kW的永磁同步电机,最大峰值转矩为300N·m,最高时速可达155km/h。EU5 R500和R550分别配备了电量53.6kW·h和60.2kW·h的三元锂电池,综合工况续驶里程分别达到416km和520km,等速续驶里程分别超过450km和570km。此外,EU5还装有E-Motion Drive 3.0智能电控系统,能实时监测整车近600个芯片、260个部件数据,能够智能管理电池、优化电机,使续驶里程更长,动力更强。

表1-5 2019年上半年新能源汽车销量TOP10

销量排名	新能源汽车类型	2019年1月至6月(辆)	2018年1月至6月(辆)	同比增长率
1	北汽EU系列	49076	3054	1506.9%
2	比亚迪元EV	43180	1917	2152.5%
3	比亚迪e5	29871	15791	89.2%
4	比亚迪唐DM	24258	3120	677.5%
5	帝豪EV	23715	11299	109.9%
6	荣威Ei5	22454	9768	129.9%
7	奇瑞eQ	22282	18748	18.9%
8	欧拉R1	18081	—	—
9	江淮IEV 6E	17414	18558	-6.2%
10	一东EV	16593	1424	1065.2%

比亚迪电动汽车采用自主研发的磷酸铁锂蓄电池,不仅具有高达90%以上的充放电效率,同时较其他常用车载电池而言,磷酸铁锂蓄电池还具有高安全性,理论使用寿命也更长。比亚迪E6纯电动汽车(图1-19)就装配了这种高性能的磷酸铁锂蓄电池,最高车速超过160km/h,而百公里能耗约20kW·h电,相当于内燃机汽车1/4~1/3的消费价格,续驶里程超过300km。比亚迪元EV(图1-20)作为小型电动SUV,搭载了电量53.22kW·h的三元锂蓄电池,NEDC综合工况续驶里程达到410km。比亚迪公司在混合动力汽车领域也取得了显著成果,其生产的混合动力汽车"Hybrid-S"搭载了排量0.8L、最高输出功率29.5kW的直列4缸发动机,额定输出功率为30kW的电动机以及容量为20A·h、额定电压296V的锂离子蓄电池,城市模式下的百公里油耗低于4L。目前比亚迪公司的铁锂蓄电池技术已达到世界领先水平,同时具备了混合动力汽车和纯电动汽车的产业化和批量化生产能力。

图 1-19　比亚迪 E6　　　　　　　　图 1-20　比亚迪元 EV

　　一汽集团从 1999 年就开始进行混合动力电动汽车的研发，并将其研究重点关注于混合动力技术、插入式充电技术和纯电动技术三大领域。一汽"解放牌混合动力城市客车研究开发"项目得到了国家"863 计划"的支持。该混合动力客车（图 1-21）的动力总成采用双轴并联结构，制造成本约比普通公共汽车高 30%，装载有全电控发动机、机械式自动变速器、交流异步感应电机、镍氢动力电池组等，具有纯电动驱动、发动机单独驱动、联合驱动、电机起动发动机以及再生制动 5 种基本工作模式；0~60km/h 的加速时间为 29.5s，北京城市循环工况的百公里油耗为 25.7L，比传统客车节油 38%，同时降低排放 30%。

图 1-21　一汽混合动力城市客车

　　除上述汽车企业外，国内其他车企也在积极开展电动汽车的研发生产工作，如上汽集团、奇瑞汽车公司、吉利汽车等。上汽集团在 2010 年世博会期间提供了包括纯电动、超级电容、燃料电池和混合动力在内的四大类 970 辆新能源汽车。2019 年 1 月，全新荣威 Ei5 正式亮相海口新能源车展，搭载最大功率为 85kW、最大转矩为 255N·m 的永磁同步电机以及容量 52.5kW·h 的三元锂电池组。NEDC 综合工况续驶里程达 420km，最大续驶里程可达 570km；快充模式下仅需 40min 即可充满 80% 的电量。奇瑞公司自 2000 年开始从事新能源汽车的研发，经过十多年的发展，在微型纯电动汽车、中级纯电动汽车、微型电动客车、纯电动中巴、纯电动大巴的产业化开发上取得了重大进展，推出瑞麟 G3 PHEV［图 1-22a）］、奇瑞 E5 PHEV［图 1-22b）］、艾瑞泽 5 EV［图 1-22c）］、瑞虎 7 PHEV［图 1-22d）］等多款不同形式的新能源汽车。

　　在我国对电动汽车政策的有力扶持下，越来越多的汽车生产商、科研机构和高等院校纷纷加入电动汽车的研究领域，使我国电动汽车产品呈现百家争鸣、百花齐放的状态。随着电动汽车技术的不断成熟与突破、新产品的投放，必将加快传统汽车产业转型，促进我国电动汽车产业的进一步发展。

a）瑞麟G3 PHEV

b）奇瑞E5 PHEV

c）艾瑞泽5 EV

d）瑞虎7 PHEV

图1-22　奇瑞汽车公司的电动汽车产品

第四节　电动汽车技术的特点及发展方向

电动汽车作为新能源汽车，具有环境友好、噪声低、能源利用效率高等优点。国内外汽车制造商、科研机构、高等院校等都十分重视电动汽车的研发。经过10多年的发展，各种高新技术开始应用于电动汽车，主要表现如下：

(1) 动力系统集成优化技术不断提高，节能效果显著；

(2) 高性能锂离子蓄电池、镍氢蓄电池取代传统的铅酸蓄电池；

(3) 高效一体化电力驱动系统取代传统的直流电机；

(4) 概念车型上轮毂电机和线控技术等前沿技术得到初步应用。

但目前电动汽车仍受限于续驶里程、充电时间、成本、寿命等诸多因素，严重制约了电动汽车的进一步普及。蓄电池技术、蓄电池管理技术、电机技术、电机控制技术是研制和开发电动汽车的关键技术，也是电动汽车发展所必须攻克的重点与难点。

蓄电池技术对电动汽车的发展具有至关重要的作用，也是一直制约电动汽车发展的关键因素。目前电动汽车蓄电池的电容量有限，电动汽车，特别是纯电动汽车对蓄电池具有十足的依赖性，蓄电池性能直接影响并制约电动汽车的整车性能。电动汽车用蓄电池经过了3代发展，已取得了突破性进展。第1代电动汽车以铅酸蓄电池作为蓄能装置；第2代蓄电池在比能量和比功率方面都高于铅酸蓄电池，很大程度提高了电动汽车的动力性能和续驶里程。目前仍能够作为电动汽车储能装置的第2代蓄电池包括镍镉蓄电池、镍氢蓄电池、锂聚合物蓄电池、锌空气蓄电池等；第3代蓄电池以燃料电池为主，直接将化学能转化为电能，能量转换效率、比能量和比功率进一步提高，并且通过控制燃料电池的反应过程，使能量转化过程得以持续进行。

为满足电动汽车的行驶性能,蓄电池必须进行周期性充电。蓄电池对充电时的电压和电流都有一定要求,高效率、快速充电装置是电动汽车使用时所必需的辅助设备。为提供充足的动力,蓄电池一般由多个单体蓄电池组成,因此,需采用蓄电池管理系统对蓄电池组以及每个单体蓄电池进行监控;此外,还需建立蓄电池维护系统,以保证电动汽车的正常运行。蓄电池充电系统、管理体系、维护系统以及回收处理系统是电动汽车运行的保证体系,其重要性不亚于电动汽车本身。

早期的电动汽车采用直流电动机,而目前直流电动机已基本被交流电动机、永磁电动机或开关磁阻电动机所取代。电动机正向大功率、高转速、高效率和小型化的方向发展。采用双电动机驱动代替单电动机驱动,可有效降低电动机直径,便于其在电动汽车底盘下部的布置,减轻电动汽车的簧载质量。轮毂电动机改变了汽车传统的驱动方式,更有利于实现机电一体化和现代技术控制。

采用交流电动机的电动汽车,一般都使用 VVVF 变频调速装置和 IGBT 大功率开关组件进行控制。目前广泛使用的交流电机控制技术包括 VVVF 控制法、转差频率控制法、矢量控制法等。在电机控制技术上应采用电动汽车专用集成化电子控制系统,并实现机电一体化设计。还应将电动汽车的电机控制系统扩大到电动汽车的各个电子控制系统中,包括无级变速、防抱死制动系统、制动能量回收系统、安全气囊系统、自动空调系统和其他车载电子装置上,并实现电动汽车的计算机控制。

由于电动汽车在节能和环保方面的巨大优越性,将成为汽车工业发展的必然趋势。从能源和环保的长远角度出发,电动汽车的发展路线要先走混合动力,再走纯电动,最后过渡到燃料电池,混合动力汽车仅是当前电动汽车的过渡产品。电动汽车涉及蓄电池、电机、电力电子、控制、微电子、政策等多学科、多方面内容。未来电动汽车的发展,既要攻克蓄电池、电机、驱动系统等关键性技术问题,又要完善充电设施及其配套设施的建设。

(1) 动力蓄电池向着高比能量、高可靠性、低成本、安全环保的方向发展。燃料电池代表未来动力蓄电池的发展方向,但其成本高,短时间内无法实现大规模商业化;镍氢蓄电池仍然具有优势,锌空气蓄电池有待开发,锂离子蓄电池有很多优点,但还不是很成熟,它们都是当前需要大力发展的动力蓄电池。如韩国汉阳大学的研究小组开发出续航时间是现有电动汽车蓄电池 5 倍的新一代电动汽车用高性能锂空气蓄电池系统。蓄电池充电一次的续驶里程可达 820km,且蓄电池价格低、质量轻。

(2) 蓄电池充电技术正向充电快速化、充电通用化、充电智能化、电能转换高效化、充电集成化、低成本化的方向发展;蓄电池管理技术正朝着集成化、自动化、智能化管理的方向运行。蓄电池的充放电监控、SOC 估算、SOH 预测及热管理技术也随着计算机技术和通信技术的发展不断取得进步,而综合多种控制策略的管理方法也将成为未来蓄电池管理的研究方向。

(3) 虽然目前电动汽车用驱动电机呈现多样化,但电机本体永磁化和高速化、回馈制动范围宽广化和高效化、电机控制全数字化和智能化、电机驱动系统集成化和一体化将成为驱动电机的未来发展趋势。

(4) 电动汽车—电网(Vehicle-to-grid,V2G)技术具有良好的发展前景。V2G 技术无论从经济上还是工程上都会带来巨大效益,但其推广面临一些问题:电网侧的智能调度、用户侧的智能充放电管理、以电力电子技术为核心的双向充电器、充放电过程对蓄电池使用寿的影响等。为解决这些问题，V2G 技术必将与智能电网相结合，向自动化、智能化、信息化的方向发展。

（5）加快新材料及新技术的应用。整车轻量化技术一直是电动汽车研究的重点，图1-23所示为电动汽车的轻量化技术方案，具体总结如下：

①综合考虑多学科、多目标交叉影响，对蓄电池电压、容量，电机功率、转矩，整车性能等参数进行整体匹配与优化；

②通过结构优化、集成优化方法，对车载能源系统和动力驱动系统进行优化；

③采用更多高强度轻合金材料和碳纤维等高分子复合材料，加大车身强度，减轻整车质量。在轮胎、蓄电池和配件生产中采用纳米材料；

④利用 CAE 技术对车身承载结构进行分析研究，合理设计车身结构。

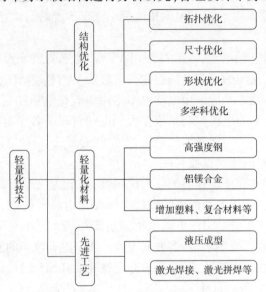

图1-23 电动汽车的轻量化技术方案

随着汽车工业和电子工业的持续发展，线控类技术正逐步取代汽车传统的机械装置。由于取消了传统机械结构，将赋予汽车新的设计空间。未来一段时间内，各类线控技术将不断得到发展并应用于电动汽车，如线控转向技术、线控制动技术、线控节气门技术等。电动车轮将电机和车轮集成为一体，能够实现电动汽车车轮的独立驱动。将电动车轮和线控技术相结合，利用线控技术实现各电动轮从零到最高转速的无级变速以及各电动车轮之间的差速要求，从而省略传统汽车所需的离合器、变速器、传动轴和差速器等，使驱动系统及整车结构得以简化，能够实现电动汽车整车的模块化设计与制造，是未来电动汽车的重要发展方向。

（6）加快充电站的建设。在电动汽车的推广中，除要考虑汽车自身技术的发展和维护，还需考虑充电站及其配套设施的建设。对电动汽车而言，目前最大的问题是基础设施建设以及价格影响了其产业化进程。与混合动力汽车相比，纯电动汽车更需要完善的基础配套设施。而这需要各企业与政府部门的共同建设，才能有效推进纯电动汽车的商业化进程。

第二章 电动汽车的总体构造与工作原理

当今世界石油资源日趋紧张,因燃油汽车尾气排放所造成的空气质量日益恶化,开发低排放、低油耗的新能源汽车成为当今汽车工业的紧迫任务。未来汽车技术的发展主要围绕"能源"和"环保"两大主题,电动汽车已然成为主选之一,同时也是解决能源与环境问题的最有效途径。

按照《电动汽车术语》(GB/T 19596—2017),电动汽车(Electric Vehicle,EV)包括纯电动汽车(Battery Electric Vehicle,BEV)、混合动力电动汽车(Hybrid Electric Vehicle,HEV)和燃料电池电动汽车(Fuel Cell Electric Vehicle,FCEV)三种。蓄电池作为纯电动汽车的关键部件之一,在能量密度、寿命、价格等方面仍存有局限,使纯电动汽车的性价比无法与传统内燃机汽车相抗衡。燃料电池电动汽车具有高效率、低排放、低噪声的特点,且燃料甲醇来源广泛,并可再生。所以燃料电池电动汽车已成为世界各大汽车制造商新的竞争焦点,但其产业化仍需较长时间。混合动力电动汽车结合了内燃机汽车和纯电动汽车优点,在世界范围内成为新型汽车的开发热点。在电动汽车储能部件——蓄电池没有得到根本性突破之前,混合动力电动汽车仍是解决环保和能源问题的最具现实意义的途径之一。

第一节 电动汽车的使用性能及评价参数

传统内燃机汽车的使用性能主要包括动力性、燃油经济性、制动性、操纵稳定性、平顺性和通过性。电动汽车与传统内燃机汽车相比,主要区别在于采用了不同的动力驱动系统:内燃机汽车通过燃油在汽油机或柴油机内燃烧做功,将化学能转化为机械能来驱动车辆行驶;电动汽车则以车载蓄电池为动力源,通过电动机旋转使电能转化为机械能,再经传动系统将机械能传递至车轮,最终驱动车辆行驶。因此,电动汽车行驶中所存在的能量消耗与供给,必然与蓄电池组性能紧密相关,即蓄电池组性能直接影响电动汽车的动力性。此外,由于不同类型的电动汽车能量来源不同,因此,应根据动力源对电动汽车的经济性进行具体分析。

除动力传动系统有所差异外,电动汽车与传统内燃机汽车在整体外观上并无显著区别。因此,就整车使用性能而言,电动汽车应具有与内燃机汽车相同的操纵稳定性、平顺性和通过性。电动汽车以电机作为驱动装置,车辆制动时,电机反转以发电机模式工作,进行制动能量回收,具有再生制动能量回收功能。除此之外,电动汽车的制动性能与内燃机汽车基本相同。本节将主要讨论电动汽车与燃油汽车所存在的具有显著差异的两种使用性能,即动力性和经济性,它们主要取决于电动汽车动力装置的状态和车辆沿行驶方向的运动状态。

一、电动汽车的动力性

电动汽车具有与传统汽车相同的动力性要求,因此,可沿用传统汽车的动力性指标,即

最高车速 v_{max}、加速时间 t 和最大爬坡度 i_{max}。

1. 最高车速 v_{max}

最高车速 v_{max} 指无风条件下,车辆在水平、良好硬路面上所能达到的最高行驶速度,单位为 km/h。一般要求电动汽车的最高车速 $v_{max} \geq 120$ km/h。最高车速取决于驱动电机的最大输出功率以及蓄电池能量。

2. 加速时间 t

加速时间 t 表示车辆的加速能力,对平均行驶车速具有很大影响,可分为原地起步加速时间和超车加速时间。原地起步加速时间指车辆由Ⅰ挡或Ⅱ挡起步,并以最大加速强度(包括选择恰当的换挡时机)逐步换至最高挡后到某一预定的距离或车速所需的时间。一般用 0~400m 或 0~100km/h 所需时间来表示车辆的原地起步加速时间。超车加速时间指用最高挡或次高挡由某一较低车速全力加速至某一高速所需的时间,常采用以最高挡或次高挡由 30km/h 或 40km/h 全力加速行驶至某一高速所需的时间来表示。

3. 最大爬坡度 i_{max}

最大爬坡度 i_{max} 指汽车满载(或其他规定载质量)时在良好路面上,以Ⅰ挡行驶时所能爬行的最大坡度。爬坡度用坡度的角度值(单位为°)或坡高与其对应的水平距离之比的百分数(单位为%)表示。一般要求电动汽车的最大爬坡度 $i_{max} > 20\%$。

二、电动汽车的经济性

1. 纯电动汽车的经济性

与传统汽车相比,由于纯电动汽车采用了不同的能量存储装置,因此,其经济性指标不同于传统汽车。纯电动汽车的经济性指标包括续驶里程、能量消耗率和比能量。

1)续驶里程

续驶里程指蓄电池组充满一次电后,车辆在特定工况下所能行驶的最大里程,单位为 km。续驶里程越大,表明电动汽车的续航能力越强。由于车载蓄电池是纯电动汽车的唯一动力来源,一旦蓄电池电量耗尽,就需要对其进行长时间充电以补充能量。因此,续驶里程对纯电动汽车而言尤为重要。

续驶里程的影响因素主要来自电动汽车行驶时的外部条件以及电动汽车的自身结构,具体包括:

(1)电动汽车的行驶环境。电动汽车在不同道路情况或气候环境下行驶时,所消耗的能量也不相同,进而会在一定程度上影响电动汽车的续驶里程。

(2)电动汽车的行驶工况。车辆行驶过程中,会出现等速、加速、减速、制动、驻车等不同工况,而电动汽车的续驶里程与行驶工况密切相关,同一车辆在不同行驶工况下具有不同的续驶里程。因此,电动汽车必须根据规定行驶工况所给出的速度—时间要求行驶,从而评价其续驶里程。目前国际上常采用美国 EPA 工况、新欧洲驱动工况(NEDC)、日本 10—15 工况循环模式来测试电动汽车的续驶里程。

(3)辅助装置的能量消耗。为辅助车辆行驶,电动汽车同样安装有辅助系统。为驱动辅助装置工作,如制动系统的空气压缩机、转向系统的液压泵,就需要配置辅助电动机,进而增加了蓄电池电量的消耗。此外,照明、音响、通风、取暖、空调等装置均会消耗一定的蓄电池电能,占总能耗的 6%~12%。

(4)蓄电池性能。蓄电池性能参数主要包括能量密度、额定容量、放电率、放电电流、放电深度、蓄电池内阻等。蓄电池性能是影响电动汽车能量消耗和续驶里程的重要因素。

(5)电动汽车总质量。电动汽车的总质量越大,行驶过程中所消耗的能量和功率越高,续驶里程越短。增加蓄电池数量一方面可增加电动汽车的总能量储备,从而增加续驶里程;另一方面增加蓄电池数量必然导致车辆总质量增加,增大电动汽车的能量消耗,从而导致续驶里程降低。因此,不能简单地认为蓄电池数量越多,车辆续驶里程越长。而应对车辆驱动系统进行合理优化匹配,以寻求车辆总质量与续驶里程之间的最佳匹配关系。

(6)滚动阻力和空气阻力。滚动阻力和空气阻力是车辆在任何工况下都存在的两种行驶阻力,车辆克服滚动阻力和空气阻力所消耗的能量是总能耗的主要组成部分。

2)能量消耗率

能量消耗率指电动汽车在一定工况下行驶一定里程所消耗的蓄电池能量,单位为 kWh/km。能量消耗率越大,电动汽车的能耗越高。

3)比能耗

比能耗指电动汽车单位质量的能量消耗率,常用单位为 $(kW \cdot h)/(km \cdot t)$。比能耗越小,表明电动汽车的能量利用率越高。

2. 混合动力汽车的经济性

混合动力汽车具有两套驱动系统,目前一般采用动力蓄电池 + 电机 + 内燃机的驱动形式。除插电式混合动力汽车外,其他形式的混合动力汽车均通过加油的方式补充能量,其经济性指燃油经济性,评价指标与传统内燃机汽车相一致。

汽车在一定工况下行驶一定里程所消耗的燃油,是我国和欧洲所采用的燃油经济性评价指标。常用车辆行驶 100km 所消耗的燃油量表示,即百公里油耗,单位为 L/100km。百公里油耗数值越大,车辆的燃油经济性越差。

汽车在一定工况下以一定燃油量所能行驶的里程,是美国所采用的燃油经济性评价指标。单位为 MPG(mile/USgal),指每加仑燃油所能行驶的英里数。MPG 数值越大,车辆的燃油经济性越好。

第二节 纯电动汽车

纯电动汽车是完全由可充电蓄电池(如铅酸蓄电池、镍镉蓄电池、镍氢蓄电池或锂离子蓄电池)提供动力源,并以电机为驱动系统的汽车。由于电机直接提供车辆行驶所需动力,故纯电动汽车具有零排放、零污染、噪声小、结构简单、维修方便等特点;同时,纯电动汽车还能有效平抑电网的峰谷差。

一、纯电动汽车的类型

纯电动汽车经过数十年的发展,目前市场上已存在多种纯电动汽车。通常可依据车辆用途、车载电源数量以及驱动系统组成对纯电动汽车进行分类。

1. 按车辆用途分类

按照使用用途不同,纯电动汽车可分为电动轿车、电动货车、电动客车和电动专用车。

1) 电动轿车

电动轿车是目前最常见的纯电动汽车,除一些概念车外,市场上已存在多种批量生产的纯电动汽车,如图 2-1a)所示。

2) 电动客车

比较常见的电动客车是纯电动大客车,通常作为城市公交车使用,如图 2-1b)所示。

3) 电动货车

作为传统公路运输用的电动货车目前还比较少,但在矿山、工地及某些特殊场地,早已出现了大吨位的纯电动载货汽车,如图 2-1c)所示。

4) 电动专用车

为实现某些专有用途而设计的纯电动车辆,如电动环卫车、电动工程车等,如图 2-1d) ~ f)所示。

a) 电动轿车

b) 电动客车

c) 电动货车

d) 电动牵引车

e) 电动环卫车

f) 电动清扫车

图 2-1 不同用途的纯电动汽车

2. 按车载电源数量分类

按照车载电源数量的不同,纯电动汽车可分为单能源电动汽车和多能源电动汽车。

1) 单能源电动汽车

单能源电动汽车的车载电源仅为蓄电池,包括铅酸蓄电池、锂离子蓄电池、超级电容等。单能源电动汽车结构简单,控制也相对简单,但瞬时输出功率易受蓄电池性能的影响。单能源电动汽车的电力和动力传输系统如图2-2所示。

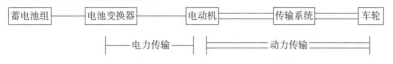

图 2-2　单能源电动汽车的电力和动力传输系统

2) 多能源电动汽车

多能源电动汽车除蓄电池外,还装有辅助动力源,如超级电容、储能飞轮等。通过蓄电池和辅助动力源联合供能,不仅可改善电动汽车的动力性和续驶里程,还可利用辅助储能装置来提高制动能量的回收效率。多能源电动汽车的电力和动力传输系统如图2-3所示。

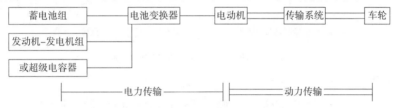

图 2-3　多能源电动汽车的电力和动力传输系统

3. 按驱动形式分类

按动力驱动控制系统结构形式的不同,纯电动汽车可分为如下几类:

(1) 直流电机驱动的电动汽车;

(2) 交流电机驱动的电动汽车;

(3) 双电机驱动的电动汽车;

(4) 双绕组电机驱动的电动汽车;

(5) 轮毂电机驱动的电动汽车。

二、纯电动汽车的基本结构与工作原理

与传统汽车相比,纯电动汽车的最大不同是取消了发动机,故传动系统结构也随之改变。由于驱动方式的不同,纯电动汽车简化或者取消了部分结构,同时增加了电源系统和驱动电机等。由于系统功能的改变,纯电动汽车主要由新的四大部分组成:电力驱动控制系统、底盘、车身和辅助系统。电力驱动控制系统决定了纯电动汽车的整体结构和性能,是纯电动汽车的核心,也是纯电动汽车与内燃机汽车的最大区别所在。除电力驱动控制系统外,纯电动汽车的其他部分功能及结构组成与传统内燃机汽车相似。

(一) 电力驱动控制系统

电力驱动控制系统包括车载电源模块、电力驱动主模块和辅助模块三部分,结构组成如图2-4所示。来自加速踏板的信号输入电子控制器并通过控制功率变换器调节电机的输出转矩或转速,电机输出转矩通过传动系统驱动车轮转动。充电器通过充电接口向蓄电池充电。车辆行驶时,蓄电池经功率变换器向电机供电。当车辆采用电磁力制动时,驱动电机运行于发电状态,回收车辆的部分动能并回馈给蓄电池,以延长电动汽车的续驶里程。

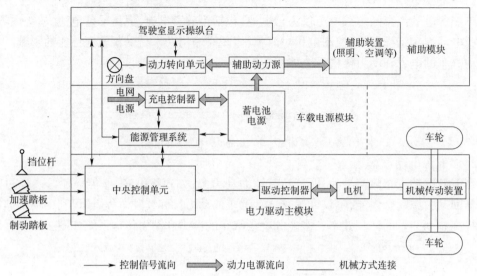

图2-4 电力驱动控制系统的结构组成

1. 车载电源模块

如图2-5所示,纯电动汽车的车载电源主要包括蓄电池、能量管理系统和充电控制器三部分。

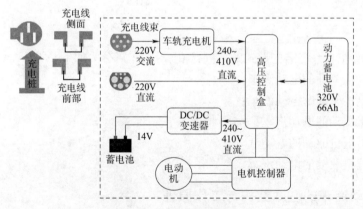

图2-5 车载电源模块

1) 蓄电池

蓄电池是纯电动汽车的唯一能量来源,是能量的存储装置,不仅提供车辆行驶所需电能,同时也为能量管理系统、辅助控制系统等各种辅助装置提供电能。蓄电池组由单体蓄电池按照一定的方式组合成所要求的电压等级。辅助装置的工作电压一般为12V或24V低压电,而电机一般由高压电驱动,且不同类型的电动机所要求的电压等级也不尽相同。为利用蓄电池同时为电机和辅助装置提供电能,可将多个12V或24V的单体蓄电池串联成96~384V的高压直流蓄电池组,再通过DC/DC转换器提供不同等级电压。也可根据所要求的电压等级,直接将单体蓄电池组合成具有不同电压等级的蓄电池组,但这样会使充电和能量管理系统复杂化。

目前纯电动汽车主要采用锂离子蓄电池(包括磷酸铁锂离子蓄电池、三元锂离子蓄电池等),并将飞轮装置或超级电容作为辅助能量装置,从而提高纯电动汽车的瞬时功率以及制动能量的回收效率。

2)能量管理系统

能源管理系统的作用是分配能源,对各工作装置进行能量管理,从而使有限的能源得到最大程度的利用。能量管理系统能够监测动力蓄电池的端电压、内阻、温度、蓄电池电解液浓度、蓄电池剩余电量、放电时间、放电电流及放电深度等蓄电池状态参数,并按动力蓄电池对环境温度的要求进行调温控制,通过限流控制避免动力蓄电池过充电、过放电,从而保证纯电动汽车的续驶里程、安全性、蓄电池寿命等。对采用多能源装置的纯电动汽车而言,能量管理系统还具有能量协调控制的作用。

3)充电控制器

充电控制器能把电网供电制式转换为满足动力蓄电池充电要求的制式,即把交流电(220V 或 380V)转换为电压(240~410V)的直流电,并按要求控制充电电流(家庭充电电流强度一般为10A 或 16A)。因此,充电控制器应具有整流、变压、调压、滤波等基本功能。此外,功能较完善的充电控制器还应受能量管理系统的控制,可自动进行充电方式(定压、定流、均衡充电等)选择、充电终了判断、自动停止充电控制、充电异常(温度、电压、电流异常)判断和自动停充保护控制等。

2. 电力驱动主模块

电力驱动模块是电动汽车的核心,包括中央控制单元、驱动控制器、电机、机械传动装置等,结构如图2-6所示。电力驱动模块的主要功能是将蓄电池电能转化为车轮动能,且在车辆减速制动或下长坡时,回收车轮动能转化为电能给蓄电池充电。

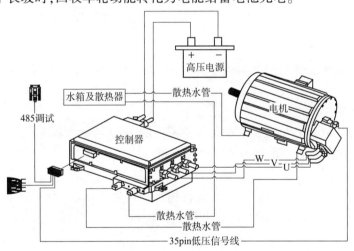

图2-6 电力驱动主模块

1)中央控制单元

中央控制单元是电机驱动系统的控制中心,同时对整车控制具有协调作用。中央控制单元接收加速踏板和制动踏板的输入信号,转化为相应指令后传输到驱动控制器,由驱动控制器控制电机的起动、加速、降速和制动。当车辆减速或下坡滑行时,中央控制单元配合车载电源模块的能量管理系统回收制动能量,对蓄电池反向充电。对于轮毂电机驱动的电动汽车而言,车辆转弯时,中央控制器与辅助模块的动力转向单元相配合,同时控制左右轮毂电机以实现电子差速转向。

2）驱动控制器

驱动控制器接收中央控制器指令，根据电机转速以及电流反馈信号，对电机转速、转矩和转动方向进行控制。驱动控制器需与电机配套使用。不同类型电机所采用的调速方式不尽相同，主要包括调压、调频等。当车辆倒车行驶时，驱动控制器使电机反转进而驱动车轮反向行驶。当车辆减速或下坡滑行时，驱动控制器使电机工作于发电状态，电机利用惯性发电，并将电能通过驱动控制器回馈到蓄电池，为蓄电池充电。

3）电机

电动汽车的电机具有电动机和发电机双重功能，即在车辆正常行驶工况下，电机发挥电动机功能，将蓄电池电能转化为机械能；在车辆减速制动或下坡滑行时，电机发挥发电机功能，将车轮动能转化为电能并为蓄电池充电。电机与驱动控制器所组成的驱动系统是电动汽车中最为关键的部件，直接影响电动汽车的各种性能指标。

早期的电动汽车广泛采用直流串励电机，这种电机具有较"软"的机械特性，非常适应汽车的行驶特性。但直流电机存在换向火花、比功率较小、效率较低和维护工作量大等缺点。随着电机技术和电机控制技术的发展，直流电机正逐渐被直流无刷电机（BCDM）、开关磁阻电机（SRM）和交流异步电机所取代。

4）机械传动装置

机械传动装置将电机驱动转矩传递到车辆驱动轴，进而带动车辆行驶。由于电机具有较好的调速特性，故可简化纯电动汽车的变速机构，采用较多的是具有固定速比的减速器。此外，因电机能够带负载直接起动，故机械传动装置中可省略离合器。又因电机可进行正反转控制，所以无需变速器的倒挡齿轮便可实现倒车。若采用轮毂电机驱动系统，则可进一步省略传统汽车的驱动桥、差速器、半轴等一切传动部件。该驱动方式也称为"零传动"方式。

3. 辅助控制子系统

辅助控制子系统主要包括辅助动力源、动力转向系统、驾驶室显示操纵台和辅助装置等。

1）辅助动力源

辅助动力源一般为12V或24V的低压直流电源，主要给动力转向、制动力调节控制、照明、空调、电动车窗等各种辅助用电装置提供能源。

2）动力转向单元

动力转向单元由转向盘、转向器、转向机构和转向轮等组成，为实现车辆转弯而设置。作用在转向盘上的控制力，通过转向器和转向机构使转向轮偏转一定角度，从而实现汽车转向。

3）驾驶室显示操纵台

驾驶室显示操纵台类似于传统汽车驾驶室的仪表板，但其功能依据电动汽车驱动的控制特点有所增减，更多采用数字或液晶屏来显示信息。驾驶室显示操纵台与驱动主模块中的中央控制单元结合，由计算机进行控制。

4）辅助装置

电动汽车的辅助装置主要有照明、信号、车载音响设备、空调、刮水器、电动车窗、电动门锁、电控后视镜调节器等，主要是为提高车辆的操控性、舒适性和安全性而设置。

(二)汽车底盘

底盘是汽车的基体,不仅支承蓄电池、电机、驱动控制器、车身、空调及各种辅助装置,同时传递并分配电机动力,使车辆按驾驶员意图行驶。纯电动汽车底盘与传统汽车底盘主要存在三方面差异:驱动方式、制动能量回收装置和动力转向机构。依照传统汽车的底盘组成,可将纯电动汽车底盘分为传动系统、行驶系统、转向系统和制动系统。

按照驱动方式的不同,纯电动汽车的传动系统可分为图2-7所示的6种结构。相比于传统汽车,纯电动汽车的传动系统被大大简化甚至省略。

行驶系统包括车桥、车架、悬架、车轮和轮胎。若驱动系统采用轮毂电机驱动,则可省略行驶系统的车桥。车架是整车的装配基体,支承连接汽车的各零部件,并承受来自车内和车外的各种载荷;悬架是车架(或车身)与车轮(或车桥)之间的一切传力连接装置的总称,主要由弹性元件、减振器、导向机构等组成;车轮主要由轮辋、轮辐等组成,其内部还需装有制动器。

转向系统包括转向操纵机构、转向器、转向传动机构等,电动汽车一般采用电动助力转向系统,其系统能量效率较高。

制动系统包括供能装置、控制装置、传动装置和制动器4个基本部分。此外,纯电动汽车的制动系统还需配备制动能量回收装置,以在车辆制动或减速时,使电机工作于发电机模式,为蓄电池充电。

(三)车身

汽车车身主要由车身本体、开启件(门、窗、行李舱和车顶等)、座椅、内外饰附件和安全保护装置(保险杠、安全带、安全气囊等)组成。由于纯电动汽车以蓄电池为唯一动力源,因此,要求尽可能缩小车身外形、减小迎风面积从而降低空气阻力,并采用轻型高强度材料以减轻车辆自重。

由于蓄电池自身质量在整车总质量中占有较大比重,即蓄电池所提供的相当比例能量都被自身质量所消耗,故蓄电池的轻量化研究和车身的轻量化设计是电动汽车设计和研究最重要的任务之一。

三、纯电动汽车驱动系统的布置类型

由于电机驱动的灵活性,纯电动汽车的驱动系统具有多种布置类型。按照驱动电机的分布不同,可将纯电动汽车分为电机集中驱动和电机分散驱动两种类型。图2-7a)~c)所示为电机集中驱动类型,车辆左、右两侧驱动轮之间存在机械连接,且左、右驱动轮由同一电机驱动;图2-7d)~f)所示为电机分散驱动形式,左、右两驱动轮之间无机械连接,且每个驱动轮由一个电机单独驱动,驱动系统通常有2个或4个电机。纯电动汽车常见的驱动系统结构类型如图2-7所示。

1. 传统驱动模式

图2-7a)所示的纯电动汽车驱动系统结构与传统汽车驱动系统布置方式一致,只是用电机替代传统车辆的内燃机,整体结构上保留了内燃机的离合器、变速器、传动轴、驱动桥等,离合器和变速器可用自动传动装置替代。

采用传统驱动模式的纯电动汽车技术难度相对较低,成本低;由于传动系统包含变速器和差速器,使系统具有较大的传动比和较宽的传动比范围,因此对驱动电机的要求较低,可选用功率较小的电机。但该结构动力部件多,导致整车质量增大,且不利于驱动系统的整体布置。

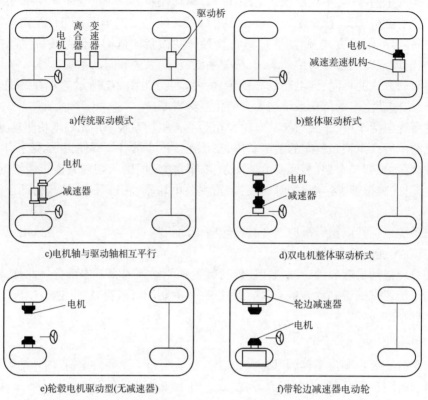

图 2-7　纯电动汽车驱动系统的布置类型

2. 电机—驱动桥组合驱动模式

整体驱动桥式纯电动汽车利用固定速比减速器代替传统机械传动型结构中的离合器和变速器,通过控制电机实现变速功能,结构如图 2-7b)所示。由于省略了变速器和离合器,不仅简化了该结构的机械传动系统,还使传动系统的质量降低、体积减小。

图 2-7c)所示结构与图 2-7b)结构类似,只是进一步将驱动电机、固定速比减速器和差速器集成为一体,通过两侧的轴连接两边的驱动轮,从而简化整个传动系统结构,提高传动系统的集成化。该结构要求电机具有较大的起动转矩和较高的后备功率,以保证纯电动汽车起步、加速、爬坡的动力性要求。

3. 电机—驱动桥整体式驱动模式

在图 2-7d)所示结构中,电机安装在驱动轴上,直接由电机实现变速和差速转换,每个电机可独立进行转速调节。车辆转弯时利用两侧电机的电子控制系统实现电子差速。这种传动方式同样对电机具有较高要求,即要求电机具有大起动转矩和后备功率,同时要求控制系统有较高的控制精度,而且要具备良好的可靠性,以保证电动汽车行驶的安全平稳。

4. 轮毂电机驱动模式

为进一步简化驱动系统,可将牵引电机放置在车轮内,形成轮毂电机驱动类型。轮毂电机驱动的特点是取消了电机与车轮之间的传动轴,由电机直接驱动车辆行驶,缩短了电机到驱动轮之间的动力传递路径,可有效提高传动效率。按照是否配备减速器,轮毂电机驱动型纯电动汽车可分为不带减速器式图 2-7e)和带减速器式图 2-7f)两种。

带减速器式的轮毂电机一般采用高速内转子电机,结构如图 2-8a)所示,转速高达 10000r/min。为降低电机转速的同时增大电机转矩,可增设具有较大减速比的行星齿轮减速器,从而满足不同工况对驱动功率的要求。该结构对控制系统的控制精度和可靠性具有较高要求。

不带减速器式的轮毂电动机一般采用低速外转子电机,结构如图 2-8b)所示。低速外转子电机在结构上完全舍弃了电机和驱动轮之间的机械传动装置,直接将低速外转子电机安装在车轮轮缘上,故电机与车轮具有同一转速,最高转速为 1000～1500r/min。低速外转子电机无机械传动损失,空间利用率大,但电机的体积和质量大,成本高,且要求电机在车辆起动和加速时具有高转矩性能。

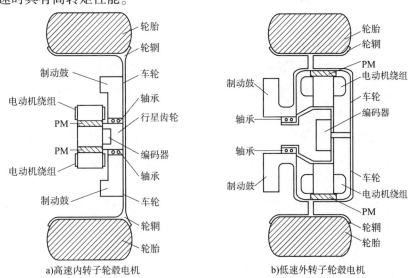

图 2-8 轮毂电机

四、纯电动汽车的特点

与燃油汽车相比,纯电动汽车具有下述优点:

(1)零排放。纯电动汽车使用电能,在行驶中无废气排出,不污染环境。

(2)噪声低。电动汽车无噪声,电机噪声也比内燃机小。

(3)能源效率高。电动汽车的能源效率高于汽油机汽车,特别是在城市运行工况下,电动汽车更为适宜。电动汽车停止时不消耗电量,且可实现制动减速时的能量再利用。

(4)结构简单。因使用单一电源,省去了发动机、变速器、油箱、冷却和排气系统等。

(5)平抑电网。可在夜间利用电网的廉价"谷电"进行充电,起到平抑电网峰谷差的作用。

(6)节约能源。纯电动汽车可有效降低对石油资源的依赖。

纯电动汽车的主要缺点如下:

(1)续驶里程短、使用成本高。目前蓄电池单位质量储存的能量少,未形成经济规模,导致电动汽车的蓄电池成本较高。至于电动汽车的使用成本,有些使用价格高于燃油汽车,有些价格则仅为燃油汽车的 1/3,这主要取决于蓄电池寿命以及当地的燃油、电价格。

(2)安全性。锂离子蓄电池的安全性有待进一步提高。

(3)配套设施不完善。目前纯电动汽车的充电配套设施不完善,需要加大配套基础设施的建设。

五、纯电动汽车的关键技术

纯电动汽车技术是其他电动汽车技术的基础。相比于传统汽车,纯电动汽车在技术优势上具有诸多有利条件,如在能源、环保和降噪方面具有优越性和较强竞争力,采用电机可实现无级调速和再生制动能量回收功能,可实现机电一体化以及电子控制等。

现代电动汽车是一个复杂的系统工程,其理论基础包括汽车技术、电机技术、驱动技术、电力电子技术、能源存储技术和现代控制理论。总结来说,纯电动汽车涉及的关键技术主要有以下几方面。

1. 高功率密度驱动电机的研究

电动汽车的驱动电机属于特种电机,是电动汽车的关键部件。为使电动汽车具有良好的使用性能,驱动电机应具有较宽的调速范围和较高的转速、足够大的起动转矩、体积小、质量轻、效率高且具有动态制动和能量回馈功能。此外,电机还应满足低速恒转矩、大转矩和高速恒功率的牵引控制要求。

2. 车用动力蓄电池的选择

动力蓄电池是目前限制电动汽车发展的主要瓶颈,其性能决定了电动汽车的主要性能指标。蓄电池的能量密度决定电动汽车一次充电的续驶里程,功率密度决定电动汽车的加速性能和最高车速,成本和循环寿命直接影响车辆成本和安全性。电动汽车用蓄电池要求比能量高、比功率大、使用寿命长,但目前的蓄电池能量密度低、蓄电池组过重、续驶里程短、价格高、循环寿命有限。

目前电动汽车所使用的动力蓄电池主要有镍镉蓄电池、镍氢蓄电池、钠硫蓄电池、锂离子蓄电池以及飞轮电池和燃料电池等。其中燃料电池具有较高的能量转换率、比能量和比功率,且反应过程可控,能量转换过程可持续进行,是最为理想的电动汽车用动力电池。

3. 系统匹配设计及整车轻量化技术

由于车身质量、空间和能源之间的矛盾性,因此设计电动汽车时必须考虑采用一定措施来提高整车运行效率,同时降低整车质量,以增加电动汽车的续驶里程。通过对整车实际使用工况和使用要求的分析,对车辆宏观参数进行总体优化,合理选择蓄电池和电机参数;通过结构优化和集成化、模块化设计,降低动力总成和车载能源系统的质量;采用轻质材料,如蓄电池箱的结构框架、箱体封皮、轮毂等采用轻质合金材料;利用CAD技术对车身承载结构件(如前后桥、新增的边梁、横梁等)进行有限元分析,用计算和试验相结合的方式,实现结构的最优化设计。

4. 电力驱动系统综合控制的研究

各驱动轮电机的调速控制和行驶系统控制是实现电动汽车各种驱动方案的关键技术。首先应建立准确适用的数学模型和控制模型,设计快速有效的控制算法,然后开发以微处理器为核心的控制单元。控制技术和方法的研究也是当今各国攻关的热点。

5. 整车网络通信系统的研究

现代电动汽车的整车控制系统是两条总线的网络结构,即驱动系统的高速 CAN 总线和车身系统的低速CAN总线。实现整车网络化控制,不仅能解决汽车电子化中所出现的线路复杂和线束增加问题,同时也为X-by-wire技术提供了有力支撑。

6. 整车智能化能量管理系统的研究与开发

能量管理系统的主要功能是维持电动汽车所有蓄电池组件工作处于最佳状态;采集车辆各子系统的运行数据,并进行监控和诊断;控制充电方式和提供剩余能量显示等。因此能量管理系统的智能化研究与开发不仅要建立包括蓄电池在内的电动汽车数学模型,还要开发以微处理器为核心的电子控制单元。

六、典型的纯电动汽车

在1881年11月的巴黎国际电气博览会上,法国人Gustave Trouvé推出了第一款采用铅酸蓄电池供电、直流电机驱动的纯电动三轮汽车。该车行驶速度为15km/h,续驶里程为16km。纯电动汽车经过100多年的发展,目前已取得了较大成果,并已有多款纯电动汽车上市,如美国通用汽车公司Chevrolet Volt、美国福特公司Focus Electric、日本三菱汽车公司Mitsubishi i-MiEV、日本尼桑公司Nissan Leaf、德国戴姆勒集团Smart Fortwo electric drive(或Smart ED)、美国特斯拉公司Tesla Roadster以及中国比亚迪汽车公司BYD e6等。表2-1列出了几款国内外典型纯电动汽车的主要性能参数。

国内外典型纯电动汽车的主要性能参数 表2-1

制造商	纯电动汽车型号	每加仑燃油对应的英里数		蓄电池额定能量(kW·h)	输出功率(kW)	销售起价(万元)
		市区道路	高速道路			
美国通用	2015 Chevrolet Volt	101	93	16.5	111	21.32
美国福特	2014 Focus Electric	110	99	—	—	18.10
日本三菱	2014 Mitsubishi i-MiEV	126	99	16	49	14.27
日本尼桑	2015 Nissan Leaf	126	101	24		18.00
德国戴姆勒	Smart ED	122	93	17.6	55	15.52
美国特斯拉	Tesla Roadster	88	90	85	215	67.55
中国比亚迪	BYD e6	60	64		57	36.98

1. 特斯拉Model S

特斯拉Model S是一款全尺寸高性能电动轿车,整车主要由蓄电池组、底盘系统和车身组成,如图2-9所示。蓄电池组被整合成平板安放在前后轴之间的底盘位置(图2-10),质量达900kg。因此底盘重心较低,利于车辆的高速稳定性。电机布置在车辆后部,用于驱动后轮。在特斯拉Model S上,传统汽车的发动机舱被完全释放,形成前舱,后驱电机也不会影响后部的行李舱空间。

Model S采用了松下提供的NCA系列18650钴酸锂蓄电池(直径为18mm,高为650mm的圆柱形蓄电池),整车蓄电池包分为60kW·h和85kW·h两类,单体蓄电池容量为3100mA·h。表2-2列出了Model S电动汽车的蓄电池情况。85kW·h Model S的蓄电池组板由16组蓄

图2-9 特斯拉Model S组成
1-车身;2-底盘系统;3-蓄电池组

电池组串联而成，每组蓄电池组由444个单体蓄电池组成，其中每74个单体蓄电池并联。因此，特斯拉Model S蓄电池组板由7104节18650单体钴酸锂蓄电池组成。特斯拉引入分层管理的方法来控制7000多节蓄电池的电压和温度。图2-11描述了Model S的蓄电池组成。

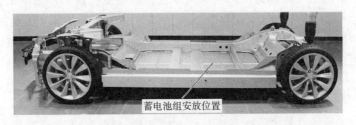

图2-10　蓄电池组安放位置

Model S电动汽车的蓄电池情况　　　　　　　表2-2

车型	Model S(85kW·h)	蓄电池总容量	85kW·h
正极材料	18650钴酸锂蓄电池	续驶里程	426km
蓄电池供应商	松下	蓄电池质保期	8年不限里程

　　　a)单体蓄电池18650　　　　b)蓄电池组　　　　　　　　c)蓄电池板

图2-11　Model S的蓄电池组成

　　每节18650个钴酸锂蓄电池两端均设有保险装置，每个蓄电池砖和蓄电池片也都设有保险装置。一旦某一单元内部出现问题，保险装置将切断与其他蓄电池单元之间的联系，以保证蓄电池的整体安全性。每节蓄电池之间采用并联方式，蓄电池砖和蓄电池片之间采用串联方式。车辆实际行驶过程中，某节蓄电池出现问题并不会影响车辆的正常驾驶，只会影响车辆的续驶里程。每个蓄电池片上均设有监控板以监控每个蓄电池的电压、温度以及整个蓄电池片的输出电压。整个蓄电池包设置有蓄电池监控器以监控整个蓄电池的工作环境，包括蓄电池电压、电流、温度、湿度、方位、烟雾等。特斯拉蓄电池采用水冷散热方式，以保持蓄电池工作环境温度的相对稳定。

　　特斯拉采用三相四极交流感应电机，电机驱动系统具有质量轻、效率高及结构紧凑的优点，最高转矩可达400N·m，能在急速或爬坡时为车辆提供强劲动力。电机的输出转矩能在大范围内进行调整，可配备传动比9.73的单速变速器。此外，电机体积小，质量仅为52kg。

　　Model S配备一个10kW的车载充电器和一个40A的壁挂式配适器。车载充电器具有一定的输入兼容性，参数范围：电压85～265V，频率45～65Hz，电流1～40A。采用10kW车载充电器的充电时间为10h，壁挂式配适器的充电时间为5h，峰值充电效率为92%，充电1h最高续驶里程达50km。美国版特斯拉Model S的充电接口（图2-12）符合SAE J1772标准，与宝马Active的充电接口相同。

Model s的充电端口位于驾驶员一侧的三角形尾灯中。

图2-12 Model S 的充电接口

Model S 共有三种充电方式:移动充电包、高能充电桩和超级充电桩。所谓移动充电包(图2-13a)就是一条充电线,任何有普通电源插口的地方都可以进行充电,但充电速度慢,每小时充电可行驶不到16km,充电一晚上至少能行驶128km 左右。如果用户有固定车位,那么可选择安装特斯拉高能充电桩(图2-13b)。单充电模式下的最大输出为240V/40A,充电速度比普通家用接口更快,每小时充电可行驶约46km。双模式充电下可输出240V/80A,每小时充电可行驶约93km。超级充电桩(图2-13c)的充电效率最高,车辆蓄电池电量从0到充满电最多只需75min,一般情况下用户只需充电半小时左右,所充电能够用户在市区里使用一天。超级充电桩输出电压为380V,电流接近200A,每小时充电可行驶350km。

a)移动充电包　　　　b)高能充电桩　　　　c)超级充电桩

图2-13 特斯拉 Model S 的3种充电方式

此外,特斯拉全新推出的 Model S P85D(图2-14)搭载了双电机四驱系统,电机分别装备在前、后轴上,系统结构如图2-15 所示。前、后轮驱动电机的最大功率分别为165kW 和350kW,整车综合最大功率达515kW,峰值转矩为930N·m。特斯拉 Model S P85D 四驱车型 0~100km/h 的加速时间仅为3.4s,最高时速可达250km/h。相比之下,现款在售特斯拉Model S P85 后驱车型的 0~100km/h 加速时间为4.4s,最高时速为210km/h。

图2-14 Model S P85D　　　　图2-15 Model S P85D 双电机四驱系统结构

此外,特斯拉 Model S P85D 也升级了蓄电池效率,尽管并未增加蓄电池容量,但蓄电池使用寿命大幅延长。充满电后,Model S P85D 的续驶里程比 Model S P85 多行驶 16km,最终提升至 442km。Model S 60D 和 Model S 85D 车型也采用双电动机四驱系统,但综合最大功率仅为 280kW,两者百公里加速时间也比 Model S P85D 慢一些。Model S 60D 蓄电池容量稍小,续驶里程仅有 362km。表 2-3 列出了 Model S 三款四驱车型的相关参数。

Model S 三款四驱车型参数　　　　　　　　　　　　　表 2-3

车型	Model S P85D	Model S 85D	Model S 60D
前电动机输出功率(kW)	165	140.5	
后电动机输出功率(kW)	350	140.5	
总输出功率(kW)	515	280	
0~96km/h 加速时间(s)	3.2	5.2	5.7
最高车速(km/h)	250	250	201
续驶里程(km)	443	475	362

2. 比亚迪 e6

比亚迪 e6 是比亚迪自主研发的一款纯电动四驱轿车,是比亚迪继 F3DM 之后再次打造的第二款新能源车型。比亚迪 e6 外观融合了 SUV 和 MPV 的设计理念,是一款性能优良的跨界车,外观如图 2-16 所示。车身尺寸为 4554mm×1822mm×1630mm,轴距为 2830mm。

图 2-16　比亚迪 e6

比亚迪 e6 的动力蓄电池和起动蓄电池均采用比亚迪自主研发生产的 ET-POWER 磷酸铁锂蓄电池,不会对环境造成任何危害。比亚迪 e6 蓄电池放置在车辆底部(图 2-17),由 90 个单体蓄电池组成,总电压为 307V,比亚迪电池容量为 220A·h。在不开空调且满电的情况下,比亚迪 e6 续驶里程达 300km。比亚迪 e6 装配了终身免维护的永磁电机,最大功率为 90kW/2550(r/min),最大转矩为 450N·m/2500(r/min)。

整套动力系统不配备变速器,电机与主减速器相连,直接驱动车辆行驶,如图 2-18 所示。由于电动机具有大转矩,使得车辆 0~100km/h 的加速时间小于 10s,最高车速为 140km/h。能量补充方面,比亚迪 e6 可使用 220V 民用电源进行慢充,充电时间 6h。快充模式为 3C 充电,15min 左右可使蓄电池电量达到 80%。充电 4000 次后仍能保证 80% 的额定电量。

图 2-17　比亚迪 e6 蓄电池放置位置

图 2-18　比亚迪 e6 电动机及电控单元

3. 北汽新能源 EX360

EX360（图2-19）基于北汽绅宝 X25 进行打造，EX360 使用高性能三元锂动力蓄电池。相较于传统的磷酸铁锂蓄电池，三元锂蓄电池具有能量密度高、充电时间快、充放电电流大、寿命长、耐低温、轻量化等优点。EX360 搭载的三元锂蓄电池组由 455 块蓄电池单体组成，满充满放电状况下，2000 次以上仍可保持 80% 以上的蓄电池额定容量。

EX360 动力系统图2-20 所示，搭载一台峰值功率为 80kW、峰值转矩为 230N·m 的永磁同步电机。最高时速为 125km/h，0~50km/h 加速时间仅为 5s。电机能效利用率高达 97%，而体积、质量比同级别其他厂商的电动机小 15% 以上。EX360 所搭载的 e-Motion Drive 2.0 智能电驱系统在集成化、轻量化、性能方面又有了新提升。主要元器件数量减少 30%，质量减轻 20%，能量转化率提升至 98%。

图2-19　EX360

图2-20　EX360 动力系统布置

第三节　增程式电动汽车

续驶里程是限制纯电动汽车广泛使用的一个关键问题，而增程式电动汽车（Extended—Range Electric Vehicle，E-REV）在纯电动汽车的基础上加载了一个增程器，可在电池电量不足的情况下为驱动电机供电，很好的延长了车辆的续驶里程。日常行驶时，E-REV 类似于纯电动汽车，能够满足城市日常上下班的行驶需求。增程式电动汽车被认为是解决能源危机的最佳途径，越来越受到各国政府的重视。

一、增程式电动汽车的结构

根据美国通用汽车公司 Tate 等人给出的定义，增程式电动汽车指整车在纯电动模式下可以达到其所有的动力性能，而当车载充电蓄电池无法满足续驶里程要求时，车载辅助发电装置（增程器）将为动力系统提供电能，延长续驶里程。

增程式电动汽车系统结构如图2-21 所示，其中虚线表示机械连接，实线表示电器连接。

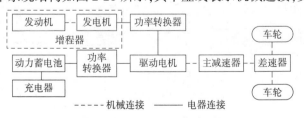

图2-21　增程式电动汽车系统结构

增程式电动汽车的动力传动系统由电驱动系统、发动机/发电机系统、功率分配装置和动力蓄电池等组成。电驱动系统由驱动电机和牵引力驱动控制装置组成,发动机与驱动电机之间没有直接的机械连接,而是先通过发电机,将燃油的化学能转化为三相交流电,然后发电机驱动控制器将交流电转化为直流电,并通过发电机驱动控制装置到达功率分配装置,最后根据车辆的行驶工况进行功率分配。

各系统之间的数据传输由 CAN 总线完成。根据驾驶员施加给加速踏板或制动踏板的位置指令,获得目前的功率需求并传递给主控制器。主控制器根据车辆行驶状况进行判断,确定当前 E-REV 的运行模式,并将控制指令传递给各部件的控制器。

增程器是增程式电动汽车动力驱动系统的关键组件,主要由发动机/发电机和发电机驱动控制装置组成。由于发动机/发电机系统与车辆驱动轮之间没有直接的机械连接,故发动机的转速和转矩与车速和牵引转矩的需求无关,因此可控制发动机使其运行在最经济工况,以降低发动机的油耗和废气排放。

二、增程式电动汽车的工作原理

增程式电动汽车在本质上属于纯电动汽车。当车载动力蓄电池电量充足时,增程式电动汽车驱动系统的动力全部来源于动力蓄电池,相当于纯电动汽车,能够实现"零油耗、零排放"。当蓄电池电量消耗到一定程度时,发动机起动,接通为增程模式为电动汽车驱动组件提供动力,延长车辆的行驶里程。增程式电动汽车只有电机驱动这一种驱动方式,故不存在复杂的电能与化学能的耦合。增程式电动汽车在结构上属于纯电动汽车,因此,增程器的布置对原有车辆动力系统结构的影响较小。

通过精确设置增程式电动汽车的动力蓄电池和增程器,可使车辆在由动力蓄电池提供电能时,不需要发动机工作产生额外动力,就可保证车辆实现加速、最高车速以及爬坡等各种性能。当内燃机提供额外动力时,增程式电动汽车能够满足基本的车辆行驶要求。增程式电动汽车的内部能量转换及系统控制如图 2-22 所示。

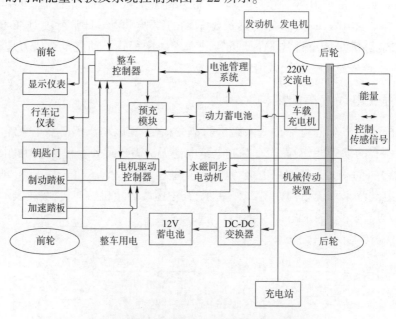

图 2-22　增程式电动汽车内部能量转换及信号控制

增程式电动汽车根据不同的运行工况和驾驶员指令,可以灵活变换以下三种工作模式,以达到最佳的节油效果。

1. 纯电动模式

通过外接插头利用充电桩对动力蓄电池进行充电,在动力蓄电池容量范围内车辆以纯电动模式行驶,蓄电池是唯一能量源,增程器不工作,车辆零排放,相当于纯电动汽车。与纯电动汽车的不同之处在于,增程式的纯电动续驶里程可以设置的相对较小,不需装备大容量蓄电池组,但蓄电池电量应满足车辆起步、加速、爬坡、怠速及空调等附件的要求。

2. 混合动力运行模式

该模式与传统混合动力模式相似,正常情况下由车载动力蓄电池提供能量。当车辆加速或爬坡时,增程器启动,部分能量用以辅助驱动车辆行驶,多余电量为动力蓄电池充电,并能够回收部分制动能量。此时增程器工作在最佳功率输出状态,节油率为20%~30%。

3. 增程运行模式

该模式下,车辆在夜间利用充电桩充满电,白天根据行驶里程有计划地使用动力蓄电池能量,尽量不使用增程器。当蓄电池电量降低到最低限定值时,启动增程器开启增程模式,通过增程器为动力蓄电池充电(此时增程器不提供驱动力),以延长车辆的续驶里程,且在此过程中回收部分制动能量。增程模式可显著提高节油率,使节油率达50%以上。

三、增程式电动汽车的关键部件

增程器和动力蓄电池是增程式电动汽车的关键部件,它们的性能直接影响增程式电动汽车的动力性和经济性。

1. 增程器

增程器的集成设计和匹配技术是增程式电动汽车整车研发的关键技术。增程器产品的开发和集成水平成为整车技术水平的重要标志,以及整车节能潜力的重要保证。

增程器的主要作用是提高整车的续驶里程,使车辆满足日常出行的里程要求,如德国日常平均出行里程约40km;另一方面,在蓄电池电量不足的情况下,增程器能够提供驱动能量并为动力蓄电池充电。根据电动汽车的基本概念,增程器的工作运转时间按10%的占空比进行设计。

根据上述使用目的和设计理念,设计增程器时应满足特殊要求和产品特点,而不必遵循传统发动机的设计要求和使用特点。增程器的主要设计要求如下:

(1) 由于动力蓄电池是增程式电动汽车的主要能量载体,故增程器的集成设计及质量是关键参数;

(2) 由于电动汽车具有极低的噪声、振动和声振粗糙度(noise、vibration、harshness,NVH)水平,所以对NVH的要求极为苛刻;

(3) 要求具有极高的可靠性,特别是在常规起动和重新起动操作中;

(4) 需控制成本在较低水平;

(5) 车辆需要为整车热管理提供支持;由于增程器是由"内燃机+发电机"组成的车载发电机组,会产生少量的残余排放,且增程器频繁起动以及增程器冷起动阶段均会产生排放。因此,增程器的废气排放系统和热管理控制系统均起着重要作用。目前适用的热管理方法有兰金循环方法、缩短预热阶段的热能管理系统及加热型催化转化器等。

(6) 增程式电动汽车必须满足排放法规的要求；

(7) 要求尽可能降低起动时间；

(8) 满足燃料效率要求；

(9) 满足车辆不同尺寸要求的产品可扩展性；

(10) 增程器类型的选择很大程度上受目标车辆的定位影响，可根据质量、装配、NVH、效率、排放和成本来选择所需的增程器。

2. 动力蓄电池

1) 动力蓄电池的选型

动力蓄电池组的总能量决定了增程式电动汽车的纯电动续驶里程。由于锂离子蓄电池目前技术较为成熟，且能量密度、功率密度较高，一致性、循环寿命尚可，因此被广泛应用于电动汽车领域。但动力蓄电池组容量、成本及循环寿命等方面相互矛盾，具体表现如下：

(1) 为满足一定的纯电动续驶里程，需提高动力蓄电池的容量；

(2) 为使整车系统成本降低到用户可接受水平，需考虑动力蓄电池的成本；

(3) 为延长整车的使用寿命并降低整车的使用成本，必须充分考虑动力蓄电池的使用寿命；

(4) 为确保用户利益，应尽量消除动力蓄电池的使用限制要求等因素。

因此，应综合考虑蓄电池选型、容量、寿命等方面的利弊，动力蓄电池的参数匹配技术是整车匹配优化的一个关键问题。

2) 动力蓄电池的寿命和耐用性

循环寿命是动力蓄电池的关键问题之一。由于车辆运行工况复杂，环境温度不可控，而环境温度波动以及循环使用时能量储存、释放所产生热冲击，均会对蓄电池的循环寿命造成很大影响。图 2-23 显示了平均环境温度对蓄电池寿命的影响。由此可见，若最高平均环境温度不超过 40℃，则蓄电池的循环使用寿命可达 10 年。

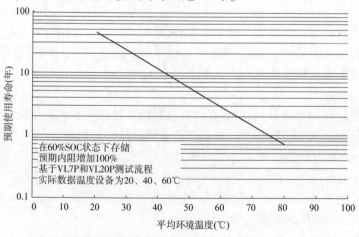

图 2-23　平均环境温度对蓄电池寿命的影响

蓄电池循环寿命严重制约锂离子蓄电池在电动汽车上的应用。在目前的蓄电池技术水平下，蓄电池在增程式电动汽车和插电式混合动力汽车上的应用仍面临巨大挑战。即使具有较好的车辆运行环境和整车热管理技术，蓄电池的使用仍具有很大局限性。目前常用的蓄电池热管理分为冷却和加热两部分，其中冷却方法涉及空气冷却、液体冷却和相变材料冷却；加热方法主要有蓄电池内部加热、蓄电池外部加热板加热和珀耳贴效应热泵加热三种。

四、增程式电动汽车的特点

增程式电动汽车作为一种新型节能环保型汽车,得到了国内外汽车企业的高度重视和政府的大力支持。它结合了传统混合动力汽车和纯电动汽车的特质,具有诸多优点。

相比于传统汽车,增程式电动汽车的发动机只相当于常规轿车的小型发动机,功率小、噪声低、可靠性高,且能够保持发动机运行于最佳工作区域;同时动力系统结构相对简单,能量转换效率大幅提高,燃油消耗和有害废气排放也大幅降低。

相比于纯电动汽车,增程式电动汽车的续驶里程大幅提高。增程式电动汽车可通过车载发动机/发电机组对车辆随时充电,因此,其车载动力蓄电池只需配置同级别纯电动汽车蓄电池用量的30%~40%,故其生产及使用成本大幅下降。当增程器与动力蓄电池组共同工作时,动力蓄电池组的充、放电倍率大大降低,有利于延长蓄电池寿命和使用周期,使得车辆制造和使用成本得以降低。此外,对纯电动汽车来说,空调用电是一个很大负担。有关研究表明,开启空调会使纯电动汽车的行驶里程减少1/3。而增程式电动汽车可通过发动机/发电机组给空调供电,降低了蓄电池能耗,从而增加车辆的续驶里程。

相比于传统混合动力汽车,增程式电动汽车的蓄电池组容量相对较大,车辆可在较长距离内以纯电动模式行驶。而混合动力汽车的机械传动系统复杂,发动机和电动机混合驱动,动力蓄电池能量较小,只起到车辆辅助驱动和制动能量回收的目的。增程式电动汽车的动力蓄电池能提供足够的电功率来驱动车辆起动、加速和爬坡,避免了常规传统汽车起动时发动机的过载运行。此外,增程式电动汽车的发动机/发电机组作为电能补充装置,可保证蓄电池的使用寿命。另外,增程式电动汽车可外接充电,尽可能利用电网晚间谷电或午间驾驶员的休整间隙充电,从而进一步提高能源利用率。

与插电式混合动力汽车相比,增程式电动汽车的最大区别在于蓄电池容量增大、且采用不同的驱动系统设计。增程式电动汽车在蓄电池电量充足的条件下,发动机不参与工作。增程式电动汽车所使用的动力蓄电池、驱动电机以及动力系统的电功率必须满足整车的性能要求,而车载蓄电池及容量必须满足纯电动汽车的性能要求。在增程器设计方面,增程式电动汽车允许采用较低的发动机功率设计,即发动机提供的动力不需要达到车辆动力性能所需的峰值功率,仅满足维持车辆行驶所需的动力需求即可。

增程式电动汽车充电时间短,可利用小功率充电桩或家庭用电进行充电,免去充电站或换电站等供电设施的建设,节约了大量人工成本,还可帮助电网"分散调峰",进一步提高能源利用率。此外,与插电式混合动力汽车不同,增程式电动汽车经常以纯电动驱动模式运行。纯电动汽车技术在增程式电动汽车上有很好的继承性,随着蓄电池技术的不断提高,增程式电动汽车可自然过渡到纯电动汽车。由此可见,增程式电动汽车在能源利用率、价格、使用方便性、性能可靠性等方面均具有明显优势,被认为是向纯电动汽车平稳过渡的理想车型。

概括来说,增程式电动汽车具有如下特点:

(1)在电量消耗模式下,发动机不起动,由动力蓄电池驱动车辆行驶,可缓解车辆对石油的依赖性;

(2)蓄电池电量不足时,为保证车辆性能和蓄电池组的安全性,蓄电池进入电量保持模式,动力蓄电池和发动机联合驱动车辆行驶;

(3)纯电动续驶里程几乎可满足大部分人员的日常出行需求,同时可利用晚间电网谷电对蓄电池充电,以缓解电力供应压力;

(4) 整车大部分情况下运行于电量消耗模式，可降低噪声且实现零排放；

(5) 发动机与驱动轮不直接连接，发动机可运行于最佳工作区，大大提高整车的燃油经济性。

五、典型的增程式电动汽车

增程式电动汽车被普遍认为是解决能源危机的最佳途径，各国政府纷纷加大了对增程式电动汽车的研发力度。美国能源部(Department of Energy, DOE)在2007年出资5800万美元用于支持增程式电动汽车关键技术的研发及整车的示范运行。

2010年，通用汽车公司在美国市场上推出雪佛兰沃蓝达(Chevy Volt)增程式电动汽车，如图2-24所示。Volt采用了最新的增程技术，搭配了通用公司自主研发的E-Flex系统，同时搭载容量16kW·h、电压360V的锂离子蓄电池组。电机最大功率为111kW，最大转矩为370N·m，充满电后的纯电动行驶里程可达80km，最高车速为160km/h。纯电动行驶中，发动机不输出任何动力，没有燃油消耗。当动力蓄电池电量接近最低临界值(35%SOC)时，功率63kW的1.4L直列四缸发动机将驱动55kW的辅助增程发电机为动力蓄电池充电，以继续为车辆驱动装置供电驱动车辆行驶。在此过程中，若车辆急加速或锂离子蓄电池电量极低，则发动机会给驱动轮提供部分驱动力。Volt配备了电子无级变速器，使换挡、加速更为平顺。增程模式下，Volt的最高续驶里程可达490km，油耗仅为每百公里1.2L。Volt的整车动力系统布置样式如图2-25所示。

图2-24 雪佛兰Volt

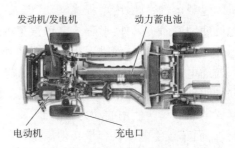

图2-25 Volt动力系统布置样式

Volt的动力系统结构如图2-26所示，该车拥有一个类似Prius的行星齿轮动力耦合装置，其中太阳轮与主电机MG2连接，行星齿轮架与输出轴连接，齿圈与副电机MG1和发动机连接。此外，动力系统还有三个离合器：第一个离合器C1连接齿圈和壳体，当离合器C1接合时，齿圈固定不能旋转；第二个离合器C2连接齿圈和功率较小的电机MG1；第三个离合器C3连接发动机和电机MG2。

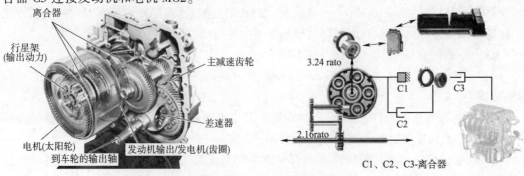

图2-26 Volt动力系统结构原理

Volt 有两种工作方式,即纯电动模式和增程模式。蓄电池电量充足时采用纯电动驱动,此时离合器 C1 接合,齿圈固定不转,主驱动电机 MG2 驱动太阳轮,太阳轮通过行星齿轮减速后将动力传递给行星齿轮架和输出轴驱动车轮。若车速过高导致 MG2 不能在经济区内运行,则离合器 C1 分离、C2 接合,MG1 和 MG2 联合驱动车辆。当蓄电池电量低于限定值时,车辆进入增程模式,起动发动机/发电机组。发动机带动 MG1 进行发电,此时离合器 C1、C3 接合,车辆仍由 MG2 驱动,属串联式混合动力结构。在此模式下,若车速过高或者驾驶员要求急加速时,离合器 C1 分离,C2、C3 接合,发动机通过带动 MG1 参与车辆驱动。

Volt 采用锂离子蓄电池,含有 220 个单体蓄电池,重约 170kg,呈"T"形布置在车身底盘下方,如图 2-25 所示。蓄电池最低工作温度为 0~10℃。充电时,蓄电池本身产生的热量可以维持蓄电池温度,使蓄电池正常工作;当 Volt 处于非充电状态下,若蓄电池温度较低,则发动机会自动起动一小段时间以使蓄电池达到正常工作温度,然后再自行关闭。

在 2010 年北京国际车展上,凯迪拉克发布了一款名为 Converj 的概念车,如图 2-27 所示。该车采用了革命性的"Voltec"电力驱动技术,实现了整车的低排放和低油耗。

图 2-27 凯迪拉克 Converj 概念车

国内许多知名企业也越来越重视增程式电动汽车的研发。奇瑞以 S18(即瑞麒 M1)平台为基础,推出了增程式纯电动汽车 X1-REEV,如图 2-28 所示。X1-REEV 配备了高效增程器,一次加满油可实现 300km 的长续驶里程。吉利汽车推出了帝豪 GPECs-EC7,如图 2-29 所示。该车搭载了串联式 GPECs 系统,采用磷酸铁锂蓄电池和 1.0L 发动机,纯电动模式下能够行驶 60km。江淮汽车的和悦混合动力汽车搭载 1.0L 发动机,纯电动续驶里程达 50km,百公里油耗仅为 3.2L。

图 2-28 瑞麒 X1-REEV

图 2-29 吉利帝 GPECs-EC7

增程式电动汽车在续驶里程上明显优于纯电动汽车,在排放性能上也远优于传统混合动力汽车。增程式电动汽车具有纯电动汽车经济、环保、节能和动力性能良好等优点,且其生产制造成本也低于传统混合动力汽车。相比于其他类型的电动汽车,增程式电动汽车在很多方面存在绝对优势,将具有更为广阔的市场前景。

第四节 燃料电池电动汽车

燃料电池电动汽车是指以燃料电池系统作为单一动力源或者是以燃料电池系统与可充电储能系统作为混合动力源的电动汽车,是纯电动汽车和混合动力汽车多年研究和开发推广的共同结果。燃料电池产生的电能经逆变器、控制器等装置给电机供电,再经传动系统、驱动桥等带动车轮转动,从而驱动车辆行驶。燃料电池的能量转换效率比内燃机高2~3倍,续驶里程可与ICE内燃机汽车相媲美。燃料电池的化学反应过程不会产生有害物质,因此,燃料电池车辆是无污染汽车。目前通常认为,燃料电池电动汽车技术能够显著降低温室气体排放,有效减少内燃机汽车对燃油的依赖性且环境友好,是新一代汽车的主要发展方向。

一、燃料电池电动汽车的系统组成

燃料电池电动汽车与传统燃油汽车的不同之处在于二者的动力系统。燃料电池电动汽车的动力系统主要包括燃料电池系统、储能单元、辅助动力源、DC/DC转换器、动力控制单元以及电机等,如图2-30所示。

图2-30 燃料电池电动汽车动力系统

1. 燃料电池系统

燃料电池系统是燃料电池电动汽车的核心。独立的燃料电池堆不能直接用于电动汽车,它必须和燃料供给与循环系统、氧化剂供给系统、气体加湿系统、水/热管理系统以及控制系统等配合使用,形成燃料电池发动机才可对外输出功率。图2-31所示为典型的质子交换膜燃料电池系统结构。

燃料供给和循环系统在提供燃料的同时回收阳极尾气中未参加反应的燃料。目前最为成熟的技术是直接以氢气为燃料,该系统结构相对简单,仅由氢源、减压阀和循环回路组成。图2-32所示为以氢气为燃料的燃料电池发动机系统结构,图2-33所示为以氢气为燃料的燃料电池电动汽车的总体布置。

除直接以氢气为燃料外,还可用甲醇作为燃料电池发动机系统的燃料,其系统结构如图2-34所示。在以甲醇为燃料的燃料电池发动机系统中,甲醇供应系统代替了上述氢气供应系统。其系统结构主要包括甲醇存储装置、甲醇供应系统的泵、管道、阀门、加热器以及控制装置等。图2-35所示为以甲醇为燃料的燃料电池电动汽车总体结构布置。

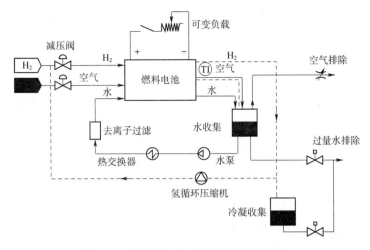

图 2-31 典型的质子交换膜燃料电池系统结构

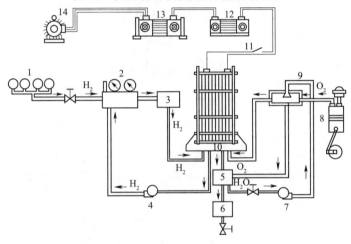

图 2-32 以氢气为燃料的燃料电池发动机系统

1-储氢罐；2-氢气压力调节仪表；3-热交换器；4-氢气循环泵；5-冷凝器及气水分离器；6-水箱；7-水泵；8-空气压缩机（或氧气罐）；9-加湿器及去离子过滤装置；10-燃料电池组；11-电源开关；12-DC/DC 转换器；13-DC/AC 逆变器；14-驱动电机

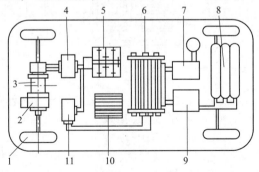

图 2-33 以氢气为燃料的燃料电池电动汽车的总体布置

1-驱动轮；2-驱动系统；3-驱动电动机；4-DC/AC 逆变器；5-辅助电源装置；6-燃料电池组；7-空气压缩机及空气供应系统辅助装置；8-氢气储存罐；9-氢气供应系统辅助装置；10-中央控制器；11-动力 DC/DC 转换器

  燃料电池的功率密度随反应物（氢和氧）压力的升高而增大。所以，目前有些燃料电池采用提高空气供给压力的方法来提高燃料电池系统的功率密度。但在空气被加湿的情况下，由于存在水蒸气，导致氧气分压降低，空气中大量的非反应物（氮气）将被加压。若燃料电池没有良好的能量回收措施,会大大降低燃料电池的净输出功率和系统效率,导致其应用受到一定限制。空气加压系统的另一个问题是无法提供较大的过量空气供给。虽然大量的过量空气有助于改善燃料电池性能,但过量的空气供给会降低系统效率。如果采用常压空气作为氧化剂,通过对膜加湿、加大过量空气供给以及采用先进的冷却方法等一系列措施,将能够简化系统结构、提高效率,同时克服加压燃料电池的一些不足。除此之外,还有一类燃料电池采用变压系统,即根据燃料电池的负荷来调节系统中的空气及氢气压力。虽然该方法具有较好性能,但系统结构较为复杂。

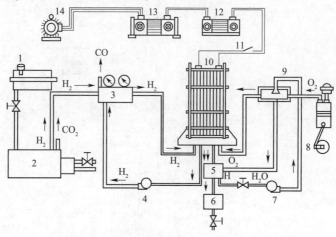

图2-34 以甲醇为燃料的燃料电池发动机系统

1-甲醇存储罐;2-带燃烧器的改质器;3-H_2净化装置;4-氢气循环泵水循环系统;5-冷凝器及气水分离器;6-水箱;7-水泵;8-空气压缩机(或氧气罐);9-加湿器及去离子过滤装置;10-燃料电池组;11-电源开关;12-DC/DC转换器;13-DC/AC逆变器;14-驱动电机

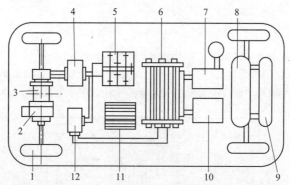

图2-35 以甲醇为燃料的燃料电池电动汽车的总体布置

1-驱动轮;2-驱动系统;3-驱动电机;4-DC/AC逆变器;5-辅助电源装置;6-燃料电池组;7-空气压缩机及空气供应系统辅助装置;8-重整器;9-甲醇罐;10-氢气供应系统辅助装置;11-中央控制器;12-动力DC/DC转换器

水管理和热管理是燃料电池的重点和难点,也是决定电池性能好坏的关键。生成物水首先通过燃料电池堆的反应区冷却电堆本身。在冷却过程中,水蒸气被加热提高燃料电池的工作温度,被加热的水再与反应气体接触,起到加湿气体的效果。除在加湿过程中部分热量被反应气体带走外,还需一个水/空气热交换器,以带走多余热量,防止系统热量积累,导致燃料电池温度过高。

控制系统根据负载对燃料电池功率的要求,或随燃料电池工作条件(压力、温度、电压等)的变化,以对反应气体流量、压力、水/热循环系统的水流速等进行综合控制,以保证燃料电池正常有效运行。控制系统由多种不同功能的传感器、阀件、泵、调节控制装置、管路及控制单元组成。随着电堆技术的不断完善,控制系统逐渐成为决定燃料电池系统性能和制造成本的瓶颈。因此,必须对控制系统零件进行耐久性和安全性研究,并制定适合车辆应用的统一标准。

燃料电池电动汽车对车用燃料电池的基本性能具有以下几方面要求:

(1) 燃料电池的比能量不低于 $150 \sim 200 \mathrm{W} \cdot \mathrm{h/kg}$,比功率不低于 $300 \sim 400 \mathrm{W/kg}$。要求达到或超过美国先进燃料电池联合体所提出的燃料电池性能和使用寿命的指标。

(2) 燃料电池能够在 $-20^{\circ}\mathrm{C}$ 条件下起动和工作,具有可靠的安全性和密封性,不会发生燃料气体的结冰及泄漏。

(3) 燃料电池的各结构件应具有足够的强度和可靠性,能够在负荷变化的情况下正常运转,同时可承受燃料电池电动汽车运行时所产生的振动和冲击。

(4) 燃料电池电动汽车的动力性能要求达到或接近内燃机汽车的动力性水平,同时要求车辆运行平稳可靠。

(5) 燃料补充方便、迅速,燃料电池的电极和催化剂便于更换和维修。

(6) 需配备辅助蓄电池,应满足提供起动电能和存储制动反馈电能的要求。

目前,限制燃料电池发动机商业化的主要原因是生产成本。内燃机成本约为 $25 \sim 35$ 美元/kW,而 50kW 燃料电池发动机的生产成本高达 10000 美元/kW。为降低燃料电池发动机价格,主要研究方向包括:设计专用于交通领域的重整器和燃料电池堆,降低催化剂用量;各部件(双极板、膜电极、碳纸)应选择适合大批量生产的低成本材料;研究高功率密度的燃料电池堆。

2. 储能单元

氢气存储是燃料电池电动汽车实用化过程中一个不容忽视的问题。常规储氢方法主要包括气态压缩储氢、液态储氢、金属氢化物储氢以及碳纳米管储氢等。虽然高压气罐储氢的储氢密度小、氢气基础设施建设费用高、难以实现产业化等问题,但该方法是目前燃料电池电动汽车最常用、最简便的储氢方式。

采用具有燃料适应性的车载重整技术可利用现有的常规燃料和替代燃料基础设施。以甲醇为燃料的 PEMFC 是近几年的研究热点,可分为甲醇重整 PEMFC 和直接甲醇燃料电池(DMFC)。当采用车载重整制氢时,储能单元为向重整装置提供燃料的甲醇或汽油燃料箱。

3. 辅助动力源

大多数燃料电池电动汽车配备有辅助动力源,通常为蓄电池组、飞轮储能装置及超级电容等。燃料电池和辅助动力源构成燃料电池电动汽车的双电源系统。辅助动力源通常具有如下作用:

(1) 驱动车辆快速起步,或提供电能带动燃料电池发动机起动车辆。

(2) 存储再生制动能量。

(3) 为控制系统、仪表板、车载电子、照明系统、信号系统、电气设备等提供低压电源。

(4) 在车辆需要较大功率时,如加速和爬坡,若燃料电池发动机所提供的电能不能满足车辆行驶要求,则辅助动力源提供额外电能,从而形成双电能系统,以满足车辆的行驶要求。

(5) 当燃料电池发动机发出的电能除驱动车辆外还有剩余时,将为辅助动力源充电。

4. DC/DC 转换器

燃料电池系统的输出电压一般为 240～430V,且燃料电池的特性较软,当输出电流变化时,输出电压波动较大。设计较高的动力总线电压等级能够提高驱动系统效率并减小驱动系统的体积及质量,故燃料电池组的标称电压一般高于380V。此外,燃料电池的充放电特性及其使用安全性能要求燃料电池端电压在较小范围内波动。因此,燃料电池难以直接并联使用。为解决这一问题,需要在燃料电池输出端串接一个 DC/DC 转换器,对燃料电池进行升压及稳压调节,从而使 DC/DC 转换器的输出电压与电池的工作电压相匹配。通常,燃料电池需设置单向 DC/DC 转换器,蓄电池和超级电容器需设置双向 DC/DC 转换器。

DC/DC 转换器应具有如下基本功能:

(1) 当输入的直流电压在一定范围内波动时,能输出负载要求变化范围内的直流电压。如输入电压最低时也能输出最高电压,反之,输入电压最高时也能输出最低电压。

(2) 输出负载要求范围内的直流电压,并且能够允许在足够宽的负载变化范围内,设备能够正常运行(如电压稳定,器件可靠安全)。

燃料电池电动汽车的车载 DC/DC 转换器能够调节燃料电池的输出电压和整车能量分配,还能稳定整车的直流母线电压。对燃料电池电动汽车而言,要求 DC/DC 转换器具有较高的转换效率,以提高能源利用率;为降低对燃料电池输出电压的要求,DC/DC 转换器应具有一定的升压功能;由于燃料电池输出电压不稳定,DC/DC 转换器应具有一定的稳压功能,同时也要具有较好的动态调节能力。此外,要求 DC/DC 转换器体积小、质量轻。

5. 驱动电机及其控制器

驱动电机的主要功能是将电能转化为机械能,并通过传动系统将能量传递到车轮驱动车辆行驶。燃料电池电动汽车用驱动电机主要有直流电机、交流电机、永磁电机和开关磁阻电机等。

6. 动力控制单元

燃料电池电动汽车的动力控制单元主要包括燃料电池发动机管理系统(FCE-ECU)、辅助动力蓄电池管理系统(BMS)、动力控制系统(PCU)及整车控制系统(VMS),其系统结构框图如图 2-36 所示。

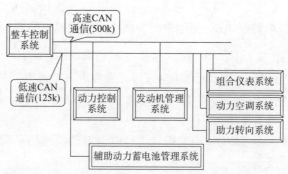

图 2-36 燃料电池电动汽车动力控制单元系统结构

燃料电池管理系统按照整车控制器的功率设定值来控制燃料电池发动机的功率输出,并检测发动机的工作状态,从而保证发动机的稳定可靠运行并进行故障诊断及管理。燃料电池管理系统包括供氢系统、供氧系统、水循环及冷却系统。

辅助动力蓄电池管理系统分为上下两级:下级 LECU 负责蓄电池组电压、温度等物理参数的测量,进行过充过放保护及组内组间电量均衡;上级 LECU 负责动力蓄电池的电流检测及 SOC 估算,以及相关的故障诊断,同时运行高压漏电保护策略。

动力控制系统包括 DC/DC 转换器、DC/AC 逆变器、DLC 和空调控制器及空调压缩机变频器、电动机冷却系统控制器。DCL 将燃料电池高压电转换为零部件所需的 12V/24V 低压电,电动机冷却系统控制器负责电动机及 PCU 水冷系统的控制。

整车控制系统是车辆的控制核心,主要根据多能源控制策略实现对车辆的最优控制。整车控制系统一方面接收来自驾驶员的需求信息(如点火开关、加速踏板、制动踏板、挡位信息等),另一方面根据反馈的实际工况(如车速、制动、电机转速等)及动力系统状况(燃料电池的电压、电流、温度等),按照多能源控制策略进行能量的分配调节控制。

三、燃料电池电动汽车的驱动系统布置形式

燃料电池电动汽车具有多种不同结构,按驱动形式可分为纯燃料电池驱动和混合驱动;按能量来源可分为车载纯氢和燃料重整。

1. 纯燃料电池驱动的燃料电池电动汽车

早期的燃料电池电动汽车以燃料电池作为唯一动力源,即燃料电池承担车辆的所有功率负荷,车辆动力系统结构如图 2-37 所示。

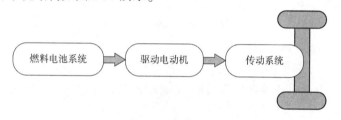

图 2-37　纯燃料电池电动汽车动力系统

纯燃料电池驱动的燃料电池电动汽车系统结构简单、便于实现系统控制和整体布置;系统结构部件少,有利于整车的轻量化;整体传递效率高,有利于提高整车的燃料利用率。但单一的动力系统结构也存在诸多缺陷,如燃料电池功率不足,动态响应慢;车辆起动、急加速或爬陡坡时燃料电池的输出特性无法满足车辆的行驶要求;无法回收制动能量,整体运行效率较低等。

为解决上述问题,实际的燃料电池电动汽车通常采用混合驱动形式,即引入辅助动力源,如蓄电池、超级电容器或蓄电池+超级电容器,形成"燃料电池+蓄电池"(FC+B)、"燃料电池+超级电容器"(FC+C)或"燃料电池+蓄电池+超级电容器"(FC+B+C)的混合驱动形式。如丰田 FCHV 以镍氢蓄电池作为辅助能源;本田 FCX 以超级电容作为能量缓冲装置,从而获得强劲、迅速的驾驶感觉。

在混合能源系统中,燃料电池提供车辆匀速行驶时所需的功率,辅助动力源提供车辆加速或高负荷运行时所需的额外峰值功率,同时回收车辆制动能量。因此,增设辅助动力源不仅能降低燃料电池系统的额定功率和成本,也会改善动力系统的瞬态性能,提高能量效率。

图 2-38 所示为"燃料电池+蓄电池"(FC+B)混合驱动的动力系统结构。其中燃料电池和蓄电池共同为驱动电机提供能量,驱动电机将电能转化为机械能,并通过传动系统传递至车轮。燃料电池是主动力源,蓄电池是辅助动力源,车辆所需功率主要由燃料电池提供,蓄电池仅在燃料电池起动、车辆爬坡和加速时提供辅助功率,并在车辆减速制动时回收制动

能量。当燃料电池与蓄电池联合应用时,燃料电池的能量输出较为平缓,随时间变化的波动较小,能量需求变化的高频部分由蓄电池承担。

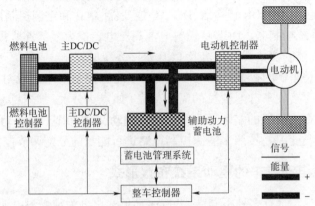

图2-38　FC+B型燃料电池电动汽车的驱动系统结构

燃料电池与蓄电池混合驱动系统的优点在于:

(1)由于增加了比功率价格相对较低的辅助动力蓄电池组,使系统对燃料电池的功率要求大大降低,从而有效降低整车成本。

(2)燃料电池可工作于较好的工作条件,具有较高的效率。

(3)系统对燃料电池的动态响应性能要求降低。

(4)汽车的冷起动性能较好。

(5)制动时可回收部分制动能量,有利于提高整车的能量效率。

但增加辅助动力蓄电池导致整车质量变大,车辆的动力性和经济性将受到一定影响;蓄电池充、放电过程中存在一定的能量损耗。此外,由于加入了辅助动力蓄电池,导致整车控制系统以及整体布局更为复杂。

由于镍氢蓄电池或锂离子蓄电池具有较高的比能量和比功率,在相同功率和能量要求下,采用镍氢蓄电池或锂离子蓄电池可降低蓄电池组的体积和质量,因此被广泛作为燃料电池电动汽车的辅助动力源。但目前这些蓄电池的价格仍比较昂贵,使用过程中需要配备专门的蓄电池管理系统,以严格监测蓄电池的工作状态。除FC+B动力系统结构外,FC+C驱动型式也越来越普遍。FC+C动力系统结构与FC+B动力系统结构相似,只是用超级电容器替代蓄电池。相比于蓄电池而言,超级电容器的充放电效率高、能量损失小、功率密度大、循环寿命长,可大大降低燃料电池电动汽车的使用成本,从而有利于燃料电池电动汽车的商业化推广和使用。

图2-39所示为燃料电池与蓄电池和超级电容联合驱动的燃料电池电动汽车动力系统结构,属于串联式混合动力结构。燃料电池、蓄电池和超级电容共同为驱动电机提供能量,驱动电机将电能转化为机械能传递给传动系统,进而驱动车辆行驶。车辆减速制动时,电机工作于发电机模式回收制动能量,并将能量存储在蓄电池和超级电容中。当采用燃料电池、蓄电池和超级电容联合供能时,燃料电池的能量输出较为平缓,随时间变化的波动较小。蓄电池承担能量变化的低频部分;超级电容承担能量变化的高频部分,用于提供(吸收)加速(紧急制动)的尖峰电流,从而减轻电池负担,延长电池的使用寿命。

FC+B+C结构的优点比FC+B结构更为显著,尤其在部件效率、动态性能、制动能量回收等方面。但该结构存在的缺点同样不容忽视:

(1) 由于增加了超级电容,导致系统质量增大。
(2) 系统结构复杂化,系统控制及整体布局难度加大。

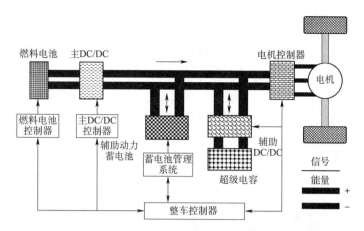

图 2-39　FC + B + C 型燃料电池电动汽车的驱动系统结构

表 2-4 对比了 3 种不同驱动系统的结构特性。

燃料电池电动汽车不同驱动系统结构特性　　　　表 2-4

动力系统结构	FC 单独驱动	FC + B	FC + B + C
结构特点	结构最简单,无法实现制动能量回收	结构较复杂,辅助动力蓄电池的质量、体积较大	结构复杂,辅助动力蓄电池的质量和体积较小
燃料经济性	最差	较优	最优
燃料电池寿命与安全性	当汽车功率需求较大时,燃料电池易发生过载,难以满足动态响应要求,系统寿命较短	当汽车功率需求较大时,燃料电池发生过载的概率较小,系统寿命较长	当汽车功率需求较大时,燃料电池可控制在最高效率点恒功率输出,不易发生过载,系统寿命长

根据 DC/DC 转换器和电机控制器之间的位置关系,FC + B 驱动系统可分为两种结构形式:直接燃料电池混合动力系统和间接燃料电池混合动力系统。

直接燃料电池混合动力系统的结构特点是燃料电池系统与系统总线直接相连,中间没有 DC/DC 转换器,如图 2-40 所示。该结构采用的电力电子装置只有电机控制器,燃料电池和辅助动力源直接并接在电机控制器的入口。丰田 FCHV-4、FIAT-Elettra 和日产 X-Trail FCV 等都采用了类似的结构设计。

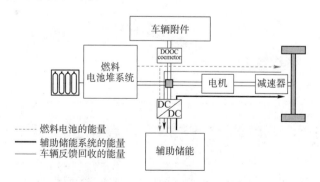

图 2-40　直接燃料电池混合动力系统

辅助动力源扩充了动力系统的总能量容量,延长了车辆一次加氢后的续驶里程;扩大了系统的功率范围,减轻了燃料电池的功率负荷。许多插电混合的燃料电池电动汽车也经常采用这种构架,如美国 Ford 公司 Edge Plug-in 燃料电池轿车和 GM 公司 Volt Plug-in 燃料电池汽车。另外,辅助动力源使驱动系统具有回收制动能量的功能,提高了系统的运行可靠性。

设计驱动系统时,可在辅助动力源和动力系统直流母线之间设置一个双向 DC/DC 转换器。这样对辅助动力源的充、放电控制将更为灵活。由于双向 DC/DC 转换器能够较好地控制辅助动力源的电压或电流,因此它还充当系统控制策略的执行部件。

间接燃料电池混合动力系统的结构特点是燃料电池系统与系统总线之间通过 DC/DC 转换器间接连接,如图 2-41 所示。DC/DC 转换器对燃料电池的端电压进行升压或降压,以此与系统直流母线的电压等级相匹配。但该动力系统没有考虑能量的回收,导致系统效率比较低下。

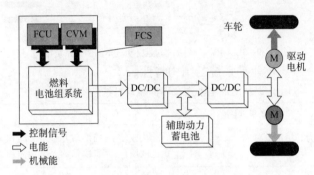

图 2-41 间接燃料电池混合动力系统

尽管系统直流母线电压与燃料电池功率输出之间不存在耦合关系,但 DC/DC 转换器必须将系统直流母线电压维持在最适宜电机工作的电压范围内。交流电机通常还需安装一个 DC/AC 逆变器。目前这种构架只在小型或者实验车上使用,如 2002 年通用汽车公司开发的 Autonomy 和 Hy-wire 两种车型。

三、燃料电池电动汽车的工作模式

燃料电池电动汽车的工作模式分为 4 种:起动、一般行驶、加速行驶以及减速行驶,驱动模拟图如图 2-42 所示。现以 FC + B 混合驱动系统为例,进一步说明燃料电池电动汽车的工作模式。

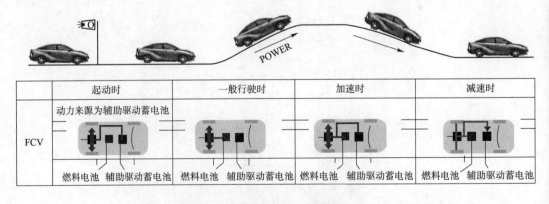

图 2-42 燃料电池电动汽车的驱动模拟图

1. 起动工况

车辆起动时,由车载辅助驱动蓄电池供电。此时,辅助驱动蓄电池的电源直接提供给驱动电机,使电机工作驱动车轮转动,燃料电池不参与工作,如图2-43a)所示。

2. 一般行驶工况

一般行驶工况下,来自高压储氢罐的氢气和来自空气压缩机的氧气分别提供给燃料电池,经质子交换膜在内部发生电化学反应,产生约300V的电压。然后经DC/DC转换器进行升压,转变为650V的直流电,再经动力控制单元转换为交流电提供给驱动电机,最终带动车轮转动,如图2-43b)所示。

3. 加速行驶工况

加速时,车载辅助驱动蓄电池作为辅助动力源参与工作,为驱动电机提供额外电力,此时车辆处于大负荷运行工况,如图2-43c)所示。

4. 减速行驶工况

减速时,车辆在惯性作用下行驶,燃料电池不工作。车辆惯性力驱动电机工作用于发电机模式,车辆减速所产生的惯性能量经动力控制单元后转换为直流电,反馈到车载辅助驱动蓄电池进行电能的回收,如图2-43d)所示。

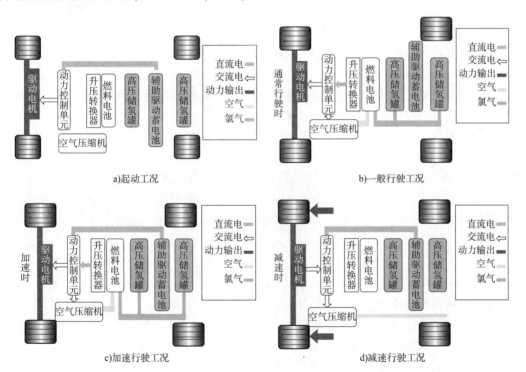

图2-43 燃料电池电动汽车的工作模式

四、燃料电池电动汽车的特点

1. 燃料电池电动汽车优点

与传统内燃机汽车和纯电动汽车相比,燃料电池电动汽车具有如下优点:

(1)效率高。燃料电池的工作过程是化学能转化为电能的过程,不受卡诺循环的限制,能量转换效率较高,可达30%以上。而传统汽油机和柴油机的效率分别为16%~18%和22%~24%。

(2)续驶里程长。燃料电池电动汽车采用燃料电池系统作为能量源,克服了纯电动汽车续驶里程短的缺点,其长途行驶能力和动力性已经接近传统汽车。

(3)绿色环保。燃料电池没有燃烧过程,以纯氢作为燃料,生成物只有水,基本上是零排放。当采用其他富氢有机化合物作为燃料时,生成物除水之外还可能有少量CO_2,也接近于零排放。

(4)过载能力强。燃料电池除了在较宽的工作范围内具有较高的工作效率外,其短时过载能力可达额定功率的200%或者更大。

(5)噪声低。燃料电池属于静态能量转换装置,除了空气压缩机和冷却系统以外无其他运动部件。因此与内燃机汽车相比,运行过程中的噪声和振动都较小。

2. 燃料电池电动汽车的缺点

(1)燃料电池电动汽车的制造成本和使用成本较高。

(2)辅助设备复杂,且质量和体积较大。

(3)起动时间长,系统抗振能力有待进一步提高。此外,储氢装置受到振动或冲击时,各管道的连接和密封可靠性需要进一步提高。

五、典型的燃料电池电动汽车

通用汽车公司早在1966年就推出了世界第一款燃料电池电动汽车GMC Electrovan。其为2人座厢式货车,共采用32个燃料电池模块,所用燃料为纯液氢和液氧。测试输出功率为32kW,峰值输出功率为160kW,最高时速为113km/h,续驶里程为193km。但因成本高昂以及当时氢基础设施匮乏等因素而未能得到持续开发。

本田汽车公司在1999年推出了世界上第一辆商用燃料电池电动汽车FCX-V4,并于2002年12月在日本和美国商用生产。随后于2007年11月推出了新一代的燃料电池电动汽车FCX Clarity,如图2-44a)所示。该车采用V Flow(垂直系统单元结构)燃料电池堆核心技术实现了超级的清洁性。V Flow的燃料电池堆不仅大幅提高了燃料电池性能,同时还实现了燃料电池的轻量化和小型化。与上一代搭载Honda FC燃料电池箱的FCX相比,Clarity功率由86kW提高到100kW,同时能够在-30℃环境下实现冷起动。通过在中央通道安置轻量化、小型化的燃料电池,不仅降低了车身高度,还保证了车内空间的舒适性。此外,Clarity的续航距离也提高了30%,达到620km。

丰田首款燃料电池量产车Mirai为4人座轿车,如图2-44b)所示。与传统汽车相比,Mirai更加节能环保,一次加注氢燃料仅需3min,配备了2个70MPa的高压燃料堆,输出功率为100kW,0~100km/h加速时间为10s左右,续驶里程达到480km。

德国戴姆勒—奔驰公司在2005年推出了以B级车为原型的燃料电池电动汽车奔驰B级F-Cell,如图2-44c)所示。该车保留了奔驰B级原形车的外观,搭载氢燃料电池驱动系统,能使气态氢在70MPa压力下与空气中的氧发生反应,一次加氢仅需3min。动力方面,该车最大功率为101.4kW,最大转矩为290N·m,最高时速为170km/h,续航能力达400km,能够满足相邻两座城市间的通勤需要,百公里耗能相当于3.3L汽油。此外,F-Cell装配了最大输出功率为35kW、最大容量为1.4kW·h的锂离子蓄电池,以提高动力并实现制动能量回收。

福特公司在2005年推出了雪佛兰Equinox,如图2-44d)所示,并于2007年进行了升级。Equinox的燃料电池组位于车辆的中心部位,储氢装置由3个690×101.3kPa的高压储氢罐组成,罐体采用碳纤维复合材料,最大储氢量为4.2kg,加满燃料的续驶能力为320km。

a)本田FCX Clarity

b)丰田Mirai

c)奔驰B级F-Cell

d)雪佛兰Equinox

图2-44 典型的燃料电池电动汽车

在2018消费电子展(CES)上,现代汽车公司正式发布了旗下"下一代燃料电池车"——Nexo车型,如图2-45a)所示。该车采用了FE Fuel Cell燃料电池概念车的设计元素,整备质量比IX35燃料电池汽车减轻20%。通过采用现代第四代氢燃料电池技术,使得现代Nexo的动力效率提高20%、燃料电池堆功率密度增加30%。电机最大功率为121.55kW,峰值转矩为395N·m,0~96km/h加速时间为9.5s,最高时速为160km/h,NEDC工况下的续驶里程约为805km。此外,现代Nexo一改此前IX35氢燃料电池汽车的双储氢罐设计,其储氢装置由3个尺寸相同的储氢罐组成,如图2-45b)所示。

a)现代Nexo

b)Nexo储氢罐布置

图2-45 现代Nexo燃料电池电动汽车

表2-5比较了几款常见燃料电池电动汽车的性能。

几款常见的燃料电池电动汽车性能　　　　　表 2-5

项　目	丰田 Mirai	现代 IX35	通用 Equinox	日产 Xtrial	奔驰 F-Cell
整备质量(kg)	1850	2290	1800	1860	1718
最高车速(km/h)	175	160	160	150	170
0~100km/h 加速时间(s)	9.6	12.5	12	14	11.3
FCE 功率(kW)	114	100	92	90	100
FCE 体积/质量	37L/56kg	60L	/130kg	34L/43kg	不详
FCE 功率密度	3.1kW/L 2.0kW/kg	1.65kW/L	0.7kW/L	2.5kW/L	不详
FCE 低温性能(℃)	-30	-30	-30	-30	-25
FCE 铂用量(g)	20	40	30	40	—
FCE 耐久性(h)	>5000	5000	5500	—	>2000
氢系统参数	122.4L,5kg	144L,5.6kg	4.2kg	不详	不详
电机参数	113kW 335N·m	100kW 300N·m	94kW 320N·m	90kW 280N·m	100kW 290N·m
蓄电池参数	1.6kW·h 镍氢蓄电池	24kW 锂离子蓄电池	1.8kW·h,35kW 镍氢蓄电池	不详	不详
续驶里程(km)	650	594	320	500	616

　　燃料电池电动汽车的商用量产还需解决整车集成与轻量化、高性能燃料电池、制造与使用的低成本与安全性，氢的生成、储存与配置，以及雾霾等空气污染对电催化剂和燃料电池发电性能的影响等诸多问题。值得指出的是，燃料电池是迄今为止最清洁、安静又可无限再生的能源，尤其在世界性能源危机和节能减排日益迫切的情况下，国内外普遍高度重视并持续推进燃料电池电动汽车的产业化，必将为实现更加美好的人类生活作出贡献。

第五节　混合动力电动汽车

　　混合动力汽车基本上不改变现有的汽车产业结构，不改变现有的能源(石油燃料)体系，不改变用户对汽车的使用习惯，这也是它能够迅速实现产业化的重要原因。混合动力汽车的研究和发展对解决环境污染和能源危机具有重要意义。

　　混合动力电动汽车(Hybrid Electric Vehicle，HEV)指至少采用两种不同动力源的电动汽车，目前通常指综合运用 ICE 内燃机和蓄电池+电机(有时还采用一个以上蓄电池+电机)的电动汽车，典型代表如日本丰田公司的 Prius 和本田公司的 Insight 及 Civic。与传统汽车相比，HEV 在大大降低排放的同时，能够使燃油效率提高 2~3 倍。近年来由 HEV 派生出的 PHEV(Plug-in Hybrid Electric Vehicle，PHEV)可进一步降低燃油消耗，并显著延长续驶里程，也因此越来越受到各国政府、汽车企业和研究机构的广泛关注。PHEV 特别适合于工作日正常上下班和行驶里程在 50~90km 的车主使用。随着技术进步和性价比不断提高，未来 10 年内 PHEV 有望在北美、亚太和欧洲地区的全球主要电动汽车市场得到大面积的推广使用。

　　HEV同时配备电力驱动系统和辅助动力单元(Auxiliary Power Unit,APU)。APU是燃烧某种燃料的原动机或由原动机驱动的发电机组,目前HEV所采用的原动机一般为柴油机、汽油机或燃气轮机。HEV将原动机、电机、能量储存装置(蓄电池)组合在一起,对它们进行良好匹配和优化控制,可充分发挥内燃机汽车和电动汽车的优点,避免各自的不足,是当今最具实际开发意义的低排放和低油耗汽车。

一、混合动力电动汽车的类型

　　作为传统燃油汽车与纯电动汽车的过渡产品和折中方案,HEV已成为国际范围内新型环保汽车的开发热点。根据国际能源组织(IEA)的有关文献,"能量与功率传递路线"具有如下特点的车辆称之为混合动力汽车:

　　(1)传递到车轮推动车辆行驶的能量,至少来自两种不同的能量转换装置,如内燃机、燃气涡轮、斯特林发动机、电机、液压马达、燃料电池等。

　　(2)能量转换装置至少从两种不同的能量存储装置(如燃油箱、蓄电池、飞轮、超级电容、高压储氢罐等)吸取能量。

　　(3)从储能装置流向车轮的通道中,至少有一条是可逆的。

　　HEV的混合动力源主要包括燃料转换装置(如内燃机)、储能装置和电机,在精密控制策略的控制下,使燃料转换装置、储能装置和电机在各种驱动工况下尽可能地工作在高效率、低排放区域;在制动工况下,通过发电机或电机工作象限的调整回收部分制动能量,从而改善车辆在不同行驶工况下的燃油经济性、尾气排放性及其他使用性能。

　　混合动力汽车结合了传统内燃机汽车和纯电动汽车的优点,续驶里程不受限制,并且对传统汽车的改动不大,产业化生产的投入也比燃料电池汽车少很多。混合动力汽车具有油电混合、气电混合、电电混合等多种类型,目前普遍采用油电混合,即储能装置中包括汽油或柴油燃油箱,为汽油机或柴油机提供能量;还包括可充电的储能装置,即蓄电池、超级电容、飞轮储能装置等,它们为电机提供电能,必要时还吸收发动机的多余能量和再生制动所产生的电能。

　　由于混合动力汽车的结构组成、布置方式和控制策略具有多样性,导致混合动力汽车具有各式各样的结构形式。混合动力汽车的分类方法有多种,如按动力系统结构形式分类、按混合度分类、按可外接充电能力分类等。

　　1. 按动力源数量及动力传递方式分类

　　HEV按动力系统结构可划分为3种类型,即串联式混合动力电动汽车(SHEV)、并联式混合动力电动汽车(PHEV)和混联式混合动力电动汽车(SPHEV)。

　　(1)SHEV的驱动力只来源于电机。其典型的结构特点是发动机带动发电机发电,电能通过电机控制器输送给电机,并由电机驱动车辆行驶。动力蓄电池可单独向电机提供电能,或者发电机和蓄电池共同向电机提供电能。

　　(2)PHEV的驱动力由电机和发动机同时或单独提供。其典型的结构特点是发动机和电机与驱动轮之间均有机械连接,即发动机和电机有各自独立的动力传递路径。车辆可单独以发动机或电机作为动力源,也可同时由发动机和电机共同驱动车辆。

　　(3)SPHEV同时具备串联式和并联式两种混合动力系统结构。其结构特点是能够工作于串联或并联模式,兼有串联式和并联式两种混合动力系统的结构特点。

2. 按混合度分类

混合度指电机输出功率占整个系统输出功率的比例,反映了电驱动在整个驱动系统中所占的比例。HEV 按混合度可分为微混、轻混和重混 3 种类型。

(1) 微混合动力汽车(Micro HEV):蓄电池容量很小,发动机是主要动力源,电机为辅助动力源,且电机能够在很小程度上回收制动能量,混合度小于 10%。

微混合动力系统在传统内燃机的起动机上加装了皮带驱动起动机,简称 BSG(Belt Driven Starter Generator)系统。该电机为发电起动一体式电机,作为发动机的起动机/发电机使用,用来控制发动机的起动和停止,从而取消发动机怠速,降低油耗和排放。从严格意义上来讲,由于微混合动力系统的电机没有为车辆行驶提供持续动力,故采用微混合动力系统的汽车并不属于真正的混合动力汽车。微混合动力系统里,电机电压通常有 12V 和 42V 两种,其中 42V 主要用于柴油混合动力系统。微混合可实现 5% ~ 15% 的节油效果。

(2) 轻混合动力汽车(Mild HEV):蓄电池容量较大,驱动能量中依靠蓄电池的比例较大。与微混合系统相比,车辆行驶功率中电机所占的比例增大,混合度一般大于 10%。

轻混合动力汽车以发动机为主要动力源,电机为辅助动力源,且电机不能单独驱动车辆行驶。轻混合动力系统采用了集成式起动机,简称 ISG(Integrated Starter Generator)系统。该系统的电机除了控制发动机起停外,还可回收制动能量;在车辆加速、爬坡等需要较大功率时,电机提供辅助驱动力矩。轻混合动力系统的混合度一般小于 20%,能实现 20% ~ 25% 的节油效果。

(3) 重混合动力汽车(Full HEV):也称为全混合动力汽车。蓄电池容量大,驱动能量中依靠蓄电池的比例增大。车辆行驶功率中电机输出功率所占的比例增大,发动机功率所占的比例减小,混合度一般大于 30%。

重混合动力汽车的发动机和电机均能够独立驱动车辆,也可共同驱动车辆。在低速、起步和倒车等情况下,车辆能够以纯电动模式行驶;加速或爬坡时,发动机和电机共同驱动车辆行驶,同时电机具有制动能量回收能力,可实现 50% ~ 56% 的节油效果。

通常情况下,混合度越高,电机提供的功率越多,油耗越低,排放性越好。本田旗下的混合动力汽车 Insight、Accord 和 Civic 均属于轻混合动力汽车。这 3 款车型采用高压电机,在汽车加速或者大负荷工况下,电机能够辅助驱动车辆,以补充发动机自身动力输出的不足,从而更好地提高整车性能。丰田 Prius 和福特 Escape 是典型的重混合动力汽车。宝马 530Le 的发动机功率为 160kW,电机功率为 70kW,其混合度约为 44%;而比亚迪唐的电机功率比发动机高出 69kW,混合度达到 145%,属于强混合动力汽车。

3. 按可外接充电能力分类

按可外接充电能力分,HEV 可分为插电式混合动力汽车(Plug-in HEV)和非混合动力电动汽车。

正常情况下,PHEV 能够从非车载装置中获取电能,而非插电式混合动力汽车只能通过燃料燃烧获取电能。

二、串联式混合动力汽车

1. 串联式混合动力汽车结构及工作模式

串联式混合动力结构的典型特点是发动机和电机"串接"在一条动力传输路径上。车辆动力系统主要由发动机、发电机、蓄电池、电机、功率变换器和机械传动装置等组成,结构布置如图2-46所示。

在串联式混合动力系统中,发动机带动发电机发电,二者通常组合在一起形成辅助动力单元(Auxiliary Power Unit, APU)。APU输出的电能可通过功率变换装置为蓄电池充电,也可供给电机驱动车辆。另外,蓄电池能够放电为电机提供驱动功率。串联式混合动力结构的最大特点是发动机在任何工况下都不参与车辆的驱动,它只能带动发电机为电机提供电能。因此,串联式混合动力结构中的电机功率一般大于发动机功率。

根据车辆行驶工况的不同,SHEV具有多种工作模式,具体见表2-6。

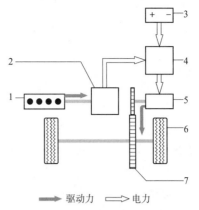

图2-46 串联式混合动力系统结构
1-发动机;2-发电机;3-动力蓄电池;4-功率变换器;5-电动机;6-驱动轮;7-减速器

表2-6 SHEV的工作模式

功率流向(实线为机械功率,虚线为电功率)	工作模式	使用工况
发动机 发电机 功率变换器 电动机 传动装置 车轮 / 蓄电池	蓄电池单独驱动	车辆起步
发动机→发电机→功率变换器--→电动机→传动装置→车轮 / 蓄电池	发动机单独驱动	一般车速
发动机→发电机→功率变换器--→电动机→传动装置→车轮 / 蓄电池	发动机单独驱动,蓄电池充电	一般车速,发动机有剩余动力
发动机→发电机→功率变换器--→电动机→传动装置→车轮 / 蓄电池	发动机和蓄电池共同驱动	车辆加速或爬坡
发动机 发电机 功率变换器←--电动机←传动装置←车轮 / 蓄电池	蓄电池回收制动能量	车辆制动

各种工作模式的具体说明如下:

(1)当蓄电池组具有较高电量且输出功率满足整车行驶功率需求时,SHEV以纯电动模式工作,此时发动机—发电机组处于关机状态。

(2)当蓄电池组电量在目标范围内,且发动机—发电机组的输出功率满足车辆行驶功率需求时,为提高 SHEV 的能量利用率,此时采用纯发动机驱动模式,发动机—发电机组输出功率与车辆行驶的功率需求相等。

(3)当蓄电池组电量不足且发动机—发电机组的输出功率在驱动车辆的同时有富余,此时蓄电池组被强制补充充电。

(4)当车辆加速或爬坡需要较大功率且超出了蓄电池组输出功率限制时,发动机—发电机组起动发电,与蓄电池组共同输出电功率,进行混合动力驱动模式。

(5)车辆减速制动时,电机工作于发电机状态,回收制动能量,并将制动能量转化为电能回馈给动力蓄电池。

2. 串联式混合动力汽车的控制策略

控制策略是混合动力驱动系统发挥最佳性能的关键,其主要目的是决定发动机和蓄电池的工作模式,合理分配二者的能量功率。在串联式混合动力驱动系统中,发动机稳定工作在高效区。但由于车辆行驶工况不断变化,特别是在复杂的城市工况下,车辆驱动功率需求变化很大;车辆需求驱动功率较小时,发动机必须将多余能量输入到蓄电池储存起来;车辆需求驱动功率较大时,需要释放蓄电池电能。蓄电池频繁充放电过程必将造成很多不必要的能量损失,所以合理的控制策略和控制逻辑尤为重要。其不但可以优化能量流动,而且能够在很大程度上改善 HEV 的动力性、燃油经济性、排放性和续驶里程。控制策略的总体目标是尽可能提高燃油经济性、降低有害气体排放。据此控制策略的制定原则如下:

(1)控制发动机在高效区工作,避免发动机频繁起动和关闭,尽可能降低起动阶段发动机的污染物排放。

(2)维持蓄电池的荷电状态在一定范围内,以避免过度充放电导致蓄电池受损,同时保证车辆行驶中能够及时回收制动能量。

由于 SHEV 的发动机与车辆行驶工况没有直接联系,因此控制策略的主要目标使发动机工作在最佳效率区和排放区。此外,为优化控制策略,必须考虑蓄电池、电传动系统、发动机和发电机的总体效率。串联式混合动力驱动系统有以下几种基本控制模式。

1)恒温器控制模式

当蓄电池的荷电状态降低到最低门限值时,发动机起动,在最低油耗或排放点按恒功率输出。此时发动机的输出功率分为两部分,一部分满足车辆驱动功率的要求,另一部分向蓄电池充电。当蓄电池的荷电状态上升到高门限值时,发动机关闭,车辆以纯电动模式行驶。此时,蓄电池应满足车辆所有工况下的瞬时功率要求,蓄电池因过度循环所引起的损失可能会减少发动机优化所带来的益处。该模式对发动机较为有利,而对蓄电池不利。

2)功率跟踪式控制模式

该控制策略根据蓄电池的荷电状态和负荷来确定发动机的起动状态和输出功率,以满足车辆不同工况下的功率需求。当发动机功率需求小于输出功率时,调整发动机的输出功率为最小值;当 SOC 高于下限值,车辆总需求负荷未超出蓄电池容量但超过发动机最大功率时,则调整发动机的输出功率为最大值。

发动机输出功率随车辆驱动功率的变化而变化,这与传统汽车的运行相似。采用该控制策略时,蓄电池的工作循环将消失,与充放电有关的蓄电池损失会降低到最低程度。但发动机将运行于整个负荷范围,且发动机的输出功率变化快,会损害发动机的效率和排放性能。解决方法是采用自动无级变速传动装置,以控制发动机沿最小油耗曲线运行,从而减少 HC 和 CO 的排放量。

比较上述两种控制模式可知,采用恒温器式控制模式的发动机一般工作在最佳油耗点附近,而采用功率跟随式的发动机一般工作在最佳经济性工作曲线附近。相比而言,前者发动机的平均工作效率较高,但后者在动力性和燃油经济性方面具有较好的综合性能。若将这两种控制策略结合应用,则能充分利用发动机和蓄电池的高效率区,从而达到整体效率最高的目的。

3. 串联式混合动力汽车的特点

串联式混合动力驱动系统具有如下优点:

(1) 发动机能运行在转矩—转速特性图上的任意工作点,而且能始终在最佳工作区域内稳定运行,具有较好的经济性和排放性能。此外,发动机能够从驱动轮上机械解耦,使高速发动机得以应用。

(2) 整车结构布置的自由度较大,各种驱动系统元件可安放在最合适的位置。

(3) 电机功率大,制动能量回收的潜力大,可提高能量利用效率。

串联式混合动力驱动系统具有如下缺点:

(1) 发动机输出能量的利用率较低。在发动机—发电机—电机驱动系统中,能量从热能—电能—机械能的转换过程中存在较大损失。

(2) 要求电机功率足够大。

(3) 电机和动力蓄电池的体积和质量都较大,导致整车质量增大。

4. 典型的串联式混合动力汽车

串联式混合动力是最简单的混合动力结构,其整体相当于在纯电动汽车的基础上增加一个汽油发动机。由于取消了传统汽车的变速器,其结构布置更为灵活。同时,由于发动机总是工作在高效区,故 SHEV 中、低速行驶时的油耗更低,可节约燃油 30% 左右。目前,比较典型的串联式混合动力汽车如宝马 I3 和大部分的混合动力城市公交车。

1) 通用 Series-SHEV

Series-SHEV 是通用汽车公司研制和开发的一款串联式混合动力汽车,其结构布置如图 2-47 所示。

发动机—发电机组采用小型的涡轮增压直喷式柴油机,功率为 40kW。柴油机在高效率状态下平稳运转,带动发电机发电。镍氢蓄电池组布置在座位下面。驱动电机采用功率 100kW 的交流感应电机,通过减速器带动车辆前轮行驶。

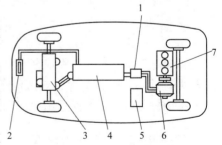

图 2-47 通用 Series-SHEV 的结构布置
1-电流转换器;2-充电器;3-驱动电机;4-动力蓄电池;5-中央控制器;6-发电机;7-发动机

Series-SHEV 的多能源动力总成管理模块能够对蓄电池组的充、放电以及每个单体蓄电池状态进行监控和检查。中央控制器中的蓄电池管理模块对镍氢蓄电池组进行控制,当蓄电池组 SOC 低于 40% 时,立即自动起动柴油机—发电机组进行发电,使蓄电池组 SOC 上升到 50%。柴油机采取起动—关闭的控制方式,并保持发动机在最佳效率范围内运转。

2)丰田考斯特(Coaster)SHEV客车

丰田 Coaster SHEV 是由 Coaster 中型客车改装成的一款 SHEV。Coaster SHEV 一次加油的续驶里程为 400~500km,所排放的碳氢化合物和氮氧化合物比汽油机或柴油机汽车低 90%,CO 比汽油机或柴油机汽车低 66%。Coaster SHEV 的技术参数见表 2-7。

Coaster SHEV 的技术参数　　　　　　　　　　　　　　　　表 2-7

项目		参数	单位	项目		参数	单位
整备质量		3875	kg	电机	类型	感应式	—
乘员		25	人		功率	70	kW
发动机	型号	D-4	—	蓄电池	类型	铅酸蓄电池	
	类型	直喷式	—				
	排量	1.5	L		质量	500	kg

Coaster SHEV 的结构如图 2-48 所示,发动机—发电机组布置在车辆前部,发动机与发电机之间采用增速器连接。发动机采用 D-4 型 1.5L 直喷式汽油发动机。发动机在最佳状态下运转时,转速较低,且能够平稳连续运转;此外,排气系统采用了三元催化剂,故车辆动力性能好,有害废气排放量大大减少,噪声也有所降低。

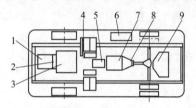
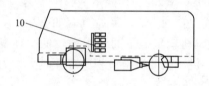

图 2-48　Coaster SHEV 的结构布置

1-发电机；2-增速器；3-发动机；4-整流器；5-中央控制器；6-逆变器；7-驱动电机；8-减速器；9-压缩空气瓶；10-动力蓄电池组

Coaster SHEV 采用了密封式铅酸蓄电池组,驱动电机采用功率为 70kW 的交流感应电机,驱动电机经减速器后驱动车辆后轮。Coaster SHEV 动力蓄电池组的电能可经过逆变器输送到驱动电机和发动机,发电机组发出的电能可经过逆变器输送到驱动电机,也可输送到动力蓄电池组。驱动电机通过机械式整体后桥来驱动车辆行驶。车辆市郊工况下行驶时,发动机—发电机组发电,并向动力蓄电池组充电,以增加车辆的续驶里程。在城市工况下行驶时,发动机—发电机组停止工作,依靠动力蓄电池组的电能驱动车辆,实现"零排放"行驶。Coaster SHEV 在制动时,能够实现再生制动能量的回收。

Coaster SHEV 充分利用现有的 Coaster 汽油车的车身和底盘进行改装,发动机、发电机和驱动电机在总体布置上与原汽油车基本相同,保留了原车的大部分总成,但取消了变速器、传动轴等,有利于实现通用化和系列化,并可大大降低生产成本。

三、并联式混合动力汽车

1. 并联式混合动力汽车结构及工作模式

并联式混合动力结构是在普通汽车的基础上加装一套由电机和动力蓄电池所组成的电能驱动系统,典型的系统布置如图 2-49 所示。发动机和电动机是车辆的两个动力源,它们与驱动轮之间都存在机械连接,即发动机和电动机都能单独驱动车辆,也可同时工作共同驱动车辆。发动机和电动机之间的动力需通过动力合成装置进行耦合。发动机一般作为主动力源,电机在必要时(如车辆起步、加速、爬坡等工况)通过动力合成装置辅助发动机驱动车辆。但对于电机额定功率较大且蓄电池数量较多的 PHEV 而言,电机具有独立驱动车辆的能力。

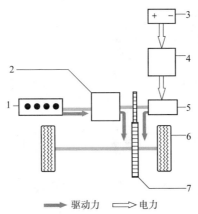

图 2-49　并联式混合动力系统结构
1-发动机;2-变速器;3-动力蓄电池;4-变压器;5-电动机/发电机;6-驱动轮;7-减速器

PHEV 有发动机和电动机两套动力驱动系统,两者的不同组合可实现多种驱动模式。为适应复杂的车辆行驶工况需求,PHEV 的主要工作模式见表 2-8。

PHEV 的主要工作模式　　　　表 2-8

功率流向(实线为机械功率,虚线为电功率)	工作模式	使用工况
发动机→动力合成装置→传动装置→车轮；蓄电池⇢电机↑	电动机单独驱动,发动机关闭	车辆起步
发动机→动力合成装置→传动装置→车轮；蓄电池⇠电机↓	发动机单独驱动,同时为蓄电池充电	一般车速,发动机有剩余动力
发动机→动力合成装置→传动装置→车轮；蓄电池　电机	发动机单独驱动,电动机关闭	一般车速
发动机→动力合成装置→传动装置→车轮；蓄电池⇢电机↑	发动机和蓄电池共同驱动	车辆加速或爬坡
发动机　动力合成装置←传动装置←车轮；蓄电池⇠电机↓	回收制动能量	车辆制动

各种工作模式的具体说明如下：

(1) 当蓄电池组电量较高且动力蓄电池组输出功率能够满足整车行驶功率需求或整车需求功率较小时，为避免发动机工作于低负荷和低效率区，PHEV 以纯电动模式工作，此时发动机关闭。

(2) 当蓄电池组的电量不足且发动机输出功率在驱动车辆的同时有富余，发动机—发电机工作处于发电状态，动力蓄电池被强制补充充电。

(3) 当蓄电池组电量在目标范围内，且发动机的输出功率满足车辆行驶功率需求时，为提高 PHEV 的能量利用率，车辆以纯发动机驱动模式运行，发动机输出功率等于车辆行驶功率。

(4) 当车辆加速或爬坡需要较大功率输出时，发动机和电机输出的机械功率经动力合成装置耦合后共同驱动车辆，进行混合动力驱动模式。

(5) 车辆减速制动时，发动机关闭，电机工作于发电机状态，回收制动能量，并将制动能量转化为电能回馈给动力蓄电池。

2. 并联式混合动力汽车的动力合成

动力合成方式及结构决定了不同类型的 HEV 动力系统。并联和混联式 HEV 的动力合成装置负责将多个动力组合在一起，以实现多动力源之间的功率合理分配并将动力传递给驱动桥。动力合成装置是 HEV 的核心部件，其性能直接关系 HEV 的整车性能，要求其具有如下功能：

(1) 动力合成。动力合成装置至少要有两个输入端，将发动机和电动机的动力分别输入并进行动力合成。

(2) 输出不干涉。动力合成装置必须有一个输出端，以使发动机动力、电动机动力单独输出以驱动车辆，或将发动机和电动机的动力进行合成共同驱动车辆。发动机和电动机之间不发生运动干扰，不影响传动效率。

(3) 动力分解与能量回馈。动力合成装置能够将发动机的全部或部分动力传递给电机，使电机工作于发电机模式，为动力蓄电池充电。此外，车辆减速制动时，电动机能够进行再生制动，回收车辆制动能量，提高能量利用效率。

(4) 辅助功能。动力合成装置最好能充分发挥电机的低速大转矩特点来起动车辆，利用电机反转实现倒车，取消车辆的倒挡机构。

由于发动机和电动机的功率和转速输出特性不同，动力合成装置需满足复杂的动力传递及组合要求。PHEV 的动力合成方式包括驱动力合成、转矩合成和转速合成 3 种。

1) 驱动力合成

驱动力合成方式较为特殊，发动机和电动机各自带有一套传动系统，分别驱动车辆的前轮或后轮，结构如图 2-50 所示。通过前后车轮驱动力将多个动力源的输出动力进行合成。

动力合成规律可表示为：

$$F = F_1 + F_2 \tag{2-1}$$

$$F_1 = \frac{\eta_1 i_1 T_1}{r} \tag{2-2}$$

$$F_2 = \frac{\eta_2 i_2 T_2}{r} \tag{2-3}$$

式中：F——整车驱动力；

F_1——发动机最终作用在前轮上的驱动力；

F_2——电动机最终作用在后轮上的驱动力；

η_1——发动机到前轮的传动效率；

i_1——发动机到前轮的传动比；

η_2——电动机到后轮的传动效率；

i_2——电动机到后轮的传动比；

r——车轮滚动半径。

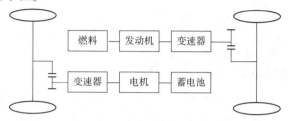

图 2-50　驱动力合成方式

在驱动力合成结构中，由于整车牵引力由两个驱动轴承担，每一轴上承担的牵引力减少，不容易超出地面的附着极限，故车辆通过性好。发动机和电动机组成的双动力系统使车辆具有良好的动力性。此外，与传统燃油四驱车辆相比，采用驱动力合成方式的 HEV 具有更低的油耗和有害气体排放量。但两套动力传动系统使整车结构更为复杂，不适用于尺寸较小的车型，且布置困难，加大了整车的控制难度。

2）转矩合成

转矩合成的特点是合成转矩为发动机转矩与电动机转矩的线性组合，合成动力的输出转速、发动机转速及电动机转速三者之间具有比例关系，结构如图 2-51 所示，数学表达式如下：

图 2-51　转矩合成方式

$$T_3 n_3 = T_1 n_1 + T_2 n_2 \tag{2-4}$$

$$T_3 = k_1 T_1 + k_2 T_2 \tag{2-5}$$

$$n_3 = \frac{n_1}{k_1} = \frac{n_2}{k_2} \tag{2-6}$$

式中：T_1、T_2、T_3——分别为发动机、电动机和动力合成装置的输出转矩；

n_1、n_2、n_3——分别为发动机、电动机和动力合成装置的输出转速；

k_1、k_2——与动力合成装置结构有关的常数。

典型的转矩合成装置有传动系统耦合和同轴电机耦合两类。传动系统转矩耦合一般采用固定速比齿轮传动机构，是 PHEV 普遍使用的一种动力合成方式。麦格纳动力总成公司的 eRAD 同轴式电驱动后桥包括驱动电机、行星齿轮变速器，如图 2-52 所示。该后桥带有完全集成的电机模块和车桥断开装置，系统采用了自由旋转怠速模式的高效结构和小于 100ms 接合/分离、集成 ECU 和电机执行器。东风汽车采用了固定轴式动力耦合装置（图 2-53），其混合动力城市客车采用了基于电控机械自动变速器（AMT）基础上的"中间轴输入动力耦合系统"以及"二轴输入动力耦合系统"，以适应多种灵活的布置方式。其中"中间轴输入动力耦合系统"的具体形式是：动力耦合装置（即混合动力车用变速器）的一轴与发动机曲轴相连，二轴与输出传动轴相连，中间轴上齿轮与一轴、二轴上齿轮构成常啮合传动齿轮副，新设计专用 AMT 和耦合器，保证电动机与发动机的高效工作。

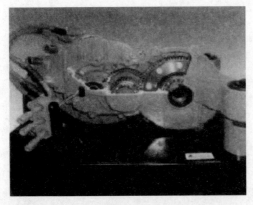

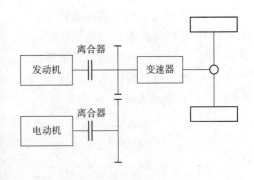

图 2-52　麦格纳 eRAD 同轴式电机耦合　　　　图 2-53　东风汽车固定轴式动力耦合系统

同轴电机耦合也是目前比较广泛使用的转矩合成方式，最为典型的如本田 IMA 系统、长安 ISG 系统、沃尔沃 I-SAM 系统等。同轴电机耦合本质上是单轴耦合并联混合动力系统，发动机输出轴与电机转子同轴，合成转矩等于发动机转矩与电动机转矩之和。上述 3 种同轴电机耦合系统之间的差异在于发动机与电动机之间是否布置有离合器。IMA 系统和 ISG 系统的发动机与电动机直接集成连接，中间无离合器，而 I-SAM 系统的发动机与电动机之间布置有一个自动离合器，以实现更多的工作模式。

图 2-54 所示为带有离合器的同轴电机耦合装置。车辆行驶中，可根据需要接合或中断发动机和电动机与传动系统之间的动力传递。具体工作方式如下：车辆起步时离合器接合，电机作为起动机带动发动机起动；正常运行时，发动机单独工作，离合器处于接合状态。若发动机有多余动力，则发动机带动电动机以发电机模式工作，向蓄电池充电；车辆急加速或爬坡时，蓄电池向电动机供电，发动机和电动机共同提供动力驱动车辆行驶；短暂停车时，发动机关闭以避免怠速工况；制动时，发动机关闭，离合器分离，电动机以发电机模式工作回收制动能量。

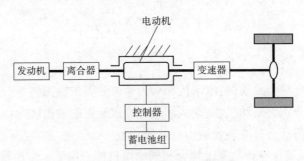

图 2-54　带有离合器的同轴电机耦合装置

在同轴电机耦合装置中，电动机综合了起动机、辅助驱动电机和发电机的功能，有利于发动机、电动机和变速器的一体化设计，使得动力传动总成的体积小、质量轻、便于布置、节省空间。但电动机的功率一般不大，不具有独立驱动车辆行驶的能力或单独驱动的里程很短，通常属于轻混合动力车型。

3）转速合成

转速合成的特点是合成转速为发动机转速与电动机转速的线性组合，合成动力的输出转

矩、发动机转矩及电机转矩三者之间具有比例关系,结构如图 2-55 所示,数学表达式如下:

$$T_3 n_3 = T_1 n_1 + T_2 n_2 \quad (2\text{-}7)$$
$$n_3 = k_1 n_1 + k_2 n_2 \quad (2\text{-}8)$$

图 2-55 转速合成方式

$$T_3 = \frac{T_1}{k_1} = \frac{T_2}{k_2} \quad (2\text{-}9)$$

式中:T_1、T_2、T_3——分别为发动机、电动机和动力合成装置的输出转矩;
n_1、n_2、n_3——分别为发动机、电动机和动力合成装置的输出转速;
k_1、k_2——与动力合成装置结构有关的常数。

行星齿轮机构是最常用的转速合成装置。中心轮、行星架和齿圈中的任意两个部件分别与发动机和电动机连接,另一部件作为输出。行星齿轮机构的连接方式具有多种组合形式,可根据实际情况灵活选用。图 2-56 所示为一种常见的采用行星齿轮机构的转速合成装置,其中发动机与中心轮连接,电机与齿圈连接,行星架作为输出部件连接到驱动轮。设 z_1、z_2 分别为中心轮和齿圈的齿数,令 $\alpha = z_1/z_2$,根据行星齿轮的传动关系,可得到输入、输出的转矩与转速关系:

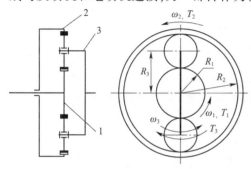

图 2-56 行星齿轮耦合装置
1-发动机;2-电动机;3-驱动轮

$$n_3 = \frac{1}{1+\alpha} n_1 + \frac{\alpha}{1+\alpha} n_2 \quad (2\text{-}10)$$

$$T_3 = \alpha T_1 = \frac{1+\alpha}{\alpha} T_2 \quad (2\text{-}11)$$

3. 并联式混合动力汽车的控制策略

PHEV 的控制策略通常根据蓄电池 SOC、加速踏板位置、车速和驱动轮的平均功率等参数,按照一定规则使发动机和电动机输出相应转矩,以满足驱动轮驱动力矩的要求。常见的控制策略如下。

1)以车速为主要参数的控制策略

以车速为主要参数的控制策略是最早也是最常用的一种控制策略,其以车速作为主要的控制依据。当车速低于限定车速时,电动机单独驱动车辆;车速高于限定车速时,电动机停止驱动,由发动机单独驱动车辆;车辆负荷较大时,发动机和电动机联合驱动车辆。该策略充分利用了电机低速大转矩的特点,有效避免了发动机的怠速及低负荷工况。当车速较高有利于发动机高效工作时,采用发动机单独驱动可避免纯电动高速行驶时蓄电池的快速放电损失。在该控制策略中,可将起动发动机的车速设为一个定值。对荷电消耗型 HEV 而言,所设定的发动机起动车速越低,车辆一次充电的续驶里程越长。此外,也可将发动机起动车速设计为蓄电池组放电深度的函数。

2)以功率为主要参数的控制策略

当车轮平均功率低于设定值时,车辆由电动机单独驱动;当车轮平均功率高于设定值时,由于发动机能够有效工作,故起动发动机,关闭电动机。在变速器换挡期起动发动机有助于获得较平稳的驾驶性能。一旦车轮平均功率超过发动机所能提供的功率时,电动机启动,辅助发动机提供额外功率。

当车辆所需平均功率较高时,发动机和电动机将联合驱动车辆,此时控制策略有以下几种模式:

(1)踩下加速踏板时,发动机和电动机的功率按照一定比例同时增加,以满足高功率需求;

(2)电动机功率增加到最大值,然后起动发动机以提供补充动力;

(3)控制发动机在有较高功率的低油耗区稳定运行,由电动机来提供所需的补充功率。

以转速和功率为主要参数的控制策略都较为简单,不能保证各部件之间的最佳匹配,无法保证整车系统的最大效率,因此需要将优化技术引入 HEV 的控制策略。

3)采用优化技术的控制策略

法国 Dzlprat 和 Panganelli 等研究了带机械有级式变速器的 PHEV 在混合动力工况时的能量分配优化问题,建立了以电动机转矩和变速器挡位为优化变量,以给定循环工况下发动机最小油耗为目标的有约束优化计算模型。计算结果虽然不能应用于实时控制,但却有益于推导车辆的实时控制策略。

为使发动机工作在最佳效率区,在 HEV 上配备 CVT 已成为一种发展趋势。德国 Zoelch 等对带有 i2-CVT 的 PHEV 进行了研究,KIA 汽车公司的 Kia 等提出了以燃油经济性为目标的优化控制策略。这种控制策略的实质是将发动机和电动机控制在最佳效率区,从而达到最优燃油经济性。

4)以成本和燃油经济性为目标的控制策略

采用该控制策略的 PHEV 配备有小功率电动机和小容量蓄电池,并力图使蓄电池组的成本和质量减小到最低程度。该控制策略一般只在车辆急加速时才起动电动机,辅助发动机向车轮提供加速所需功率。一般行驶工况下,车辆通常由一个小排量的发动机单独驱动。在蓄电池组 SOC 下降到一定程度时,发动机带动发电机为蓄电池充电,进一步提高了发动机的负荷率。减速制动时,电动机回收制动能量为蓄电池组充电。由于发动机几乎一直处于工作状态,虽然避免了发动机开关控制所引起的发动机效率下降问题,但却无法消除发动机低负荷时的排放问题,这也是该控制策略的一个缺陷。汽车加速时该策略有以下几种模式:

(1)汽车原地起步时,发动机单独驱动车辆,或者电动机单独驱动汽车起步,然后在车速增加到一定值时,起动发动机以提供加速所需的补充动力;

(2)汽车快速起步或急加速时,发动机和电动机联合向车轮提供驱动功率。

5)模糊逻辑控制策略

以上几种控制策略往往通过优化发动机的工作点来提高燃油经济性或效率。模糊逻辑控制的思想是对发动机、电动机和蓄电池同时进行优化控制。

6)电力辅助控制策略

电力辅助控制策略将电动机作为动力系统的灵活因素,根据车辆行驶工况对发动机输出功率进行"削峰填谷",从而优化发动机的运行。该策略已应用于部分混合动力系统,如本田 Insight 和雪铁龙 XSARA。

4. 并联式混合动力汽车的特点

PHEV 具有如下优点:

(1)只有发动机和电动机两个动力总成,两者的功率可以等于 50%~100% 车辆驱动功率,比 SHEV 3 个动力总成的功率、质量和体积小很多。

(2)发动机直接连接驱动系统,不存在 SHEV 发动机的机械能—电能—机械能的转换过程,能量转换综合效率比 SHEV 高。车辆需要输出最大功率时,电动机能够提供额外的辅助动力,故发动机可以选择较小功率,车辆燃油经济性比 SHEV 好。

(3)由于电机仅在车辆输出大功率时提供辅助动力,因此电机的尺寸和体积较小。此外,电动机可带动发动机起动,调节发动机的输出功率,使得发动机能够在高效率、低污染状态下稳定工作。

(4)与电动机配套的动力蓄电池组容量较小,使得整车质量减小。

PHEV 具有如下缺点:

(1)需要配备与内燃机汽车相同的传动系统,总体布置基本与内燃机汽车相同,动力性能接近内燃机汽车,发动机工况受车辆行驶工况的影响,有害气体排放高于 SHEV。

(2)除需要装置传统汽车的传动总成外,还需配备驱动电动机、动力蓄电池组和动力合成装置等,使得动力系统结构复杂,布置和控制也更加困难。

(3)为维持发动机运行于最佳工作区,控制系统和控制策略也较为复杂。

5. 典型的并联式混合动力汽车

1)福特 Prodigy

福特 Prodigy 是一款"低储能(LSR)"型 PHEV,搭载容量仅 4A·h 的镍氢蓄电池,整车整备质量 1083kg,比同类型的家庭轿车轻约 450kg,结构如图 2-57 所示。

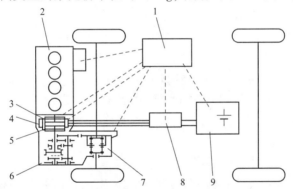

图 2-57 Prodigy LSR 轿车结构

1-中央控制器;2-发动机;3-自动离合器;4-电动/发电机(S/A);5-离合器;6-变速器;7-驱动桥(主减速齿轮和差速器);8-电流转换器;9-动力电池

Prodigy LSR 的结构与传统内燃机汽车基本相同,动力系统总质量 455kg。Prodigy LSR 配置直列 4 缸 1.2L、四气门直喷式 DLATA 发动机,功率 54.4kW,转矩 153N·m。发动机控制模块用起动、关闭的方式控制发动机,保证发动机始终在低油耗、高效率的最佳工况下运转,使燃油消耗量降低到 3.3L/100km。发动机输出轴上装有电动/发电机(S/A),最大输出功率 8kW,可代替发动机的飞轮和起动机。当车辆加速或爬坡时,电动/发电机以电动机模式运行,辅助发动机工作,提供功率 8kW 的辅助动力。电动/发电机能够迅速达到最大转矩,使发动机的起动时间由 250ms 降低到 100ms。动力电池组由多个 12V 单体镍氢蓄电池组成,容量 4A·h,总功率 22kW,能量 1.1kW·h。

2)本田 Insight 和 Civic

本田混合动力系统称为集成式电机辅助系统(Integrated Motor Assist,IMA)。1997 年,本田公司开发出第一代 IMA 系统,1999 年 12 月搭载第一代 IMA 系统的 Insight 在美国正式上市。2003 年,第二代 IMA 系统被装备到四门轿车 Civic 上。本田 Accord 搭载了第三代

IMA系统,是世界上第一款混合动力中型轿车。

目前IMA系统已经发展到第六代,并应用在本田最新的CR-Z、思域、飞度等车型上。IMA系统主要由4个部件构成,即发动机、电机、CVT变速器和IPU智能动力单元,结构如图2-58和图2-59所示。考虑到整车的配重平衡问题,将发动机、电机和变速器布置在车辆前部,智能动力单元布置在车辆后部。电机取代了传统飞轮以保持曲轴的运转惯性。整套系统结构紧凑,与传统汽车相比,仅IPU模块占用了额外空间。

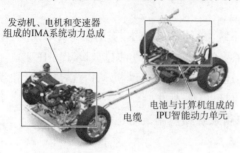
图2-58 2012 Civic IMA混合动力系统

图2-59 IMA动力总成

IMA系统的发动机采用了本田的i-VTEC(气门正时及生成可变技术)、i-DSI(双火花塞顺序点火技术)和VCM(可变汽缸技术)来降低油耗。国内进口的本田CR-Z采用顶置单凸轮轴1.5L的i-VTEC发动机,最大功率83kW,最大转矩145N·m,实测百公里油耗约5.4L。IMA系统的发动机和传统车型的发动机没有太大区别,只是在调校上更偏向于节省燃料。

IMA系统采用3相超薄永磁同步电机,安装在发动机和变速器之间。电机极薄,厚度只有60mm,结构紧凑,俗称"薄片电机",能够实现电机的轻量化和小型化。电机使用了新的偏线圈缠绕构造,使线圈缠绕密度更大。国内销售的CR-Z采用的薄片电机最大功率10kW,最大转矩78N·m。由于IMA系统能够在特定情况下(如低速巡航)单独驱动汽车,因而属于中混合动力汽车。

IMA系统采用最新研制的高效镍氢蓄电池,使电池容量提高30%,电池电压也由144V升高到158V。通过采用全新的松下双模包装,使电池体积减小12%,质量减轻但电流效率增加,能够节省更多空间。IMA系统采用了普通的CVT变速器。国内销售的CR-Z上采用的是模拟7速CVT变速器,以获得更为平顺的换挡体验和较高的换挡效率。

图2-60 IPU智能动力单元

IMA智能动力单元(IPU)布置在后轮座下,用以控制系统功率。IPU由动力控制单元(PCU)和电池组成,外观结构如图2-60所示。其中PCU包括BCM电池监控模块、MCM电机控制模块和MDM电机驱动模块。

四、混联式混合动力汽车

1. 混联式混合动力汽车结构及工作模式

混联式混合动力系统兼顾了串联和并联混合动力的优点,是一种相对较为完善的动力系统。混联式混合动力系统的特点在于发动机和电机各有一套机械变速机构,两套机构通过齿轮系,主要采用行星齿轮机构结合在一起,从而综合调节发动机与电机之间的转速关系。与并联式混合动力系统相比,混联式混合动力系统能够更加灵活地根据行使工况调节发动机的功率输出和电机运转。

与串联、并联混合动力系统相比,混联式混合动力系统更加节油、排放低,整套系统动力性、平顺性好,可靠性高。但SPHEV的控制系统和机械结构也最为复杂,技术难度最大,增加了车辆的开发和生产成本。不过,随着控制技术和制造技术的发展,现代HEV更倾向于混联式结构。

典型的混联式混合动力系统由发动机、发电机、电机、离合器以及蓄电池组成,结构如图2-61所示。发动机输出的动力经动力分离装置后有两条传递路径:一是机械能传递路径,发动机输出的机械能通过机械装置直接驱动车轮;二是电能传递路径,发动机输出的机械能通过发电机转化为电能由电机驱动车轮。此外,发电机发出的电能也有两个去向:一路用于驱动电机,另一路用于向电池充电。需要注意的是,有的动力分离装置除具有动力分配的作用,还兼有动力合成装置的功能,即两种装置可以集成为一个部件。目前,通常选用行星齿轮机构作为混联式混合动力系统的动力分离装置。

SPHEV结合了SHEV和PHEV的特点,能够根据行驶工况选择不同的工作模式。SPHEV的主要工作模式见表2-9。

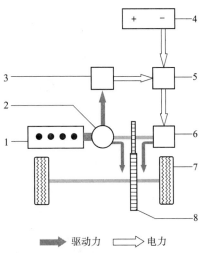

图2-61 混联式混合动力系统结构
1-发动机;2-动力分离装置;3-发电机;4-动力蓄电池;5-变压器;6-电机;7-驱动轮;8-减速器

SPHEV的工作模式 表2-9

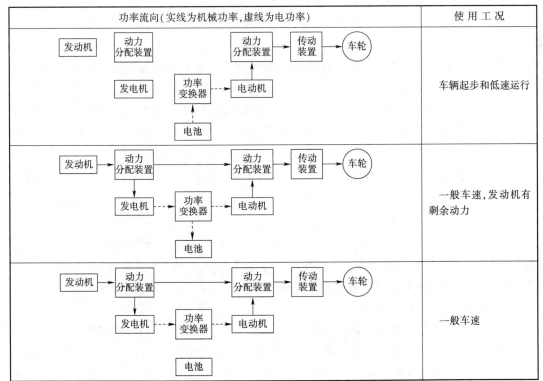

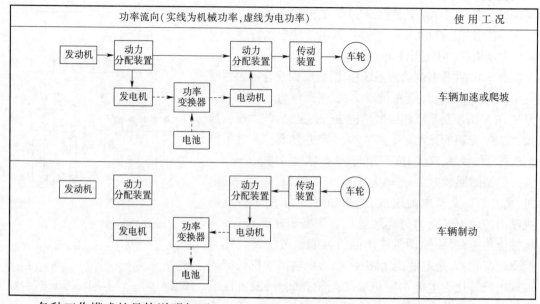

各种工作模式的具体说明如下:

(1)车辆起步或低速行驶时,动力电池组具有较高电量且电池组的输出功率满足整车行驶功率需求或整车功率需求较小时,为避免发动机工作于低负荷和低效率区,SPHEV 以纯电动机驱动模式行驶,此时发动机关闭。

(2)当动力电池组的电量不足且发动机输出功率在驱动车辆的同时有富余,此时发动机工作,输出功率分为三部分,一部分直接输出到驱动轮,一部分经发电机、电机转化后输出到驱动轮,一部分经发电机后为电池组充电。

(3)当车辆需求功率增加或动力电池组电量偏低时,发动机起动工作。若发动机输出功率满足车辆行驶功率且动力电池不需要充电,此时车辆采用纯发动机驱动模式,电池组既不充电也不放电。发动机输出功率分为两部分,一部分直接输出到驱动轮,另一部分经发电机、电机转换后输出到驱动轮。

(4)当车辆急加速或爬坡等需要较大功率输出时,整车以混合动力驱动模式工作,即发动机工作,同时动力电池放电。发动机输出功率同样分为两部分,动力电池放电输出额外的电功率到电机控制器,使电机获得更大的功率,以满足车辆的功率需求。

(5)车辆减速制动时,发动机关闭,电机工作于发电机模式,回收车辆的制动能量,并为动力电池充电。

2. 混联式混合动力汽车的控制策略

SPHEV 的控制策略通常将控制目标(如油耗、排放等)表示为系统状态参数、控制参数等的函数,再求出目标最小时的动力部件状态参数,如发动机和电机的转速、转矩,电池电流等。SPHEV 常用的控制策略主要有如下几种。

1)发动机恒定工作点策略

该控制策略以发动机为主要动力源,电机和电池通过附加转矩的形式调节功率调峰,以使系统获得足够的瞬时功率。由于采用行星齿轮机构,发动机转速可以不随车速变化,这样可使发动机运行在最优工作点,从而提供恒定的转矩输出,剩余转矩由电机提供。此时,电机负责转矩的动态部分,避免了发动机动态调节带来的损失,且与发动机相比,电机的控制更为灵活,也容易实现。

2) 发动机最优工作曲线策略

这种策略从静态条件下的发动机万有特性出发,经动态校正后,跟踪由驱动条件所决定的发动机最优工作曲线,从而实现对发动机及整车的控制。在该控制策略下,发动机工作在万有特性图中的最佳油耗线上,当转矩或功率高于某一限值时才起动发动机。发动机关闭后,离合器可以脱开(避免损失)或接合(工况变化复杂时,发动机起动更为容易)。只有当发电机电流需求超出电池的接受能力或者当电机驱动电流需求超出电机或电池的允许限制时,才调整发动机的工作点。

3) 瞬时优化策略

瞬时优化策略是在发动机最优工作曲线策略的基础上,对车辆在特定工况点下的整个动力系统进行优化,以得到系统的瞬时最优工作点,然后对各个状态变量进行动态再分配。

瞬时优化策略常以名义油耗为控制目标,要求将电机的能量损耗转换为等效的发动机油耗,得到一张类似于发动机万有特性图的电机损耗图。电机的等效油耗与发动机的实际油耗之和称为名义油耗。瞬时油耗策略从保证系统在每个工作时刻的名义油耗最小出发,动态选择传动比及转矩分配。该策略和发动机最优工作曲线策略相似,只是从名义油耗图上得到最佳优化曲线。

4) 全局优化策略

由优化理论可知,瞬时最小值之和并不等于和的最小值,因此瞬时优化策略并不是全局最优的控制策略。而全局优化策略实现了真正意义上的最优化,但实现这种控制策略的算法往往都比较复杂,计算量也很大,在实际车辆的实时控制中很难得到应用。通常做法是将应用全局优化算法得到的控制策略作为参考,再与其他控制策略(如发动机最优工作曲线策略)相结合,在保证可靠性和实际可能性的前提下进行优化控制。经典的动态最优控制理论有变分法、极小值原理和动态规划3种。

3. 混联式混合动力汽车的特点

混联式混合动力系统在结构上综合了串联式和并联式混合动力系统的特点,性能表现上也包含了两者的特点。既能实现零排放,也可利用发动机和电机共同驱动车辆。SPHEV具有如下优点:

(1) 发动机、发电机和电机三个动力总成比 SHEV 三个动力总成的功率、质量和体积小。

(2) 有多种驱动模式,节能最佳,有害气体排放达到"超低污染"。

(3) 发动机可直接驱动车辆,没有机械能—电能—机械能的转换过程,能量转换的综合效率比内燃机汽车高。

(4) 电机可独立驱动车辆,利用电机的低速大转矩特性带动车辆起步,可在城市中实现"零污染"行驶。车辆需要最大输出功率时,电机能够提供辅助动力,因此发动机功率可选择较小,燃料经济性比 SHEV 好。

(5) 配有专用电动/发电机发电系统,对电池的依赖性降低。

复杂的结构形式也带来了诸多设计与控制难题,SPHEV 的主要缺点如下:

(1) 发动机驱动是基本驱动模式,电机驱动是辅助驱动模式,动力性接近于内燃机汽车。发动机工况受车辆行驶工况的影响，有害气体排放没有达到最佳。

（2）由于动力源的多样性，导致各个总成布置的难度增大，总布置也更加困难。

（3）多能源动力的匹配和组合有不同形式，需要装配一个复杂的多能源动力总成控制系统，才能实现高经济性和超低污染。

4. 典型的混联式混合动力汽车

丰田混合动力系统 THS（Toyota Hybrid System）是世界上第一个商业化量产的混联式混合动力系统，至今已发展到第三代，应用于多款丰田混合动力汽车。1997 年 10 月丰田发布的第一代 Prius 就采用了 THS 系统。Prius 自推出以来经过多次改进，在动力性和燃油经济性方面都得到了明显提升，目前 Prius 已发展到第四代，如图 2-62 所示。

图 2-62　第四代丰田 Prius

新款 Prius 搭载 1.8L 阿特金森循环 4 缸汽油发动机，并匹配一台经过改进的电机，总输出动力达到 89kW，燃油经济性提高 10%，系统热效率提高到 40%。镍氢电池的体积更小，容量更大，纯电动续驶里程达到 56km。新款 Prius 的综合油耗为 2.5L/100km，比第三代车型的 3.9L/100km 提升显著。全新 Prius 匹配 ECVT 变速器，能够提供多种驾驶选择模式。此外，第四代 Prius 采用独立式后悬架，提高了整车的舒适性和操控性。

新款 Prius 采用 THS-Ⅲ 混合动力系统，如图 2-63 所示。前两代 THS 系统（图 2-64）采用了单级行星齿轮结构，是由一个链传动和两级齿轮传动组成的减速系统。第三代 THS 系统采用了两个同轴的行星齿轮机构和两个齿轮减速系统，用发动机远端的行星机构取代了原结构中的中间齿轮和传动链，使系统结构更加紧凑，电机尺寸更小，同时提高了输出转矩。

图 2-63　第三代 THS　　　　　图 2-64　第二代 THS

THS 是丰田混合动力的核心，现以 THS-Ⅱ 为例说明其工作原理。图 2-65 所示为

THS-Ⅱ系统的动力总成,主要包括汽油发动机、永磁交流同步电机、发电机、高性能金属氢化物电池盒以及功率控制单元。第三代 Prius 和 Camry 尊瑞就采用了 THS-Ⅱ 混合动力系统。不同的是,Prius 使用了 1.8L 的 5ZR-FXE 发动机,Camry 瑞尊使用了 2.5L 的 4AR-FXE 发动机。

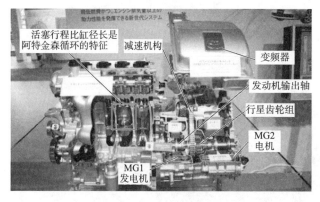

图 2-65　THS-Ⅱ系统的动力总成

THS-Ⅱ系统的关键也是最为复杂的部件就是由两台永磁同步电机及行星齿轮组成的动力分配系统。THS-Ⅱ系统中有两台电机——MG1 和 MG2(图 2-65),MG1 主要用于发电,必要时可驱动车辆,MG2 主要用于驱动车辆。MG1、MG2 以及发动机输出轴分别连接到一套行星齿轮机构的太阳轮、齿圈和行星架上。动力分配就是通过功率控制单元控制 MG1 和 MG2。由于使用了这种新的动力分配方式,THS-Ⅱ系统甚至不需要变速器,发动机输出动力经过固定减速机构减速后直接驱动车轮。

在 THS-Ⅱ系统中,发动机曲轴与行星架连接,MG1 与太阳轮相连,齿圈作为输出与 MG2 直接同轴连接,动力经减速后传递到驱动轮。图 2-66 所示为车辆不同运行状态下的 THS 系统工作模式。

发动机起动:电流流进 MG2 并通过电磁力固定行星齿轮的齿圈,MG1 作为起动机转动太阳轮,太阳轮带动行星架转动,与行星架连接的发动机曲轴转动,从而带动发动机起动,如图 2-66a)所示。

发动机怠速时,电流流进 MG2 并固定行星齿轮的齿圈,发动机带动行星架转动,行星架带动太阳轮转动,与太阳轮连接的 MG1 发电给电池充电,如图 2-66b)所示。

车辆起步时,发动机停转,行星架被固定。MG2 驱动行星齿轮齿圈,推动车辆行驶。此时,MG1 处于空转状态,如图 2-66c)所示。

车辆起步需要更多动力时,如驾驶员深踩加速踏板或负载过大时,MG1 转动起动发动机,如图 2-66d)所示。

车辆低速行驶时,发动机驱动 MG1 发电并供给推动 MG2 运转的电能,如图 2-66e)所示。车辆加速时,发动机驱动 MG1 发电并供给推动 MG2 运转的电能,MG2 提供附加驱动力来补充发动机动力,如图 2-66f)所示。重负载加速时,电池根据加速程度给 MG2 提供电能。降 D 挡时,发动机停转,MG1 空转,MG2 作为发电机回收制动能量给电池充电,如图 2-66g)所示。减速 B 挡时,MG2 产生的电能供给 MG1,MG1 驱动发动机,发动机断油空转,如图 2-66h)所示。MG1 输出的动力成为发动机的制动力。倒车时,只使用 MG2 作为倒车动力,如图 2-66i)所示。

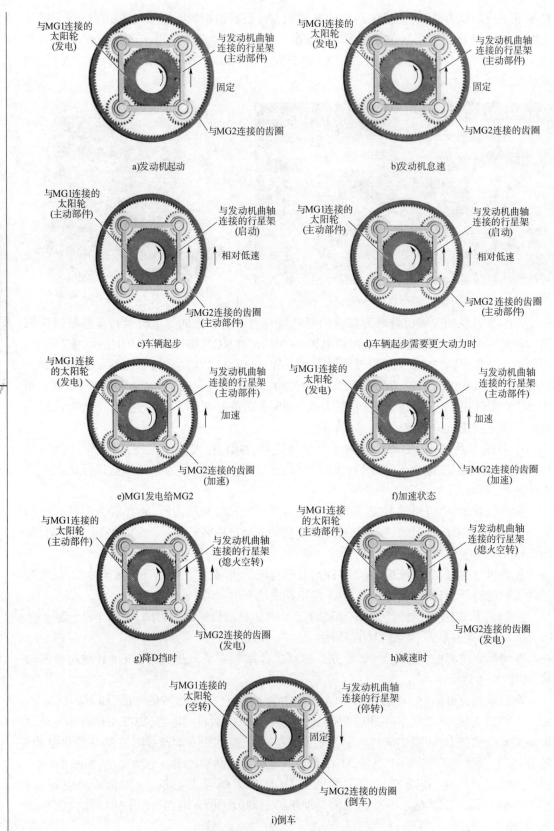

图 2-66 丰田 THS-Ⅱ 系统工作模式

为实现超低油耗,丰田 THS 系统分别发挥了电机和发动机的各自特点。Prius 不同工况下的动力流如图 2-67 所示,具体工作模式如下:

(1)车辆起动时,如图 2-67a)所示,充分利用电机的低速大转矩特性,蓄电池向电机提供电能起动电机,发动机不运转。点火起动时,发动机运转,直至充分预热。

(2)低-中速行驶时,如图 2-67b)所示,由于发动机的效率不理想,且电机在低-中速区的性能优越,故车辆由电机单独驱动。若蓄电池电量较低,则发动机带动发电机发电,进而为电机提供动力。

(3)一般行驶时,如图 2-67c)所示,发动机作为主动力源,大部分动力直接驱动车辆,发动机运行于最经济区。根据行驶工况,发动机部分动力分配给发电机,发电机产生的动力用以驱动电机或辅助发动机。

(4)一般行驶时/剩余能量充电,如图 2-67d)所示,由于 THS 系统在高速运转时采用发动机驱动,而发动机有时会产生多余能量。此时多余能量由发电机转换成电能,储存在蓄电池中。

(5)全速开进(如爬陡坡及超车)时,如图 2-67e)所示,蓄电池提供电力,来加大电机的驱动力。通过结合使用发动机和电机双动力系统,THS 能实现与高一级发动机同等水平的强劲且流畅的加速性能。

(6)减速/能量再生时,如图 2-67f)所示,THS 系统利用车轮的旋转力带动电机运转,电机运行于发电机模式,回收制动能量。

(7)停车时,如图 2-67g)所示,发动机、电机、发电机全部自动停止运转,不会因怠速而浪费能量。

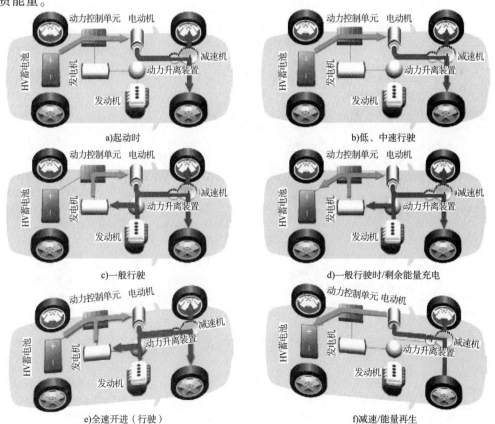

图 2-67

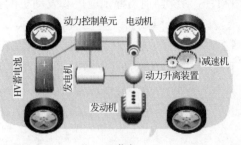

g)停车

图 2-67 Prius 不同工况下的动力流

表 2-10 对比了三种不同结构形式 HEV 的结构特点。

不同形式 HEV 的结构特点　　　　　　　　　表 2-10

结构模式	串联 HEV	并联 HEV	混联 HEV
动力总成	发动机、发电机、电机三大动力总成	发动机、电动机/发电机两大动力总成	发动机、电动机/发电机、电动机三大动力总成
发动机的选择范围	发动机的选择有多种形式	发动机一般为传统内燃机	发动机的选择有多种形式
发动机功率	较大	较小	较小
发动机排放	发动机工作稳定,排气净化较好	发动机工况变化大,排气净化较差	发动机排放介于串联与并联 HEV 之间
驱动模式	只有电机驱动模式	发动机驱动模式、电动机驱动模式、发动机－电动机混合驱动模式	发动机驱动模式、电动机驱动模式、发动机－电动机混合驱动模式、电动机－电动机混合驱动模式
传动效率	发动机－发电机－电机能量转换效率较低	发动机传动系统的传动效率较高	发动机传动系统的传动效率较高
制动能量回收	能够回收制动能量	能够回收制动能量	能够回收制动能量
整车总布置	三大动力总成之间没有机械式连接装置,结构布置的自由度较大,但三大动力总成的质量、尺寸都较大,在小型车辆上不好布置,一般在大型车辆上采用	发动机驱动系统保持机械式传动系统,发动机与电动机两大动力总成之间被不同的机械装置连接起来,结构复杂,使布置受到一定限制	三大动力总成之间采用机械式连接装置,三大动力总成的质量、尺寸都较小,能够在小型车辆上布置,但结构更加复杂,要求布置更加紧凑
适用条件	适用于大型客车或货车,适应于路况较复杂的城市道路和普通公路上行驶。更接近纯电动汽车性能	适用于小型汽车,适应在城市道路和高速公路上行驶接近普通内燃机汽车性能	适用于各种类型汽车,适应在各种道路上行驶。更加接近普通内燃机汽车性能
造价	三大动力总成的功率较大,质量较重,制造成本较高	只有两大动力总成,两大动力总成的功率较小,质量较轻,电动/发电机具有双重功能,还可利用普通内燃机汽车底盘改装,制造成本较低	虽然有三大动力总成,但三大动力总成的功率较小,质量较轻,需要采用复杂的控制系统,制造成本较高

五、插电式混合动力汽车

1. 插电式混合动力汽车的结构

插电式混合动力汽车(Plug-in Hybrid Electric Vehicle,PHEV)指具有大容量动力电池且可以利用电网充电的混合动力汽车。与传统 HEV 相比,插电式混合动力汽车的主要特征是可用外部电源对动力电池进行充电,且电力驱动所占比例更高,一般为重混合动力汽车,故其节能和环保效果更加明显。插电式混合动力汽车被认为是当前最具有发展潜力的新能源汽车。根据发动机和电动机耦合方式的不同,PHEV 动力系统可以分为串联、并联和混联三种类型。

1)串联插电式混合动力系统结构(Series PHEV)

串联插电式混合动力系统由发动机、发电机、逆变器、电动机和蓄电池组成,如图 2-68 所示。车辆行驶时首先消耗蓄电池中的电能,由蓄电池向电动机供电。当蓄电池电能消耗到目标 SOC 值时,起动发动机/发电机给蓄电池充电或直接向电动机供电以驱动车辆行驶。

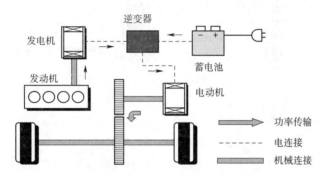

图 2-68 串联插电式混合动力系统结构

串联插电式混合动力汽车主要有以下五种运行模式:

(1)单蓄电池供电牵引模式:在蓄电池 SOC 较大时,仅由蓄电池向电动机提供电能,发动机处于关闭状态。

(2)发动机/发电机牵引模式:当蓄电池 SOC 小于目标 SOC 后,蓄电池不再向电动机提供电能。此时,发动机/发电机起动,将燃料的化学能转化为电能为电动机供电。此时,蓄电池不工作。

(3)混合牵引模式:当车辆需求功率较大且蓄电池 SOC 大于目标值时,发动机/发电机和蓄电池共同向电动机提供电能,驱动车辆行驶。

(4)发动机牵引和蓄电池充电模式:蓄电池 SOC 小于目标 SOC 且车辆需求功率较小时,发动机/发电机在给电动机供电的同时,向蓄电池充电。

(5)再生制动模式:车辆制动时,电动机充当发电机,将部分制动能量转化为电能储存在蓄电池中。

串联插电式混合动力汽车的优点是:在电量消耗阶段,发动机完全关闭,车辆以纯电动模式行驶,能完全实现零排放;发动机与传动系统没有直接的机械连接,发动机运行状态不受车轮转速和转矩的影响,故可控制发动机始终工作在最低油耗区或者最低排放区。

串联插电式混合动力汽车的缺点如下:电动机作为唯一动力源,要求其具有大输出功率;在车辆需求功率较大的工况下,蓄电池高电流放电,电能损耗大;在电量保持阶段,发动机/发电机不直接驱动车辆,而是作为能量转换媒介,故能量总体损失较大,不能实现降低油耗的目的。因此,串联插电式混合动力汽车主要适用于城市工况且行程较短的情况。

2)并联插电式混合动力系统结构(Parallel PHEV)

并联插电式混合动力系统主要由发动机、耦合器、电动机、逆变器和蓄电池组成,如图2-69所示。其中电动机既可作为驱动电机,又可作为发电机。并联插电式混合动力系统具有两个独立的驱动系统,即传统的发动机驱动系统和电动机驱动系统。车辆可由发动机和电动机同时或单独驱动。

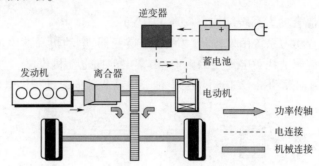

图2-69 并联插电式混合动力系统结构

并联插电式混合动力系统主要有以下四种运行模式:

(1)单电动机牵引:当蓄电池SOC较大且车辆需求功率较小时,车辆由蓄电池单独提供电能,由驱动电动机驱动车辆。此时,发动机处于关闭状态。

(2)单发动机驱动:当蓄电池SOC下降到一定目标值且车辆需求功率不大时,车辆由发动机单独驱动。此时,电动机处于关闭状态。

(3)混合牵引模式:当车辆需求功率较大,且发动机或电动机单独驱动无法满足车辆功率需求时,车辆由发动机和电动机共同驱动。

(4)再生制动模式:车辆制动时,电动机以发电机模式运行,回收部分制动能量并转化为电能存储在蓄电池中。

与串联PHEV结构相比,并联插电式混合动力系统结构主要有以下两点优点:

(1)发动机和电动机均可直接向传动系统提供转矩,不存在能量的多次转换,能量损失较小。

(2)并联式结构存在两个动力源,故可以匹配额定功率较小的电动机和发动机,制造成本较低。

3)混联插电式混合动力系统结构(Series-Parallel PHEV)

混联插电式混合动力系统主要由发动机、行星齿轮机构、发电机、逆变器、电动机和蓄电池组成,如图2-70所示。发动机动力经行星齿轮机构后分成两部分,一部分直接驱动车轮,形成机械传输通道;另一部分带动发电机发电,所产生的电能通过逆变器提供给蓄电池,蓄电池可通过电动机驱动车轮,从而形成电力传输通道。

混联插电式混合动力系统兼具串联和并联插电式混合动力系统的优点,无论车辆运行工况多么复杂、多变,混联PHEV都能使动力系统工作在最优状态,实现较好的燃油经济性和排放性能。表2-11总结了三种插电式混合动力系统的结构特点。

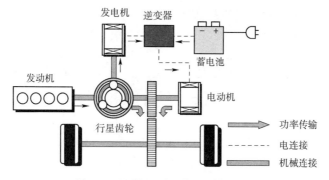

图 2-70 混联插式混合动力系统结构

三种插电式混合动力系统的结构特点　　　　表 2-11

项　目	串　联　式	并　联　式	混　联　式
结构复杂程度	简单	较复杂	复杂
控制难易程度	简单	较复杂	复杂
城市工况燃油经济性	好	较好	好
公路工况燃油经济性	较好	好	好
排放	好	较好	较好
成本	低	较低	高

2. 插电式混合动力汽车的工作模式

根据车载电池电量状态的变化特点,插电式混合动力汽车的工作模式可分为电量消耗、电量保持和充电模式,如图 2-71 所示。电量消耗模式又可分为电量消耗纯电动和电量消耗混合驱动两种子模式。图 2-71 中,CS_SOC_T 指车辆由电量消耗模式转变为电量保持模式时的 SOC 值;CS_SOC_H 和 CS_SOC_L 分别指动力电池 SOC 在电量保持阶段所允许达到的最大值和最小值。

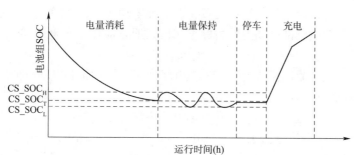

图 2-71 插电式混合动力汽车电池的工作模式

插电式混合动力汽车动力电池组充满电后,首先以电量消耗模式运行,此时主要通过消耗动力蓄电池存储的电能驱动车辆;当电池组 SOC 达到某一目标值(CS_SOC_T)时,车辆以电量保持模式运行。该阶段车辆主要以消耗燃油为主,并维持电池组 SOC 在一定范围内(图 2-71 所示 CS_SOC_H 与 CS_SOC_L 之间)。

1) 电量消耗模式

在电池组充满电后的初期行驶阶段,车辆主要由电池电量驱动,此时动力电池组电量不断消耗,直至达到某一规定值(目标 SOC)为止,此过程称为电量消耗模式。电量消耗模式如图 2-72 和图 2-73 的左边部分所示。该模式下,车辆可由电动机单独驱动,以纯电动模式行驶；也可由电动机和发动机共同驱动，以混合动力模式行驶。

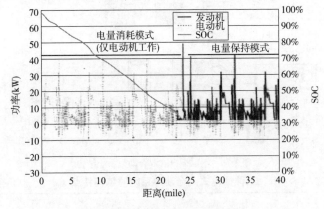

图 2-72 电量消耗—纯电动模式

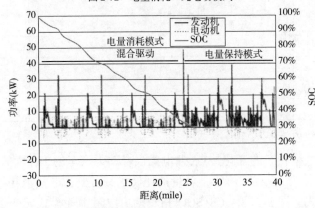

图 2-73 电量消耗—混合动力模式

在电量消耗—纯电动模式（图 2-72 左边部分）下，动力电池是唯一能量源，发动机一直处于关闭状态。该运行模式类似于传统意义上的纯电动汽车，能够实现真正的零油耗、零排放。但整车一般只能达到部分动力性指标。该模式通常应用于车辆起动、低速或只要求部分动力性指标时。

在电量消耗—混合驱动模式（图 2-73 左边部分）下，发动机和电动机都能驱动车辆。但为充分利用动力电池存储的电能，电池仍然提供大部分时间的功率需求，只有在车辆所需功率大于某一设定值时才起动发动机。在电量消耗—混合驱动模式下，动力蓄电池 SOC 总体呈下降趋势，但下降速度比电量消耗—纯电动模式慢。所以，在电池 SOC 下降至 CS_SOC_T 前，车辆行驶距离比电量消耗—纯电动模式要长。该模式适合于中高速、要求全面达到动力性指标时。

2）电量保持模式

当电池组能量消耗到一定程度时，即 SOC 达到目标 SOC 后，为保证车辆性能和电池组的使用寿命，进入电量保持模式（见图 2-72 和图 2-73 右半部分所示）。该阶段的控制策略既要避免动力电池组过度放电，又要防止动力电池组 SOC 过度上升（即过度充电）。因此，该阶段车辆的功率需求主要由发动机提供，动力电池组只起到"削峰填谷"的作用：发动机运行在最佳效率曲线上，当发动机输出功率无法满足行车需求时，动力电池为电动机供电以补充功率不足的部分；当发动机输出功率大于行车需求功率时，动力电池可储存发动机多余的功率输出。

电量保持模式可根据电动机的不同工作状态分为电量保持—纯发动机驱动模式、电量保持—混合驱动模式和电量保持—发动机驱动且充电模式。

若电池组 SOC 大于目标 SOC 且车辆需求功率较低时,采用电量保持—纯发动机驱动模式。此时,插电式混合动力汽车类似于传统汽车,所需功率全部由发动机提供。

车辆运行在电量保持模式时,如果车辆需求功率较大,且发动机单独驱动无法满足功率要求时,采用电量保持—混合驱动模式。此时,发动机提供车辆所需功率的主要部分,同时动力电池组工作,补充发动机输出功率不足的部分。该模式适合在加速、爬坡和高速等工况下使用。由于动力电池在低 SOC 放电时会严重降低使用寿命,因此行车时,应尽量减少使用该运行模式。

电量保持—发动机驱动且充电模式主要针对整车功率需求不高且动力电池组 SOC 小于目标 SOC 的情况。此时,发动机运行在最佳效率曲线上,发动机动力部分用于驱动车辆,剩余部分给动力电池组充电。所以,动力电池组 SOC 在该模式下会上升,直至达到目标 SOC。

3. 插电式混合动力汽车的特点

插电式混合动力汽车与普通 HEV 的主要区别如下:

(1) 插电式混合动力汽车可直接利用外接电源充电,而传统 HEV 只能在车辆行驶时通过发动机带动发电机或通过回收制动能量为电池充电。

(2) 插电式混合动力汽车的电池容量较大,具有更大的纯电动续驶里程。

(3) 插电式混合动力汽车行驶时优先以电能作为动力源,电驱动比例高于普通 HEV,对燃油的依赖性降低。

插电式混合动力汽车具有如下优点:

(1) 驱动模式多,选择灵活,车辆能获得良好的动力性。

(2) 中短程行驶时,具有纯电动汽车的全部优点,如零排放、低噪声、能量利用率高等。

(3) 与普通 HEV 相比,提高了电驱动的比例,降低了油耗,减少了有害气体和温室气体的排放。

(4) 电驱动成本低于燃油的使用成本,插电式混合动力汽车优先使用电能降低了车辆的运行成本。

(5) 可利用电网晚间谷电对车载电池进行充电,改善电厂发电效率,节约能源。

(6) 有加油和充电两种能源补充方式,增加了能源选择的自由度。

(7) 插电式混合动力汽车可显著减少燃油使用量,降低对石油的依赖,提高能源安全。

4. 典型的插电式混合动力汽车

比亚迪秦(图 2-74)采用了第二代 DM 双模技术,是一款由发动机和电动机组成的并联插电式混合动力汽车。秦作为一款高性能三厢轿车,动力系统主要包括一台 1.5TI 涡轮增压缸内直喷发动机,最大功率为 110kW 的驱动电机和容量为 13kW·h 的磷酸铁锂电池,动力系统结构如图 2-75 所示。发动机、电动机和电动机控制器均布置在发动机舱内。发动机最大功率为 113kW、最大转矩为 240N·m,电动机额定功率为 40kW,最大转矩为 200N·m。在混合动力模式下,车辆的综合最大输出功率为 217kW,最高转矩达 440N·m。该车 0~100km/h 的加速时间仅为 5.9s,最高时速可达 185km/h,百公里综合油耗仅为 2L。秦在纯电动状态下可连续行驶 70km,能够满足日常代步需求。长途旅行电量耗尽后可用 1.5TI 发动机单独驱动车辆行驶,突破了新能源汽车续驶里程不足的瓶颈。

图 2-74　比亚迪秦

图 2-75　DMⅡ混合动力系统

比亚迪秦采用了自主研发的 6 速双离合变速器,使动力系统更容易工作于高效节能区。另外,DMⅡ混合动力系统还采用了轻量化的驱动电机,使整体结构更为紧凑,空间尺寸相比同参数电机减小了 50%。电机定、转子质量只有 28kg,功率质量比达到 3.9kW/kg。

比亚迪秦配备了容量 13kW·h 的磷酸铁锂电池组,单体电池电压 3.2V。动力电池组、能量管理器和电池管理器均布置在车辆后方,如图 2-76 所示。秦的混合动力系统可通过外接电源来为电池组充电。在混合动力模式下,90% 使用纯电动模式(EV 模式),10% 的情况下才会令发动机工作进入燃油模式,这样的控制逻辑可最大程度降低整车的燃油消耗。

DMⅡ混合动力系统的电机还可作为发电机使用,在车辆减速制动时将动能转化为电能储存在动力电池中,适用于频繁起停的市区工况。秦可用普通家用电源、停车场充电桩等 220V 家用电源充电。秦的充电口设计在后行李舱盖上(图 2-77),通过主驾门板上的按键电动解锁充电口盖实现自动开启。随车配送一个充电包,操作简单便捷,接上 220V 家用电源 5h 便可充满电。

图 2-76　比亚迪秦动力电池

图 2-77　后行李舱盖的充电口

表 2-12 对比了几款搭载 DMⅡ双模技术的混合动力汽车的性能及指标。

几款混合动力汽车的性能对比　　　　　　　　　表 2-12

公司名称	比亚迪	丰田	通用	比亚迪
代表车型	F3DM	新 Prius	Volt	秦
车型类别	PHEV	PHEV	PHEV	PHEV

续上表

公司名称	比亚迪	丰田	通用	比亚迪
动力构成	小发动机+大电池	大发动机+小电池	中发动机+大电池	大发动机+中电池
发动机排量(L)	1.0	1.8	1.4	1.5Ti
发动机最大功率(kW)	50/6000r/min	73/5200r/min	63/4800r/min	113/5000r/min
发动机最大转矩(N·m)	90	142	126	240
驱动形式	前置前驱	前置前驱	前置前驱	前置前驱 DCT
电池类型	磷酸铁锂	锂电池	锂电池	磷酸铁锂
电池容量(kW·h)	16	5.2	16	13
电池额定电压(V)	330	201.6	—	500
电机最大功率(kW)	50	60	120	110
电机最大转矩(N·m)	350	207	370	200
最高转速(r/min)	6000	6000	—	12000
最高车速(km/h)	150	180	160	185
百公里加速时间(s)	10.5	9.8	9	5.9
最大爬坡度(%)	30	38	30	40
百公里电耗(kW·h)	16	16	18	15
百公里油耗(L)	2.7	2.6	2.4	2
纯电动续驶里程(km)	60	23	56	50
等速60km/h纯电动续驶里程(km)	90	33	85	72
混合动力下的经济性	一般	好	一般	好

宝马i8插电式混合动力双门跑车(图2-78)的动力系统由1.5L三缸涡轮增压汽油发动机和电动机组成。发动机功率通过传统的传动方式传递到后桥,由电动机驱动前桥。发动机最大输出功率170kW,最大输出转矩320N·m,电动机最大输出功率96kW,最大转矩250N·m。发动机和电动机同时运行时可产生266kW的最大输出功率和570N·m的最大输出转矩。该车整备质量1490kg,百公里加速时间仅为4.5s。在电子限速系统的作用下,最高时速可达250km/h。百公里油耗仅为2.5L,百公里CO_2排放量仅为59g/km。纯电力驱动模式下,宝马i8的续驶里程为35km,最高时速达120km/h。

2011年路虎公司在日内瓦车展上发布了揽胜Sport柴油—电动插电式混合动力车Range_e(图2-79)。该车搭载最新的245PS 3.0L TDV6柴油发动机(最大功率180kW,最大转矩440N·m)、八速ZF自动变速器和功率69kW的电机。Range_e配备一套并联混合动力系统,锂离子蓄电池组容量14.2kW·h,可用外部240V交流电源充电。纯电动模式下的续驶里程达32km,且不排放任何有害气体。当发动机和电动机联合工作时,最大输出功率可达250kW,最高时速193km/h,百公里油耗仅为3.36L,CO_2排放量为89g/km。该车在满电、满箱油的情况下,最大续驶里程达1112km。

揽胜Range_e具备全功能四驱能力。它装有高低挡变速器、前后差速器和机械锁式中央差速器。该车的智能化系统可根据车辆的行驶工况决定动力的最佳提供方法——包括电力、柴油和柴电混合方式。此外,Range_e还具有一套快速充电机制,使用普通家庭插座2h

即可充满电,从而进一步提升经济性。Range_e 还具有再生制动能力,可回收制动时以热能形式损耗的能量,将这些能量重新用于车辆驱动,以进一步降低油耗。

图 2-78　宝马 i8 插电式混合动力双门跑车　　　　　图 2-79　路虎揽胜 Range_e

六、混合动力汽车的关键部件及技术

为充分发挥混合动力系统的优势和潜力,需要对混合动力系统的结构部件进行优化,以使其适应车辆不同工况的工作特点。HEV 的关键部件及技术主要涉及电机、电控、电池、能量管理和动力系统匹配等方面。

1. 电池和电池管理系统

1) HEV 对动力电池的要求

动力电池是 HEV 的基本组成单元,其性能直接影响驱动电机的性能,从而影响整车的燃油经济性和排放性。一般情况下,动力电池频繁进行浅度充放电循环。在充放电过程中,电压、电流可能有较大变化。针对这种使用特点,混合动力系统对电池有如下几方面的特殊要求:

(1) 大功率充放电能力。质量比功率和体积比功率是衡量电池快速放电能力的重要指标。相对于能量要求,动力电池对比功率的要求更高。此外,混合动力系统在制动能量回收或低功率调峰时,要求电池具有短时接受较大电量的能力。目前的高功率电池往往存在快速充电接受能力差的问题。因此,提高电池的快速充电接收能力是动力电池亟待解决的关键问题。

(2) 充放电效率。HEV 内燃机发出的部分能量须经充电—放电的能量循环,故高充放电效率对保证整车效率具有至关重要的作用。

(3) 快速充放电和充放电过程变工况条件下,应保持动力电池性能的相对稳定,还应保证动力电池具有足够的充放电循环次数。此外,也应关注动力电池电压、质量比能量、体积比能量、免维护性以及成本等基本要求。

2) 其他储能技术

(1) 飞轮电池。虽然飞轮电池具有比能量高、比功率大、充电快、寿命长、无污染等优点,但目前其技术难度和成本都较高。

(2) 超级电容。超级电容虽然能量密度较低,却拥有很高的功率密度,能瞬时提供大电流和功率;同时寿命长、效率高、充电快,是混合动力系统中很有发展前途的一种瞬时供能装置。

3) 电池管理系统

电池管理系统是整车能量管理系统的一部分。整车能量管理策略依赖电池管理系统对电池状态和电池性能进行判别及维护。全面、准确地管理动力电池是决定动力电池能否发挥最佳性能的重要因素。电池管理系统的主要功能包括防止电池过充电或过放电、判定荷电状态、选择合适的充电或放电模式、对电池进行均衡充电控制、平衡电池组的工作温度等。

2. 电机驱动系统

电机是电动汽车的核心,对混合动力汽车而言,电机具有和发动机同等的重要地位。串联式混合动力系统对驱动电机的要求与纯电动车相似,而发电机则要求体积小、效率高、控制性能好。对并联式和混联式混合动力系统而言,要求电机能够适应频繁起停的运行工况,且电机能够在电动机和发电机两种状态之间进行可靠切换。在轻混合动力系统中,电机功率要求较小,可采用与发动机曲轴同轴连接的结构,以进一步减小电机尺寸和质量。目前,适合于混合动力系统的电机主要包括异步感应电机和永磁同步电机。

驱动电机的控制包括大功率电子器件、转换器、微处理器以及电机控制算法等。高性能的电力电子器件仍处于研究中,转换器技术随功率器件的发展而发展,可分为 DC/DC 直流斩波器和 DC/AC 逆变器。电机控制微处理器主要有单片机和 DSP 芯片,目前电机控制专用 DSP 芯片已被广泛应用。

常规的电机控制方法如直流电机的电枢调压控制、磁场控制、电枢回路串电阻控制,交流异步电机的矢量控制、直接转矩控制,永磁同步电机的恒压频比开环控制、矢量控制、直接转矩控制以及智能控制等多种控制方法已被应用于 HEV 电机控制。但电动汽车的电机控制有其自身特点,即恒转矩、恒功率区要保持效率高、调速范围大、动态响应快等性能。目前,交流异步电机和永磁同步电机广泛采用矢量控制方法。但随着计算机技术和智能算法的不断发展,变结构控制、模糊控制、神经网络控制及专家系统控制等多种控制算法也将不断应用于电机控制领域,以取得更好的控制效果。

3. 动力合成装置

在并联和混联式混合动力系统结构中,由于存在两种不同的动力来源(发动机和电动机),需要考虑动力耦合,动力合成装置也成为并联和混联式混合动力汽车的关键部件。动力合成装置不仅具有机械复杂性,且直接影响整车的控制策略,成为混合动力系统开发的重点和难点。目前并联式混合动力系统普遍采用转矩耦合和转速耦合两种动力合成方式,混联式混合动力系统主要以行星齿轮机构作为动力的合成与分离装置。

4. 混合动力系统专用发动机

在混合动力系统中,由于发动机可控制在较经济区域,因而可对发动机进行优化设计,以进一步提高其燃油经济性和排放性能。主要包括以下两方面:

(1) 对内燃机的改进。目前采用内燃机的混合动力系统基本都对发动机进行了重新设计或重大改进,如丰田的汽油机采用了高效率、高膨胀比工作循环、紧凑型倾斜式挤气燃烧室以及铝合金缸体,以提高内燃机的工作效率。由于电机承担了功率调峰的作用,因此可舍弃发动机非经济工作区的性能而追求经济工作区的更高效率。

(2) 其他热机。HEV 还可以选用燃气轮机、斯特林发动机或燃气发动机等其他热机,利用它们各自的优势,构成具有不同特点的混合动力系统。

5. 整车能量管理控制系统

整车能量管理控制系统的主要功能是控制整车功率以及车辆运行模式的切换。其相当于 HEV 的大脑,指挥各子系统之间的协调工作,已达到最佳的效率、排放以及动力性,同时兼顾车辆行驶的平顺性和稳定性。

整车能量控制系统根据驾驶员的操作指令,如加速踏板、制动踏板、变速杆动作等,判断驾驶员意图,在满足驾驶员需求的前提下,分配电机、发动机、电池等动力部件的功率输出,从而实现能量利用率的最优管理,使有限的燃油发挥最大的功效。除插电式混合动力汽车外,其余类型 HEV 不能进行外网充电,整车驱动能量全部来源于发动机的燃油热能。而整车能量管理策略的目标就是尽可能提高燃油能量的转换效率。

为实现整车能量控制,必须有效控制混合动力系统的工作。此外,能量控制还应考虑其他车载电气附件和机械附件的能量消耗,如空调、动力转向、制动助力等系统的能量消耗,以综合考虑整车的能量使用情况,合理分配能量,最终实现能量利用效率的最优化控制。

6. 动力传动系统匹配

动力传动系统的参数匹配是 HEV 设计的一个重要内容,直接影响车辆的排放性能和燃油经济性。动力传动系统的设计主要包括合理选择和匹配发动机功率、动力电池容量和电机功率等,以确定车辆的混合度,形成性能最优的混合动力系统。

7. 再生制动能量回收系统

与传统内燃机汽车相比,HEV 的一个突出特点是进行再生制动能量回收,这也是提高 HEV 燃油经济性的一个重要途径。由于制动关系行车安全,如何最大限度地回收制动时的车辆动能,并保证制动距离以及车辆行驶稳定性,是再生制动能量回收系统亟待解决的关键难题之一。

七、混合动力汽车的动力系统设计

混合动力系统各部件之间的匹配很大程度上会影响车辆的动力性、燃油经济性和排放性能,因此,设计合理、匹配的动力系统至关重要。混合动力系统的匹配就是根据车辆的使用要求和行驶条件,合理选择发动机功率,蓄电池类型、容量,电机类型、功率、电压、转速,功率变换器形式、容量、电压,传动系统传动比、挡位数,电力驱动系统的控制策略等。设计混合动力系统时应满足如下几点要求:

(1)满足车辆要求的性能指标,如爬坡能力、加速性能和最高车速等。此外,还应考虑经济性指标和排放指标等。

(2)实现系统的高效率运行。

(3)车辆在高速公路和市区行驶时,应保持蓄电池荷电状态在一定范围内。

(4)具有再生制动回收系统,且能够回收尽可能多的制动能量。

(5)质量轻、结构紧凑,占用空间尺寸小,便于在车辆上布置。

(6)成本低,以利于 HEV 的推广。

不牺牲动力性是 HEV 设计的基本要求。HEV 的行驶功率包括机械功率和电功率两部分。如何合理分配这两种功率,发挥不同动力装置各自的优势,是设计混合动力系统首要考虑的问题。电机具有低速转矩大、过载能力强、响应快等特点,适合于起步、爬坡和加速时提供峰值功率等工况,但需要配备大容量电池以驱动电机持续运转。发动机具有高速运行时效率高、功率大、可连续运行等特点,适合于车辆的中、高速行驶工况。

此外,由于车辆行驶工况复杂多变,要求 HEV 驱动装置具有较大的转矩和转速范围,以满足车辆加速和爬坡的要求。为提高系统的运行效率,直接方法是提高各个部件的效率。

但短期内各部件效率的提高幅度有限,且各部件对系统整体效率的影响程度不一致。因此,设计混合动力系统时,应掌握各部件的运行特性以及典型行驶工况下的功率与车速分布,合理匹配动力部件的类型、参数以及功率控制策略,从而实现动力系统的最优匹配。

1. 串联式混合动力系统的设计

1) 电机

电机是混合动力系统的驱动单元之一,要求电机具有可控性好、效率高、容错能力强、噪声低及对电压波动不敏感等特点。SHEV 仅由驱动电机提供车辆的行驶动力,起步或爬坡时电机以恒转矩模式运行,高速时以恒功率模式运行。电机功率大小对电动汽车的动力性和经济性有直接影响。电机功率应大于车辆行驶所需的最大功率,同时要保证各部件的质量总和最小,以利于提高电机效率和减小尺寸,降低整车成本。

电机功率分为额定功率和最大功率。在设计的初始阶段,通常以保证车辆的预期最高车速来初步估算电机的额定功率。虽然最高车速只是一个车辆动力性指标,但它实质上反映了车辆的加速能力和爬坡能力。因为最高车速越高,所要求的电机功率越大,车辆的后备功率大,其加速性能和爬坡能力必然较好。

若要求车辆的最高车速 v_{amax},则所选择的电机额定功率 P_N 应不小于车辆在良好路面上以最高车速行驶时的阻力功率之和,即:

$$P_N \geqslant \frac{1}{\eta_t}\left(\frac{mgf}{3600}v_{amax} + \frac{C_D A}{76140}v_{amax}^3\right) \quad (2-12)$$

式中:m——整车质量;
 f——滚动阻力系数;
 C_D——空气阻力系数;
 A——迎风面积,m^2;
 η_t——机械传动效率。

电机的最大功率 P_{mmax} 为:

$$P_{mmax} = \lambda P_N \quad (2-13)$$

式中:λ——电机过载系数,一般 $\lambda = 1 \sim 2$。

2) 发动机/发电机

在串联式混合动力系统中,发动机与驱动轮没有直接的机械连接,它与发电机组成发动机/发电机组向电机供电或向动力电池充电。发动机/发电机组提供稳定功率,以防止动力电池完全放电。因此,设计发动机/发电机组应考虑两种驾驶情况:

(1) 车辆长时间以恒车速行驶,如在高速公路上运行或在软路面上越野运行。

(2) 频繁起—停的运行模式。

车辆在平坦路面上恒速行驶时,发动机/发电机组的输出功率为:

$$P_{e/g} = \frac{v}{1000\eta_t\eta_c}\left(mgf + \frac{1}{2}C_D A v^2\right) \quad (2-14)$$

式中:v——车速;
 η_c——功率变换器效率。

车辆在市区内以频繁起—停模式行驶时,发动机/发电机组所产生的功率应等于或略大于平均负载功率,以保持动力电池稳定的能量存储。平均负载功率可表示为:

$$P_{ave} = \frac{1}{T}\int_0^T \left(mgf + \frac{1}{2}C_D A v^2\right)v\,\mathrm{d}t + \frac{1}{T}\int_0^T \delta m \frac{\mathrm{d}v}{\mathrm{d}t}\mathrm{d}t \tag{2-15}$$

式中右边第一项为克服轮胎滚动阻力和空气阻力所消耗的平均功率;第二项为车辆加速或减速时所消耗的平均功率。当车辆能够完全回收制动能量时,式(2-15)中第二项为零,即消耗在加速和减速上的平均功率为零。

设计串联式混合动力系统的发动机/发电机组时,应使发动机/发电机组的功率大于或至少不小于维持车辆恒速行驶所需的功率,以及在市区运行时所需的平均功率。发动机/发电机组的功率设计有两种方法:

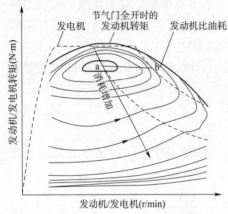

图2-80 发动机/发电机组的功率选择

(1)使发动机运行于最高效率点处,如图2-80中的a点。但车辆大多数行驶工况不会用到发动机的最大功率,故该方法设计的发动机功率偏大。

(2)让发动机工作于接近最大功率的b点,以满足车辆的加速和爬坡要求。此方法设计的发动机功率较小,运行效率也低于(1)。

3)动力电池

为降低燃油消耗并实现低排放,要求混合动力系统的动力电池满足以下两方面要求:

(1)电池必须满足驱动电机的最大功率要求。

(2)为满足低油耗和低排放性能,必须维持电池荷电状态在一定范围内。

动力电池的选择应充分考虑功率和纯电动续驶里程两方面的要求。电池具体参数的计算如下:

$$W_r = \left(\frac{mgf}{3600}v + \frac{C_D A}{76140}v^3\right) \times \frac{S}{v} \tag{2-16}$$

$$W_b \geqslant W_r \tag{2-17}$$

$$W_b = \frac{nCU}{1000} \tag{2-18}$$

式中:W_r——车辆行驶所需能量,kW·h;

W_b——电池实际放出的能量,kW·h;

v——车辆匀速行驶车速,m/s;

n——单体电池数量;

C——单体电池容量,A·h;

U——单体电池输出电压,V;

S——电池续驶里程,km。

2. 并联式混合动力系统的设计

1)发动机

发动机的功率选择对并联式混合动力系统的设计至关重要。发动机功率偏大,则燃油经济性和排放性能差;发动机功率偏小,则后备功率小,电机需提供更多的驱动功率,才能满足车辆行驶的性能要求,这必然引起电机和电池组容量增大,增加车辆成本。另外,电池组数目增多,在车辆上布置困难,车重增加,仅依靠发动机的富裕功率难以维持电池组的额定电量,限制了车辆的续驶里程。由于 PHEV 通常采用由发动机提供平均行驶功率,由电机提供峰值功率的控制策略,因此发动机功率的确定主要考虑车辆匀速行驶时的功率需求。通常按下式初步选择发动机的最大功率:

$$P_{emax} = \frac{1}{3600\eta_t}\left(mgf + \frac{1}{21.15}C_D A v^2\right)v \quad (2-19)$$

式中: P_{emax}——发动机最大功率;
　　　v——车辆匀速行驶车速;
　　　C_D——空气阻力系数;
　　　A——迎风面积;
　　　m——整车质量;
　　　η_t——传动系效率;
　　　f——滚动阻力系数。

车速的具体取值依据所设计车辆的动力性能要求而定。若取 $v = v_{max}^{1/2}$ (v_{max}——最高车速,km/h),则发动机功率偏大。因为实际上车辆很少以最高车速行驶,尤其在我国更是如此。我国城市车辆的平均行驶车速 v_a 仅在 20~30km/h,若取 $v = v_a$,则发动机功率偏小。因此结合我国车辆和路况的实际现状,v 的取值范围为 $v_a \leq v < v_{max}$。

2) 电机

在并联式混合动力系统中,电机主要为车辆提供峰值功率,故电机的选择主要从车辆动力性的角度考虑。车辆在加速、爬坡等需要大负荷运行时,若发动机功率不足,则电机提供辅助功率,补充峰值功率不足的部分。要求电机最大功率 P_{mmax} 与发动机最大功率 P_{emax} 之和满足车辆在此工况下的最大功率 P_{vmax}。

$$P_{mmax} \geq P_{vmax} - P_{emax} \quad (2-20)$$

3) 动力电池

动力电池的参数主要依据电机的最大输出功率。选择动力电池时,要综合考虑其与电机的匹配、电池的充放电特性、电池质量及体积等因素。根据电机最大输出功率确定电池数目。

$$n = \frac{P_{mmax}}{\eta_e \eta_{ec} D_b m_b} \quad (2-21)$$

式中: P_{mmax}——电机最大功率;
　　　η_e——电机工作效率;
　　　η_{ec}——功率变换器效率;
　　　D_b——电池比功率,kW/kg;
　　　m_b——单块电池质量,kg。

4) 主减速器速比的选择

主减速器速比 i_0 的大小应满足以下两个限制性条件:

(1) 保证纯发动机驱动时的最高车速:

$$i_0 \leq 0.377 \frac{R_r n_{emax}}{v_{max}} \quad (2-22)$$

式中: R_r——车轮滚动半径,m;
　　　n_{emax}——发动机最高稳定转速,r/min。

(2)保证发动机在最高车速时仍能发挥最大功率:

$$i_0 \geq 0.377 \frac{R_r n_{ep}}{v_{max}} \tag{2-23}$$

式中:n_{ep}——发动机最大功率点对应的转速,r/min。

式(2-22)取等号时,可以满足最高车速的要求;同时,车辆低速行驶时,发动机具有较高的后备功率,从而使其有富余功率为动力电池充电,有助于减小动力电池组的容量。因此,为获得较好的综合性能,主减速器速比 i_0 应符合式(2-22)中的等号要求。

3. 混联式混合动力系统的设计

1)发动机

SPHEV 具有多种运行模式,能够以串联或并联任一种模式工作,或以两种模式共同工作,有利于车辆实现最佳的运行性能。为获得较好的燃油经济性,按平均行驶功率选择发动机功率,如式(2-19)所示。

2)电机

电机最大功率应满足 SPHEV 加速、爬坡等重负荷下的功率需求,如式(2-20)所示。另外,SPHEV 要求具有一定的纯电动行驶能力,即要求电机能单独驱动车辆行驶。设纯电动最高车速为 v_e,则电机功率应满足下式:

$$P_{mmax} \geq \frac{1}{\eta_t} \left(\frac{mgf}{3600} v_e + \frac{C_D A}{76140} v_e^3 \right) \tag{2-24}$$

3)动力电池

动力电池一方面应满足 SPHEV 电机最大行驶功率的要求,按式(2-21)计算电池数量 n_1;另一方面,动力电池应满足车辆纯电动续驶里程的要求,此时电池数量计算公式如下:

$$n_2 = \frac{\left(mgf + \frac{1}{21.15} C_D A v^2\right) S}{3.6 C_N U_N D \eta_d \eta_m \eta_t} \tag{2-25}$$

式中:C_N——每块电池的额定容量,A·h;

U_N——电压,V;

D——放电深度;

η_d——电池放电效率;

η_m——电机效率;

η_t——机械传动效率;

S——行驶里程,km。

则混联式混合动力系统所需的电池数量为:

$$n = \max(n_1, n_2) \tag{2-26}$$

八、混合动力汽车的特点

HEV 将发动机、电机、能量储存装置等组合在一起,通过这些部件之间的合理匹配和优化控制,充分发挥内燃机汽车和纯电动汽车的优点,并尽可能地避免各自的不足。HEV 是目前最具实际开发意义的低排放、低油耗汽车。

与纯电动汽车相比,HEV 具有如下优点:

(1)由于具有发动机和电机两种动力源,故可适当减少电池的数量和质量,从而可降低整车自重。

（2）汽车的续驶里程和动力性可达到传统内燃机汽车的水平。

（3）可利用发动机动力带动空调、真空助力、转向助力以及其他辅助电器，保证了驾驶和乘坐舒适性。

（4）可最大限度地发挥内燃机汽车和纯电动汽车的双重优势。

与传统内燃机汽车相比，HEV 具有如下优点：

（1）可使发动机稳定运行于最佳工况区，大大减少了车辆变工况（特别是低速、急速）时的排放。具有再生制动能量回收能力，使 HEV 成为排放较低的节能汽车。

（2）在人口密集的商业区、居民区和游览区等区域，HEV 能够采用纯电力驱动，成为零排放的电动汽车。

（3）可通过电机提供动力，因此可配备功率较小的发动机。另外，利用电机能够回收车辆减速和制动时的能量，进一步降低燃油消耗和排放。

显然，HEV 综合了纯电动汽车和传统内燃机汽车的优点，是目前市场上的主流新能源车型。表 2-13 对比了内燃机汽车、纯电动汽车、混合动力汽车和燃料电池电动汽车的主要性能。

各类汽车的性能比较　　　　　　　　　　　　表 2-13

性　　能	内燃机汽车	纯电动汽车	混合动力汽车	燃料电池电动汽车
续驶里程	长	短	长	较长
能量转换效率	低	高	较高	高
高效工况区范围	窄	宽	较宽	宽
尾气排放	多	无	少量	无
能量来源	窄	广	较广	较窄
有无再生制动	无	有	有	有

第三章 电动汽车车载能量源系统

车载能量源是电动汽车的重要能量载体和动力来源，也是制约电动汽车发展的关键因素，其成本约占整车成本的50%左右。电动汽车对能量源具有一系列的期望特征，如高比能量和能量密度、高比功率和功率密度、自放电率低且充电效率高、寿命长且免维修、安全性好且成本低、环境友好并且可回收。目前，应用于电动汽车的车载能量源主要包括化学蓄电池、燃料电池、飞轮储能系统和超级电容器等。在混合动力电动汽车和插电式混合动力电动汽车中，车载电池或超级电容器可由内燃机/发动机组或者电网进行充电。此外，除纯燃料电池驱动的燃料电池电动汽车（FCEV）外，车载能量源系统还可通过再生制动回收部分能量，进一步提高能量效率。

电池单体是电池的基本单元，其基础理论包括电极、电解质、电化学反应等，因此本章将着重介绍电池结构及所发生的电化学反应，分析不同种类电池的特性，并介绍其在电动汽车上的主要应用。本章最后将介绍电池集成系统以及电池的能量管理系统。

第一节 电动汽车车载能量源系统的基本结构与原理

铅酸蓄电池在电动汽车领域的应用历史最长，其成本低、性能可靠、技术成熟。1996年通用EV1就以铅酸蓄电池作为车载能量源，克莱斯勒公司1998年生产的EPIC汽车也使用了先进的铅酸蓄电池。由于铅酸蓄电池的功率密度和能量密度都相对较低，使得铅酸蓄电池主要用于短途行驶或轻度混合的电动汽车。镍氢蓄电池的功率密度和能量密度优于铅酸蓄电池和镍镉电池，曾一度成为美国和日本电动汽车动力电池的主要发展方向，如福特公司1999年推出的Ranger EV和丰田Prius混合动力汽车等都采用了镍氢蓄电池。但镍氢蓄电池的比能量较低且储氢困难，一般作为辅助动力源应用于混合动力汽车。自2006年以来，锂离子蓄电池作为动力电池得到发展迅速。与铅酸蓄电池相比，锂离子蓄电池具有质量轻、比能量高、比功率高及使用寿命长等优点，能显著提高电动汽车的续驶里程，逐渐成为电动汽车的主流动力电池，如新一代丰田Prius就不再使用镍氢蓄电池而改用锂离子蓄电池。此外，雪佛兰Volt、日产Leaf、比亚迪E6等均采用了锂离子蓄电池。但锂离子蓄电池成本高、安全性相对较差，成为制约其发展的重要因素。表3-1比较了上述几种电动汽车的电池组性能。

几款电动汽车电池组的性能比较　　　　表3-1

车辆名称	车辆类型	电池类型	容量 (kW·h)	续驶里程 (km)	电池质量 (kg)	220V充电 时间(h)	快充时间 (min)	发布 年度
通用EV1	BEV	铅酸蓄电池	16.5	90~120	1400	—	—	1996
雪佛兰Volt	HEV	锂离子蓄电池	16.0	64	185	3	—	2010

续上表

车辆名称	车辆类型	电池类型	容量（kW·h）	续驶里程（km）	电池质量（kg）	220V 充电时间（h）	快充时间（min）	发布年度
丰田 Prius	HEV	锂离子蓄电池	5.2	23.4	—	—	—	2010
日产 Leaf	BEV	锂离子蓄电池	24.0	160	300	7~8	15~20	2010
比亚迪 E6	BEV	锂离子蓄电池	63.3	295	—	4~6	15	2011

注："—"表示暂未公开官方数据。

以上几种电池均属于蓄电池范畴,能够将电池化学能转化为电能带动牵引电机,从而驱动车辆行驶。除蓄电池外,燃料电池、超级电容和飞轮等储能装置在电动汽车的应用领域也具有一定的竞争性。与蓄电池相比,燃料电池产生电能而非存储电能,配备燃料电池的电动汽车比配备蓄电池的电动汽车具有更长的续驶里程;此外,燃料电池电动汽车还具有工作效率高、运行平稳、节能、环保等优点。本田 FCX 是典型的燃料电池电动汽车,全新 2017 款本田 FCX Clarity 的续航能力达 589km,在美国所有零排放汽车(包括燃料电池和电池电动车型)的 EPA 续驶里程评级中位居第一。但燃料电池电动汽车仍面临车载储氢的安全性、车辆续驶里程、加氢站配套设施的建设等主要问题。

超级电容是类似电池的一种电化学装置,能够进行能量的存储,并根据电力传动系统的要求提供能量。虽然超级电容不能达到足够高的比能量水平以作为车辆的单独能量存储装置,但超级电容却是近几年发展得非常先进的储能技术。若将超级电容与电池或燃料电池相结合,则储能系统可获得足够的比能量和比功率。飞轮能够以机械能的形式存储能量,即将能量存储在旋转盘内,然后根据需求释放能量。飞轮储能装置具有高转换效率和高比功率,但比能量较低,需通过合理设计以使飞轮满足功率和能量的要求。

一、电池的分类

电池可分为化学电池、物理电池和生物电池三大类。

1. 化学电池

化学电池按工作性质可分为原电池、蓄电池、燃料电池和储备电池。

1）原电池

原电池又称一次电池,指电池放电后不能通过简单的充电方法使活性物质复原而继续使用的电池,如锌—二氧化锰干电池、锂锰电池、锌空气电池等。

2）蓄电池

蓄电池又称二次电池,指电池放电后可通过充电的方法使活性物质复原而继续使用的电池,电池的充放电次数可达数十次到上千次。典型蓄电池有铅酸蓄电池、镍氢蓄电池、镍镉电池、锂电池、锂离子蓄电池等。

3）燃料电池

燃料电池又称连续电池,只要向电池不断地输入参加反应的活性物质,电池就可不断工作并提供电能。典型的燃料电池包括质子交换膜燃料电池、碱性燃料电池、磷酸燃料电池、熔融碳酸盐燃料电池、固体氧化物燃料电池、直接甲醇燃料电池、再生型燃料电池等。

4）储备电池

储备电池指电池储存期间正负极与电解质不直接接触,而在电池使用前注入电解液或使用其他方法使电解液与电池正负极相接触,从而使电池进入放电状态,如镁电池、热电池等。

按所使用的电解质类型不同,化学电池可分为酸性电池、碱性电池、中性电池、有机电解质电池、非水无机电解质电池、固体电解质电池等。

按电池的不同特性,化学电池可分为高容量电池、密封电池、高功率电池、免维护电池、防爆电池等。

按所使用的正负极材料不同,化学电池可分为锌锰系列、镍氢系列、铅酸系列、锂电池系列等。

2. 物理电池

物理电池指利用光、热、物理吸附等物理能量发电的电池,如太阳能电池、超级电容器、飞轮储能电池等。

3. 生物电池

生物电池指利用生物化学反应发电的电池,如微生物电池、酶电池、生物太阳电池等。

二、电池基本结构与工作原理

电池单体主要由三部分组成:正极、负极和电解液,基本结构如图3-1所示,表3-2总结了几种常见蓄电池的特性。在电池充放电过程中,正、负极发生半反应并通过负载电路形成电子循环,电解液则为离子在正、负电极之间的移动提供环境。

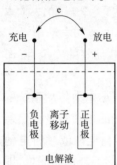

图3-1 电池单体结构

几种常见的蓄电池化学特性　　　　　表3-2

电池类型	负极	正极	电解质	电池电压(V)
铅酸蓄电池	Pb	PbO_2	H_2SO_4	2
镍氢蓄电池	储氢合金	$Ni(OH)_2$	KOH	1.2
锂离子蓄电池	碳	锂氯化物	锂溶液	3.6
锂金属聚合物电池	Li	复合材料	聚合物	3.7
氯化钠镍电池	Na	$NiCl_2$	Al_2O_3	2.58
锂空气电池	Li	O_2	有机溶液	3.4 V

虽然不同储能系统使用的电极材料和电化学特性各有不同,但基本的电化学原理却是相同的。当无源电器元件连接到电池极柱上时,电池处于放电状态:负极(阳极)释放电子,发生氧化反应;正极(阴极)得到电子,发生还原反应;电子在外电路运动并产生电流。若将电池两端连接到高于电池端电压的电源上,电流将反向流入电池,即对电池进行充电。此时,正极向外电路释放电子,发生氧化反应;负极从外电路获得电子,发生还原反应,从而在正、负电极重新生成活性物质。电极氧化还原反应的一般表达式为:

$$正极: aA \underset{放电}{\overset{充电}{\rightleftharpoons}} cC + nE^+ + ne^-$$

$$负极: bB + nE^+ + ne^- \underset{放电}{\overset{充电}{\rightleftharpoons}} dD$$

$$总反应: aA + bB \underset{放电}{\overset{充电}{\rightleftharpoons}} cC + dD$$

正、负极的化学反应式表明了正、负极发生氧化还原反应时电子的失去与获得过程。需要指出的是,电池系统的充、放电过程并不是完全可逆,两个方向的化学反应速率也并不一定完全相同。非同步反应速率会导致不同的充电接收率,并且电池的充电接收率通常低于放电时的电荷释放率。

三、电池特性参数

电池性能参数是评价电池实际效用的重要指标,常见的电池特性参数包括电压、容量、内阻、能量、功率、输出效率、自放电率、使用寿命等。

1. 电压

1)端电压

电池端电压 V_t 指电池接通负载后,两电极之间的有效电压。电池充满电时,端电压达到最大值,记为 V_{FC}。以铅酸蓄电池为例,端电压等于 V_{FC} 意味着没有 $PbSO_4$ 可以继续与 H_2O 反应生成活性物质。端电压与放电状态(state of discharge,SOD)之间的关系如图 3-2 所示。

2)开路电压

电池开路电压指电池在开路状态下两电极间的电压,即电池在没有负载情况下的端电压。

开路电压取决于电池的荷电状态、温度、记忆效应和其他因素。开路电压特性如图 3-3 所示,随着电池的逐渐放电,端电压降低,内阻增大。开路电压在一段相当宽的范围内具有线性特性,斜率几乎为零。如果电池完全放电后继续放电,则开路电压会急剧下降。

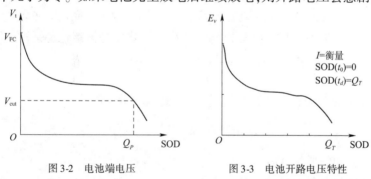

图 3-2 电池端电压　　图 3-3 电池开路电压特性

3)充电终止电压

蓄电池充满电时,极板上的活性物质达到饱和状态。若继续充电,电池电压不会继续上升,此电压称为电池的充电终止电压。镍镉电池的充电终止电压为 1.75~1.8V,镍氢蓄电池的充电终止电压为 1.5V,锂离子蓄电池的充电终止电压为 4.25V。

4)放电终止电压

电池在一定标准所规定的条件下放电时,电池电压将逐渐降低。当电池不宜继续放电时,此时的电压称为放电终止电压,记为 V_{cut}。若电压低于放电终止电压后继续放电,电池两端电压会迅速下降,形成深度放电。此时,极板上的生成物在正常充电时不易再恢复,会影响电池的使用寿命。

放电终止电压与放电率有关。在规定的放电终止电压下,放电电流越大,电池容量越小。镍镉电池的放电终止电压一般为 1.0~1.1V,镍氢蓄电池的放电终止电压一般为 1V,锂离子蓄电池的放电终止电压为 3.0V。

2. 容量

电池容量指充满电的电池在规定条件下放电到终止电压时所输出的电量。电池电量的国际单位是库伦(C),1C 表示 1A 电流在 1s 内所传递的电荷。常用单位为安时(A·h),其中 1A·h=3600C。例如,一个 20A·h 的电池能够持续提供 1A 的电流 20h 或 2A 的电流 10h,理论上还可提供 20A 的电流 1h。一般来说,电池容量依赖于放电率。

1) 理论容量

电池的理论容量指把活性物质的质量按法拉第电解定律计算而得到的容量最高理论值。法拉第定律指出:电流通过电解质溶液时,在电极上发生变化的物质的质量与通过的电量成正比。物质的当量表示为摩尔质量除以发生反应的每个离子所传递的电子数。法拉第定律的数学表达式为:

$$m_R = \frac{QM_m}{Fn} \tag{3-1}$$

式中:m_R——电极上发生变化的极限反应物质的质量;
  Q——通过的总电量;
  F——法拉第常数;
  M_m——摩尔质量;
  n——电极中每个离子所产生的电子数量。

M_m/n 表示反应物的当量。法拉第常数由 1mol 电子所携带的电荷数决定。1mol 分子或原子数表示为阿伏伽德罗常数 N_A,$N_A = 6.022045 \times 10^{23} \text{mol}^{-1}$。单位电子中的电荷数又称单电子电荷 e_0,$e_0 = 1.6021892 \times 10^{-19}$C。因此,法拉第常数 $F = N_A e_0 = 96485$C/mol。在电极上生成 1mol 物质所需要的法拉第常数个数,取决于该物质是被氧化还是被还原。

由此,根据式(3-1),电池的理论容量(单位:C)可表示为:

$$Q_T = xnF \tag{3-2}$$

式中:x——电池完全放电的最大反应物摩尔数,具体表示为:

$$x = \frac{m_R}{M_m} \tag{3-3}$$

式中:m_R——反应物的质量,kg;
  M_m——物质的摩尔质量,g/mol。

以 A·h 为单位时,电池的理论容量可进一步表示为:

$$Q_T = 0.278 F \frac{m_R n}{M_m} \tag{3-4}$$

2) 实际容量

电池实际容量指电极在电池完全放电状态下所能放出的实际电量。实际容量反映了电池实际所存储的电量大小。电池容量越大,电动汽车的续驶里程越长。

受实际使用条件的限制,电池实际容量通常比理论容量低很多。电池的实际容量可用下式表示:

$$C_P = \int_{t_0}^{t_{cut}} i(t) \, dt \tag{3-5}$$

式中:t_0——电池充满电的时刻;
  t_{cut}——电池端电压等于放电终止电压 V_{cut} 的时刻。

工业上常以 A·h 为单位测量电池容量,其简单电路如图 3-4 所示。电池从 $t=0$ 时刻开始恒流放电,用电流计和电压计分别测量放电电流和电池端电压,调节负载电阻 R_L 使放电电流保持恒定,直到电池端电压达到放电终止电压 V_{cut}。图 3-5 对比了电池以不同恒流放电时的放电特性,并由实验获得了以下数据:$t=0 R_L V_t$。

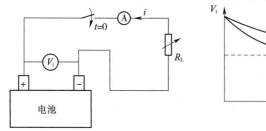

图 3-4 电池容量测试方法　　　图 3-5 电池恒流放电特性曲线

$I=80A$:容量 $C_{80A}=(80A)t_{cut}=80 \times 1.8 A \cdot h = 144 A \cdot h$
$I=50A$:容量 $C_{80A}=(50A)t_{cut}=50 \times 3.1 A \cdot h = 155 A \cdot h$
$I=30A$:容量 $C_{80A}=(30A)t_{cut}=30 \times 5.7 A \cdot h = 171 A \cdot h$

上述实验结果表明,放电电流大小会影响电池容量。放电电流越大,电池容量越小。

3)荷电状态

荷电状态(State of charge, SOC)指电池的当前容量,表示电池充满电后放电时的剩余容量。用电荷对时间的变化率表示电流,即:

$$i(t) = \frac{dq}{dt} \tag{3-6}$$

式中:q——通过电路的电荷数。

瞬时理论荷电状态 $SOC_T(t)$ 指正极上准备从通电材料释放的等效电荷数。设初始时刻 t_0 的荷电状态为 Q_T,即 $SOC_T(t_0) = Q_T$。对时间段 dt,有:

$$dSOC_T = -dq = -i(t)dt \tag{3-7}$$

从初始时刻 t_0 到终止时刻 t 求积分,得到瞬时理论荷电状态的表达式为:

$$SOC_T(t) = Q_T - \int_{t_0}^{t} i(\tau)d\tau \tag{3-8}$$

SOC_T 通常用电池容量的百分比表示,即:

$$SOC_T(t) = \frac{Q_T - \int_{t_0}^{t} i(\tau)d\tau}{Q_T} \times 100\% \tag{3-9}$$

电池放电时,SOC 逐渐降低;而充电时,SOC 逐渐增加。如果荷电状态在初始时刻 $t=0$ 时为零,则 t 时刻的荷电状态可表示为:

$$SOC_T = \frac{\int_0^t i(\tau)d\tau}{Q_T} \times 100\% \tag{3-10}$$

一般地,电池 SOC 被保持在 20%~95%。

对于电池电荷,人们一般错误地认为,当电池"没有电"时,电压从 12V 降到 0V(12V 的电池)。实际上,当电池电压从 12.6V 降到大约 10.5V 时,SOC 就从 100% 降到 0。一般建议 SOC 不要低于 40%,此时电压约为 11.9V。所有电池都有 SOC—电压曲线,而该曲线既

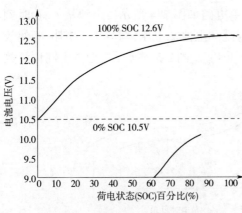

图 3-6　12V 铅酸蓄电池的 SOC—电压曲线

可从制造商的数据中查到,也可通过实验获得。图 3-6 所示为铅酸蓄电池的 SOC—电压曲线。相比而言,锂离子蓄电池的 SOC—电压曲线可能更为平坦,特别是 SOC 在 40%～80% 之间变化时。

3. 能量

电池能量指在一定放电条件下,电池所能输出的电能。电池能量取决于电池电压和存储的电荷量,国际单位为 W·h。

1) 理论能量

电池理论能量指在一定标准所规定的放电条件下,电池所能输出的能量。理论能量表示为:

$$E_T = V_{bat} \times Q_T \tag{3-11}$$

式中:V_{bat}——电池的额定电压;

　　　Q_T——电池的理论容量,A·h。

2) 实际能量

电池实际可用能量为实际容量与电池工作电压的乘积,可表示为:

$$E_P = \int_{t_0}^{t_{cut}} v(t) i(t) \mathrm{d}t \tag{3-12}$$

式中:t_0——电池充满电的时刻;

　　　t_{cut}——电池端电压达到 V_{cut} 的时刻,h;

　　　v——电池端电压;

　　　i——电池的放电电流。

3) 比能量

比能量指电池单位质量所存储的电能,又称质量比能量,国际单位为 W·h/kg。比能量是评价电池的综合性指标,反映了电池的质量水平。电池比能量是影响电动汽车整车质量和续驶里程的重要因素,也是评价电动汽车动力电池是否满足规定续驶里程的重要指标。此外,由于电池的存储能量随放电率变化而变化,因此电池比能量不是一个固定值。表 3-3 对比了部分能量源的比能量。

不同能量源的比能量　　　　　　　　　　　　表 3-3

能量源	比能量(W·h/kg)	能量源	比能量(W·h/kg)
汽油	12500	镍氢蓄电池	50
天然气	9350	锂离子聚合物电池	200
甲醇	6050	锂离子蓄电池	120
氢气	33000	飞轮	30
煤	8200	超级电容器	3.3
铅酸蓄电池	35		

4) 能量密度

能量密度指电池单位体积所存储的电能,又称体积比能量,国际单位为 W·h/m³。

4. 功率

电池功率指电池在一定的放电条件下，单位时间所输出的能量大小，单位为 W 或 kW。电池功率决定了电动汽车的加速性能和爬坡能力。

1) 比功率

比功率是电池单位质量所能提供的功率，单位为 W/kg，可具体表示为：

$$SP = \frac{P}{M_B} \tag{3-13}$$

式中：P——电池的输出功率；

M_B——电池质量。

比功率取决于电池所带的负载，因此比功率是快速变化且无规律的。比功率表征了电池提供功率的能力。比功率越高，电池的能量供给或能量吸收就越快。

2) 功率密度

功率密度指电池单位体积所能输出的功率，又称体积比功率，单位为 W/L。

5. 输出效率

电池作为能量存储装置，充电时将电能转化为化学能进行储存，放电时又将化学能转化为电能进行释放。在电化学的可逆转换过程中，会存在一定的能量损耗，通常用电池的安时（或电荷）效率或能量效率来表示。

1) 安时效率

安时效率指电池放电时所输出的电荷量与电池充电到之前的电荷水平所需的电荷量之比，可表示为：

$$\eta_c = \frac{C_{放}}{C_{充}} \times 100\% \tag{3-14}$$

式中：η_c——电池的安时效率；

$C_{放}$——电池放电时输出的电荷量；

$C_{充}$——电池充电时输入的电荷量。

由于电池的放电电量与充电电量不相等，所以安时效率的最大极限值为 100%，而通常情况下安时效率范围为 65%~90%。影响安时效率的主要因素是副反应，其次还包括电池类型、温度和电荷率等。

2) 能量效率

能量效率又称电能效率，可用电池放电时输出的能量与充电时输入的能量之比表示，即：

$$\eta_w = \frac{W_{放}}{W_{充}} \times 100\% \tag{3-15}$$

式中：η_w——电池的能量效率；

$W_{放}$——电池放电时输出的能量；

$W_{充}$——电池充电时输入的能量。

能量效率表示电池的能量转换效率，很大程度上取决于电池内阻。如果电池频繁充放电，则能量效率会明显下降。电池能量效率的变化范围一般为 55%~95%。

6. 自放电率

自放电率指电池在存放期间的容量下降率，即电池无负荷时因自身放电而导致的容量

损失的速度。自放电率用单位时间内容量降低的百分数表示,即:

$$自放电率 = \frac{C_a - C_b}{C_a \times T} \times 100\% \tag{3-16}$$

式中:C_a——电池存储前的容量,A·h;
C_b——电池存储后的容量,A·h;
T——电池存储时间,常用日、月计算。

7. 放电倍率

放电倍率指电池完全放电所需的电流,用 C/h 表示。其中,C 表示电池的额定容量,单位为 A·h;h 表示放电时间,单位为 h。若已知电池容量 C,放电时间为 Δt,则放电倍率可表示为 $C/\Delta t$。

例如:令电池容量 $1C = 100$ A·h($1C$ 通常表示电池的额定容量),则:

$$\frac{C}{5} \text{放电倍率为} \frac{100 \text{A} \cdot \text{h}}{5\text{h}} = 20\text{A}$$

同时,

$$2C \text{放电倍率为} \frac{100 \text{A} \cdot \text{h}}{0.5\text{h}} = 200\text{A}$$

8. 放电深度

放电深度(depth of discharge,DOD)指电池所放电量占电池容量的百分比,可表示为:

$$\text{DOD}(t) = \frac{Q_T - \text{SOC}_T(t)}{Q_T} \times 100\% = \frac{\int_{t_0}^{t} i(\tau)\mathrm{d}\tau}{Q_T} \times 100\% \tag{3-17}$$

电池放电量至少超过其额定容量的80%时才认为电池达到深度放电。需要特别注意的是,电池电压不能降低到0V,否则电池将永久性损坏。所以,在电池中定义了放电终止电压,要求电池放电过程中的端电压不得低于放电终止电压。当电池电压达到放电终止电压时,放电深度 DOD 为 100%。

9. 使用寿命

使用寿命指电池在规定条件下的有效寿命期限。电池的使用寿命包括使用期限和使用周期。

使用期限指电池可供使用的时间,其中包括电池的存放时间。

使用周期指电池的可重复使用次数。美国先进电池联盟(United State Advanced Battery Consortium,USABC)的中期目标指出,电动汽车电池的深度循环次数要达到 600 次。表 3-4 列出了 USABC 对电动汽车用电池性能指标的中、长期发展目标,而表 3-5 列出了适用于电动汽车和混合动力汽车的各种动力电池的主要性能参数。

表 3-4 USABC 的开发目标

性 能 指 标	中 期 目 标	长 期 目 标
能量密度(W·h/L)	135	300
比能量(W·h/kg)	80~100	200
功率密度(W/L)	250	600
比功率(W/kg)	150~200	400

续上表

性能指标	中期目标	长期目标
使用寿命(年)	5	10
循环寿命(次)	600	1000
正常充电时间(h)	<6	3~6
工作循环温度(℃)	-30~65	-40~80

各种可用于电动汽车和混合动力汽车的动力电池性能　　　　表3-5

电池类型	比能量(W·h/kg)	比功率(W/kg)	能量效率(%)	循环寿命
铅酸蓄电池	35~50	150~200	80	500~700
镍镉电池	30~50	100~150	75	1000~2000
镍氢蓄电池	60~80	160~230	70	600~1200
铝-空气电池	200~300	100	<50	—
锌-空气电池	100~220	30~80	60	500
钠硫电池	150~240	230	85	1000
钠-镍氯化物电池	90~120	130~160	80	1000
锂聚合物电池	150~200	350	—	1000
锂离子蓄电池	105~140	250~400	>90	800~1200

第二节　铅酸蓄电池

铅酸蓄电池是已知最早的二次电池,自1859年发明以来,其使用和发展已有近160年的历史。铅酸蓄电池在汽车工业中的应用已超过100年,是汽车上应用最早,使用范围最广的电池。早期铅酸蓄电池主要作为内燃机汽车的起动电源,为汽车的起动机提供"起动电流"。

常规铅酸蓄电池主要存在比能量低、所占质量和体积较大、一次充电续驶里程较短、自放电率高、循环寿命低的缺点。然而随着铅酸蓄电池技术的不断发展,铅酸蓄电池性能也不断提高。尤其是第三代阀控密封式铅酸蓄电池(Valve-regulated Lead Acid Battery, VRLA),比能量达到50W·h/kg,比功率达到500W/kg,循环寿命大于900次。目前各种改进性能的铅酸蓄电池可应用于电动汽车、低速社区EV和低端混合动力汽车。

一、铅酸蓄电池的结构

单体铅酸蓄电池主要由正负极板、电解液、隔膜、安全阀、电池盖、电池壳等部件组成,其结构如图3-7所示。

1. 极板

极板是铅酸蓄电池的核心部件,正、负极板由活性物质和板栅组成。正极活性物质主要成分是呈棕红色的二氧化铅(PbO_2),负极活性物质主要成分是呈深灰色的海绵状纯铅(Pb)。

正、负极的活性物质二氧化铅和纯铅是疏松多孔体,需要将其固定在载体上。通常,用铅或铅基合金制成的栅栏片状物为载体,将活性物质固定在其中,该部件称为板栅。板栅的主要作用是支撑正、负极的活性物质并传输电流。

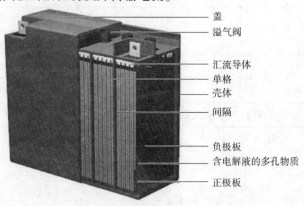

图 3-7 铅酸蓄电池结构

多片正极板栅和负极板栅各自用焊接连起来,相互间隔穿插安装,中间用隔膜隔开,形成电池单体的极板组。

2. 隔膜

隔膜可由 PVC、PE 塑料、微孔橡胶或玻璃纤维棉等制成。密封阀控式铅酸蓄电池的隔膜多采用吸附式玻璃纤维棉(Absorbed Glass Mat, AGM),电解液吸附在极板和隔膜中,电池内无流动的电解液。电池工作时,可立放,也可卧放。要求 AGM 隔膜材料具有如下特征:

(1) 优良的耐酸性和抗氧化能力。
(2) 厚度均匀一致,无针孔,无机械杂质。
(3) 材料孔径小、孔率高。
(4) 优良的吸附性能,保留电解液的能力强。
(5) 电阻小。
(6) 具有一定的强度。
(7) 杂质少,尤其是铁、铜的含量低。

隔板的主要作用是:隔离正、负极板,防止正、负极板短路,使电池结构紧凑;是电解液的载体,能吸收大量电解液,同时隔膜上存在大量微孔,以保证电解液中的正负离子顺利通过;具有正极板产生的氧气到达负极板的通道,以便顺利进行氧循环,减少水的损失;阻缓与隔离脱落的正、负极活性物质;防止正、负极板因振动而产生损伤。

3. 电解液

铅酸蓄电池的电解液为密度 $1.28g/cm^3$ 的稀硫酸。电解液一方面作为活性物质参与正、负极的电化学反应,另一方面它也是离子的传导介质。

4. 电池壳、电池盖

电池壳、电池盖由 ABS、PP 材料或 PVC 材料制成,是盛放正、负极以及电解液等的容器,要求具有较高的强度和耐酸性。对于电池壳材料,要求电池外壁在紧装配和承受内气压时外壁不能有明显的气胀变形;对于 PP 外壳,应加钢壳加固;对于 ABS 和 PVC 材料外壳,壁厚一般应达到 8~10mm。从散热角度来讲,要求电池外壳散热面积大,材料导热性能良好,同时壁厚不宜过大。

二、铅酸蓄电池的工作原理

1. 铅酸蓄电池的充放电反应

铅酸蓄电池是一种能量转换装置,放电时,化学能转化为电能;充电时,电能转化为化学能。铅酸蓄电池为酸性电池,充放电的化学反应方程式如下:

$$Pb + PbO_2 + H_2SO_4 \rightleftharpoons PbSO_4 + PbSO_4 + 2H_2O$$

当铅酸蓄电池两端连接负载时,电池处于放电状态,如图3-8所示。此时,负极发生氧化反应:电极表面的活性物质 Pb 失去离子,形成 Pb^{2+} 进入电解液。由于电解液 H_2SO_4 的存在,Pb^{2+} 与 SO_4^{2-} 结合生成难溶解的物质 $PbSO_4$,并在负极板上析出;正极发生还原反应:负极板失去的电子经负载电路到达正极板,正极板 Pb^{4+} 得到电子被还原为 Pb^{2+},与电解液的 SO_4^{2-} 结合生成难溶解的物质 $PbSO_4$,并在正极板上析出。放电时,铅酸蓄电池正负极的化学反应分别为:

负极板:$Pb - 2e \longrightarrow Pb^{2+}$
$Pb^{2+} + SO_4^{2-} \longrightarrow PbSO_4$ (附在负极板上)

正极板:$Pb^{4+} + 2e \longrightarrow Pb^{2+}$
$Pb^{2+} + SO_4^{2-} \longrightarrow PbSO_4$ (附在正极板上)

总反应式:$Pb + PbO_2 + H_2SO_4 \longrightarrow 2PbSO_4 + 2H_2O$

充电时,铅酸蓄电池的正、负极与外接电源的正、负极相连,如图3-9所示。正极发生氧化反应,电极板表面 $PbSO_4$ 的 Pb^{2+} 失去两个电子变为 Pb^{4+},在正极生成 PbO_2;负极发生还原反应:电极板表面 $PbSO_4$ 的 Pb^{2+} 得到两个电子变为 Pb,在负极板析出。充电过程中,两电极表面 $PbSO_4$ 的 SO_4^{2-} 不断回到电解质,使电解质稀 H_2SO_4 的浓度和密度都得以增加。充电时,铅酸蓄电池正、负极的化学反应式分别为:

正极板:$PbSO_4 + 2H_2O \longrightarrow PbO_2 + 4H^+ + SO_4^{2-} + 2e$

负极板:$PbSO_4 + 2e \longrightarrow Pb + SO_4^{2-}$

总反应式:$2PbSO_4 + 2H_2O \longrightarrow Pb + PbO_2 + H_2SO_4$

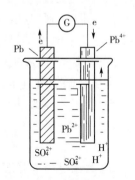

图3-8 铅酸蓄电池的放电过程

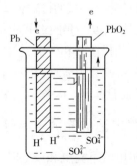

图3-9 铅酸蓄电池的充电过程

2. 充电时的氧循环

铅酸蓄电池充电末期会发生水的电解反应,正极释放 O_2,负极释放 H_2,化学反应式分别为:

正极：$H_2O \Longrightarrow O_2 + 2H^+ + 2e^-$

负极：$2H^+ + 2e^- \Longrightarrow H_2$

这一副反应消耗了电解液中的水，如若不及时补充水，电解质就会失水过多而干涸；同时因 H_2 析出会存在严重的安全隐患，因此蓄电池必须采用密封式结构，并及时补充水，对电池进行维护。20 世纪 70 年代开发了免维护蓄电池，它通过 O_2 与负极铅的结合来减少水的损耗。免维护蓄电池为游离在正极附近的 O_2 提供了从正极到负极的传输路径，同时负极采用活性物质过量的设计。在硫酸电解液中，O_2 移动到负极与 Pb 结合生成 $PbSO_4$，负极处于去极化状态或充电不足状态，达不到析氢过电位，从而有效抑制 H_2 的生成。电池失水量很小，使用期间不需进行加水加酸维护。

阀控密封式铅酸蓄电池（VRLA）在顶盖上设有单向安全排气阀（又称安全阀），其作用是当电池内部气体量超过一定值，即电池内部气压升高到一定值时，安全阀自动打开，排出气体，随后自动关闭，以防止空气进入电池内部。

VRLA 电池结构内部的电解质保持不变，可采用两种方法来固定电极内部的电解液：①利用具有多孔超细纤维结构的玻璃纤维，其对电解液部分饱和；②使用凝胶电解液。凝胶电解液依然采用密度 $1.28g/cm^3$ 的稀 H_2SO_4，在其中添加气相 SiO_2 作为凝固剂，使电解液凝结为乳白色胶体。电池充电末期会失去部分水，导致胶体变干，进而产生充电裂纹。这些裂纹在胶体上扩散蔓延，可作为 O_2 进入负极的通道。胶体状况随温度和电场的作用而变化，电池一般立放工作。胶体电解质铅酸蓄电池存在如下优点：

（1）电解质凝胶化，不存在电解液泄漏现象，比一般铅酸蓄电池能多加注 10%~50% 的电解液。

（2）充电接受能力强，容量衰减弱，能量转换效率高。

（3）自放电率小。

（4）循环寿命长，使用循环寿命在 500 次以上。

（5）耐低温，在 -20℃ 状态下放电时，其放电性能接近于常温状态。

免维护蓄电池和 VRLA 都是将硫酸电解液固定在隔膜上，且活性物质要有足够的孔隙，从而使 O_2 能够穿过隔板到达负极。

要使氧的复合反应顺利进行，必须保证 O_2 能够从正极扩散到负极。氧的移动过程越容易，氧循环就越易建立。氧的传输方式有两种：一是液相传输，即 O_2 通过在液相中的扩散到达负极表面；二是 O_2 以气相的形式扩散到负极。在传统铅酸蓄电池中，氧只以液相传输的方式到达负极。相比于液相传输，气相方式具有更大的氧传输率。VRLA 电池提供了正、负极之间的气体通道。充电末期，正极开始析出 O_2，其附近产生轻微的过电压，而负极吸收并化合氧，产生轻微的真空。因此，正、负极之间的压力差推动 O_2 经气体通道向负极移动。

三、铅酸蓄电池的充放电特性

电池在一定电流下充电和放电时，通常用曲线来表示电池端电压等状态参数随时间的变化趋势，这些曲线称为电池的充放电特性曲线。

1. 铅酸蓄电池的放电特性

开始放电前，电池正、负极活性物质中的 H_2SO_4 浓度与电解液的 H_2SO_4 浓度相同。电池开始放电，正、负电极表面上的 H_2SO_4 被消耗，电解液浓度立刻下降。但极板外的 H_2SO_4 向电极表面扩散的速度非常缓慢,以致电极表面的 H_2SO_4 无法得到即刻补偿。随着放电的进行,电极表面的电解液浓度持续下降,导致电池端电压明显下降,结果如图 3-10 所示的放电特性曲线的 AB 段。

电池继续放电,正、负电极表面的 H_2SO_4 浓度继续下降,与极板外 H_2SO_4 的浓度差变大,加快了 H_2SO_4 向电极的扩散速度,使电极表面和微孔内的 H_2SO_4 得到补充。在某一时间段内,极板内单位时间消耗的 H_2SO_4 基本可由极板外扩散的 H_2SO_4 来补充,故电极表面处的 H_2SO_4 浓度变化缓慢,电池端电压基本保持稳定,如图 3-10 的 BC 段所示。

随着电池继续放电,H_2SO_4 被持续消耗,整体上的 H_2SO_4 浓度下降,且正、负极的活性物质不断消耗,有效作用面积不断减小,电流密度增加,因此该阶段电池的端电压缓慢下降,如图 3-10 的 CD 段所示。

电池放电末期,正、负极板上的活性物质转化为 $PbSO_4$,并向电极深处扩展。$PbSO_4$ 的生成使活性物质的孔隙率下降,加剧了活性物质与 H_2SO_4 的接触难度;同时 $PbSO_4$ 的导电性差,电池内阻增加。因此当放电曲线达到 D 点后,电池端电压急剧下降,直到达到放电终止电压。

铅酸蓄电池放电终了时具有如下特征:
(1)电池端电压下降到放电终止电压。
(2)电解液密度降低到最小值。

铅酸蓄电池的放电过程与放电电流密切相关:高倍率放电时,电池电压明显下降,放电曲线平缓部分缩短,曲线斜率变大,放电时间缩短;低倍率放电时,电池电压缓慢下降,放电特性曲线相对平缓,放电时间延长。

2. 铅酸蓄电池的充电特性

铅酸蓄电池开始充电时,正、负极的 $PbSO_4$ 转换为 PbO_2 和 Pb,并有 H_2SO_4 生成,电极表面 H_2SO_4 浓度迅速增加,电池端电压迅速上升,如图 3-11 所示的充电特性曲线的 AB 段。到达 B 点后,由于扩散作用,正、负电极表面及微孔内的 H_2SO_4 浓度平稳增加,电池端电压的上升速率变缓,如图 3-11 的 BC 段所示。随着充电的持续进行,PbO_2 和 Pb 逐渐增加,孔隙也逐渐扩大,孔隙率增加。随着充电的进行,逐渐接近电化学反应的终点,即充电特性曲线的 C 点。此时正、负极板上剩余的 $PbSO_4$ 减少,致使参加氧化还原反应的 Pb^{2+} 急剧缺乏,从而导致充电过程的正、负极反应难度增加。当电池充电量达到 70% 时,正极开始析出 O_2,电池端电压明显增加;充电量达到 90% 时,负极开始析出 H_2,此时电池端电压达到 D 点,正、负极析出大量气体。电荷主要参与水的电解反应,电池端电压将达到一个新的稳定值,约为 2.6V。

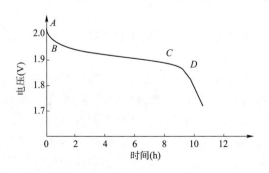

图 3-10 铅酸蓄电池的放电曲线

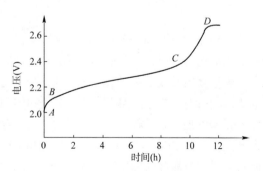

图 3-11 铅酸蓄电池的充电曲线

铅酸蓄电池充电终了时具有如下特征：

（1）电池端电压和电解液浓度达到最大值，且在 2h 内不再上升。

（2）电解液发生剧烈的水电解反应，生产大量气体。

铅酸蓄电池的充电过程受充电电流的影响较大：一方面，充电电流越大，正、负极的充电反应速率越快，生成 H_2SO_4 的速率越快，H_2SO_4 浓度增加越快，电池端电压上升速度越快，即大电流充电时，会加快充电速度。但充电末期大部分电能用于产生热量及电解水，因此会增加能量损失；另一方面，较大电流充电会导致电极上的电流分布不均匀，电流分布多的地方生成活性物质的反应速度快，相反电流分布少的地方生成活性物质的反应速度慢，导致活性物质不能充分转化。因此，在充电末期应减小充电电流。

四、铅酸蓄电池的特点

1. 铅酸蓄电池的优点

铅酸蓄电池具有如下优点：

(1) 在常用的蓄电池中，除锂离子蓄电池外，铅酸蓄电池的电压最高，为 2.0V。

(2) 可制成小至 1A·h 大至几千安时的各种尺寸及结构的电池组。

(3) 高倍率放电性能好，可用于起动发动机。

(4) 电能效率高，可达到 60%。

(5) 易于浮充使用，没有"记忆"效应。

(6) 易于识别荷电状态。

(7) 价格低廉。

2. 铅酸蓄电池的缺点

铅酸蓄电池存在以下缺点：

(1) 比能量低，在电动汽车中所占的质量和体积较大，一次充电续驶里程短。

(2) 使用寿命短，使用成本高。

(3) 温度特性差。当温度低于 10℃ 时，比功率和比能量显著下降，制约了低温环境下铅酸蓄电池在车辆牵引中的应用。

(4) 充电时间长。

(5) 硫酸具有腐蚀性，铅具有毒性，会污染环境。

第三节　镍氢蓄电池

与铅相比，镍是较轻的金属，并且具有很好的符合蓄电池应用的电化学特性。常见的镍基蓄电池有四种：镍—铁、镍—锌、镍—镉和镍—金属氢化物。

镍氢蓄电池是镍基电池中较成功的一类，是 20 世纪 90 年代发展起来的一种新型绿色电池，具有记忆效应小、环保、能量密度和体积能量密度高、循环寿命长等优点，被誉为高能绿色二次电池。目前镍氢蓄电池已被大量应用于电动汽车领域，是混合动力汽车的主流动力电池。丰田 Prius、Camry，本田 Civic、Insight，福特 Fusion、Escape，雷克萨斯 RX400h，保时捷 Cayenne 等都普遍使用镍氢蓄电池作为动力源。国外研制电动汽车用高功率镍氢蓄电池的公司主要有日本三洋电机株式会社、松下电池公司、美国 Ovonic 公司和 Cobasys 公司、德国 Varta 公司及法国 Saft 公司等。

虽然镍氢蓄电池在技术上取得了很大突破,但仍有一些因素制约镍氢蓄电池的实际应用,如电池的高温性能、储存性能、循环寿命、电池管理系统和热管理等。

一、镍氢蓄电池的结构

镍氢蓄电池主要由正极、负极、极板、隔板、电解液及电池钢壳、顶盖、密封圈等附件组成,圆柱形镍氢蓄电池结构如图 3-12 所示。

镍氢蓄电池单体的正极为氢氧化镍,负极为贮氢合金,以氢氧化钾作为电解质,正、负极之间有隔膜。贮氢合金主要有两种类型:以镧镍为基质的稀土系贮氢合金,称为 AB_5;由钛和锆组成的贮氢合金,称为 AB_2。贮氢合金 AB_2 比 AB_5 的容量高。然而,由于 AB_5 具有更好的电量保持性和较稳定的电特性,因此实际使用中更倾向于贮氢合金 AB_5。

镍氢蓄电池的极板分为发泡体和烧结体两种。采用发泡体极板的镍氢蓄电池的工作电压不太稳定,自放电率高,老化现象严重。因此,为避免发泡镍氢蓄电池老化所造成的内阻增加,镍氢蓄电池在出厂时必须进行预充电。而采用烧结体极板的镍氢蓄电池,由于烧结体极板自身就是活性物质,故不需要进行活性处理,也不需要进行预充电,电压平衡、稳定。

镍氢蓄电池按照外形可分为圆柱形和方形两种,如图 3-13 所示。在圆柱形镍氢蓄电池中,正、负极用隔膜纸分开卷绕在一起,然后密封在钢壳中;在方形镍氢蓄电池中,正、负极由隔膜纸分开而后叠成层状密封在钢壳中。隔膜多采用多孔维尼纶无纺布或尼龙无纺布,厚度为 0.10~0.18mm。

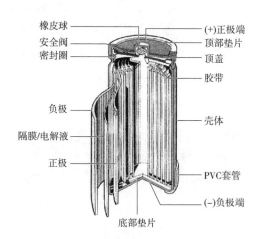

图 3-12　圆柱形镍氢蓄电池结构

图 3-13　镍氢蓄电池的分类

二、镍氢蓄电池的工作原理

镍氢蓄电池为碱性电池,电解质为浓度 30% 的 KOH。镍氢蓄电池的工作原理如图 3-14 所示,总化学反应式为:

$$MH_x + NiOOH \Longrightarrow M + Ni(OH)_2$$

其中 M 代表合金。

电池放电时,负极发生氧化反应,参加反应的活性物质为储氢金属合金 MH_x 所释放的 H 原子,其失去电子变为 H^+,并与电极附近电解液中的 OH^- 结合生成 H_2O;正极发生还原反应,参加反应的活性物质为 NiOOH,其得到电子被还原为 $Ni(OH)_2$。放电时的化学反应式为：

负极板：$MH_x + OH^- \longrightarrow M + H_2O + e^-$

正极板：$NiOOH + H_2O + e^- \longrightarrow Ni(OH)_2 + OH^-$

总反应式：$MH_x + NiOOH \longrightarrow M + Ni(OH)_2$

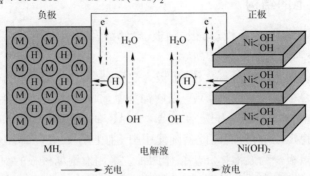

图 3-14 镍氢蓄电池的工作原理

电池充电时，负极发生还原反应，H_2O 得到电子被还原为 H^+ 和 OH^-，其中 H^+ 与储氢合金结合；正极发生氧化反应，$Ni(OH)_2$ 失去电子变为 $NiOOH$。充电时的化学反应式为：

负极板：$M + H_2O + e^- \longrightarrow MH_x + OH^-$

正极板：$Ni(OH)_2 + OH^- \longrightarrow NiOOH + H_2O + e^-$

总反应式：$M + Ni(OH)_2 \longrightarrow MH_x + NiOOH$

镍氢蓄电池具有良好的耐过充/过放性能。过放电时，正极活性物质 NiOOH 消耗尽，此时正极的 H_2O 被还原为 H_2 和 OH^-。同时在负极储氢金属的催化作用下，H_2 扩散到负极并与 OH^- 结合生成 H_2O。因此，过放电时，镍氢蓄电池正、负极总反应的净结果为零，保持了电池体系的稳定。过放电时，正、负极的化学反应式为：

正极：$2H_2O + 2e^- \longrightarrow H_2 + 2OH^-$

负极：$H_2 + 2OH^- \longrightarrow 2H_2O + 2e^-$

镍氢蓄电池同铅酸蓄电池一样，采用负极活性物质过量的设计。过充电时，正极活性物质 $Ni(OH)_2$ 消耗尽，继续充电正极发生水的电解反应生成 O_2。O_2 通过隔膜扩散到负极并重新化合生成水，既保证了电池内部压力的恒定，又使电解质浓度不会发生太大变化。过充电时，正、负极的化学反应式为：

正极：$4OH^- \longrightarrow 2H_2O + O_2 + 4e^-$

负极：$2H_2O + O_2 + 4e^- \longrightarrow 4OH^-$

三、镍氢蓄电池的充放电特性

1. 充电特性

镍氢蓄电池的充电接收能力是电动汽车驱动系统必须考虑的一个问题。镍氢蓄电池单体的充电特性曲线如图 3-15 所示。开始充电时，由于电池内阻产生压降，电池电压迅速上升；随后电池开始接受电荷，电池 SOC 从 40% 上升到 80% 时，电池端电压上升趋势缓慢；当电池接近充满时，水发生电解反应，电解液中开始产生气泡，聚集在极板表面，导致极板的有效接触面积减小，电池内阻增加，电池电压上升较快。若继续充电，虽然产生的 O_2 能够很快被负极化合，但由于电池温度迅速升高，使电池电压下降，故电压曲线在充电终了时出现峰值。

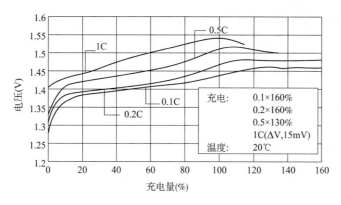

图 3-15 单体镍氢蓄电池的充电特性

常温下,充电电压表现为充电电流的强函数,特别是当 SOC 超过 80% 时,图 3-16 所示为 20℃时,不同充电电流下电池电压与 SOC 关系曲线。由此可以看出,充电电流越大,充电电压越高,越早达到充电截止电压,充入电池的电量越少,充电效率越低。

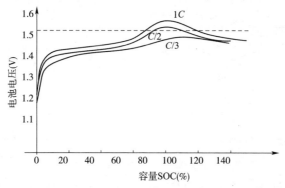

图 3-16　20℃时不同充电电流下电池电压与 SOC 曲线

2. 放电特性

图 3-17 所示为不同放电倍率下镍氢蓄电池的放电特性。可以看出,开始放电时,电池电压迅速下降,随后呈缓慢下降趋势;接近放电终止时,放电电压又急剧下降。此外,电池电压与放电电流密切相关:放电电流越大,相同容量下的放电电压越低,越早达到放电终止电压,放电速度越快,放出的电量越小。

3. 温度特性

镍氢蓄电池的充放电特性受温度影响较为明显,图 3-18 所示为不同温度下的充电电压。可以看出,环境温度越高,电池充电电压越低,能够充入的电量越小,即充电效率越低。在不同环境温度下,电池在接近充电终了时,电池电压升高,当充电电量达到额定容量时,电池电压达到峰值。随后,由于电池发热,电池电压又出现下降。

图 3-19 所示为镍氢蓄电池在不同温度下的放电特性。由图 3-19a)可知,在 -20~20℃范围内,温度越高,电池放电电压越高。但若温度过高,又会导致电池放电电压急剧降低。镍氢蓄电池 -20℃时的电池容量比 20℃时低 40%。正是由于这种放电时的温度特性,混合动力驱动系统在使用镍氢蓄电池时,通常需要安装气候控制系统,如低温环境时需使用加热器,高温环境时需使用冷却装置。

由图 3-19b)可知,小电流放电时,温度对电池放电量的影响并不突出。放电电流越大,温度对电池放电量的影响越为明显,尤其是低温放电时(0℃以下),电池放电容量显著下降。

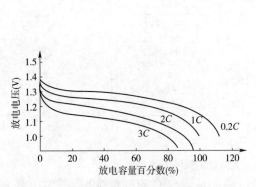 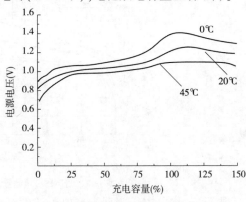

图 3-17 镍氢蓄电池不同倍率下的放电特性曲线　　图 3-18 镍氢蓄电池不同温度下的充电电压

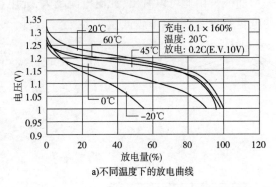

a)不同温度下的放电曲线　　　　　　　　b)不同温度下的放电容量

图 3-19 镍氢蓄电池不同温度下的放电特性

上述为镍氢蓄电池单体在不同温度下的充放电特性。由于镍氢蓄电池单体电压为 1.2V,为满足不同系统对电压及容量的要求,通常将多个镍氢蓄电池单体按一定方式组合成电池组,现分析不同温度下镍氢蓄电池组的功率变化趋势。

图 3-20 所示为镍氢蓄电池组的功率—温度特性曲线。30 个镍氢蓄电池单体组成一个电池模块,容量为 16A·h,额定电压为 42V,-20℃时的功率仅为 5kW。另一方面,36 个镍氢蓄电池单体组成的电池模块额定电压为 58V,内阻为 36mΩ。电池在 -20℃时仅需 3s 功率就下降到 6kW。由于镍氢蓄电池在低温时所表现出的局限性,因此需要增加气候控制系统或使用能量缓冲装置(如超级电容器)。

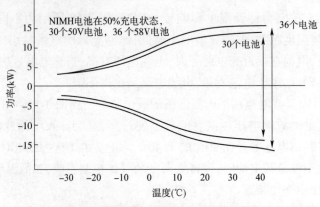

图 3-20 镍氢蓄电池组功率—温度特性曲线

四、镍氢蓄电池的特点

1. 镍氢蓄电池的优点

镍氢蓄电池存在以下优点：

(1) 高比能量，高比功率。比能量可达 60~70Wh/kg，比功率可达 150~300W/kg。

(2) 使用寿命长。目前应用于电动汽车的镍氢蓄电池，80% 深度放电(DOD)时的循环次数可达到 1000 次以上，为铅酸蓄电池的 3 倍以上。100% DOD 的循环寿命也达到 500 次以上，在混合动力汽车中的使用寿命可达 5 年以上。

(3) 无污染。镍氢蓄电池不含铅、镉等对人体有害的金属，是绿色环保电源。

(4) 耐过充过放。

(5) 适用温度范围宽。正常使用温度范围为 -30~55℃，存储温度范围为 -40~70℃。

(6) 安全可靠。

2. 镍氢蓄电池的缺点

镍氢蓄电池存在如下缺点：

(1) 成本高，价格为相同容量铅酸蓄电池的 5~8 倍。

(2) 电池单体电压低，为 1.2V。

(3) 对温度敏感，温度对放电电压和容量有较大影响。

(4) 自放电率高，20℃时的月放电率为 20%~40%。

第四节 锂离子蓄电池

锂离子蓄电池在锂电池基础上衍生发展而来。锂电池的负极为金属锂，其主要缺点是锂枝晶容易使正、负极之间的隔膜穿孔而导致电池短路。法国 Armand 提出采用在低压下就可使锂离子嵌入、脱出的材料替代金属锂，进而发展出正极和负极都采用锂离子嵌入材料的锂离子蓄电池。

锂离子蓄电池指以两种不同的能够可逆地插入及脱出锂离子的嵌锂化合物分别作为电池正极和负极材料的二次电池。自 1991 年首次宣告锂离子蓄电池成果以来，锂离子蓄电池技术得到了空前提高，并且已经在电动汽车和混合动力电动汽车领域中有所应用。作为纯电动汽车的独立驱动电源而言，锂离子蓄电池的比能量还需进一步提高；若作为混合动力汽车的辅助电源，锂离子蓄电池在性能、寿命、安全性等方面已基本符合要求。

许多汽车制造商都致力于开发以锂离子蓄电池作为动力源的电动汽车，如美国福特、克莱斯勒、日本丰田、本田、日产、三菱，法国 Courreges、Venturi，韩国现代，中国比亚迪等。目前已上市的以锂离子蓄电池作为动力源的电动汽车主要有福特 Volt (288 个锂离子蓄电池单体，电压 306V)、丰田 Prius α(56 个锂离子蓄电池单体，电压 201.6V)、本田新款 Civic (40 个锂离子蓄电池单体，电压 144V)、日产风雅 (96 个锂离子蓄电池单体，电压 346V) 等。

一、锂离子蓄电池的结构

锂离子蓄电池主要由正极、负极、隔膜、电解液和安全阀等组成。按结构外形的不同，锂离子蓄电池可分为方形锂离子蓄电池和圆形锂离子蓄电池,圆形锂离子蓄电池结构如图 3-21 所示。正极材料、负极材料、隔膜和电解液构成锂离子蓄电池的四种关键材料。

1. 正极

锂离子蓄电池正极必须能稳定地释放/接受锂离子,以保证电池具有较好的电气性能、机械强度和使用寿命。锂离子蓄电池以含锂化合物作为正极材料,如 $LiCoO_2$、$LiNiO_2$、$LiMnO_2$、$LiFePO_4$ 等。这些正极活性材料的特点是可以嵌入和脱出 Li^+,随着 Li^+ 的嵌入和脱出,晶体仅发生相应的膨胀和收缩,而材料结构不会发生不可逆的变化。在正极活性物质中再加入导电剂、树脂黏结剂,并将其涂覆在铝基体上,呈细薄层分布。

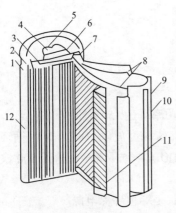

图 3-21 圆柱形锂离子蓄电池结构
1—绝缘体;2—垫圈;3—PTC 元件;4—正极端子;5—排气孔;6—安全阀;7—正极板;8—隔板;9—负极;10—负极板;11—正极;12—外壳

以 $LiNiO_2$ 为正极活性材料的镍基型锂离子蓄电池,其额定电压为 4V、比能量为 120Wh/kg、能量密度为 $200W·h/L$、比功率为 260W/kg。钴基型锂离子蓄电池以 $LiCoO_2$ 为正极活性材料,具有较高的比能量和能量密度,但成本相对较高,且自放电显著。锰基型锂离子蓄电池以 $LiMnO_2$ 为正极活性材料。锰酸锂 $LiMnO_2$ 能够提供三维锂离子扩散通道,原料成本较低、生产工艺简单、热稳定性高、耐过充性好、放电电压平台高、安全性高。缺点是理论容量较低,循环过程中可能会因锰元素的溶出而影响电池在高温环境中的寿命。可在其表面包覆 Al_2O_3 形成 $LiMn_{(2-x)}Al_xO_4$ 的固溶体来改善 $LiMnO_2$ 的高温循环性能和储存性能,适合作为轻型电动汽车的低成本电池。$LiFePO_4$ 具有稳定的放电特性、安全性高、寿命长,是新一代锂离子蓄电池的正极材料。目前纳米化的功率型材料和高密度的磷酸锰铁锂能量型材料的稳定性均得到较快的发展,逐步满足了市场需求和现阶段我国电动汽车推广的需要,特别是客车和专用车辆应用方面,高电压尖晶石镍锰酸锂和高电压高比容量的富锂锰基正极材料仍在研发之中。

2. 负极

负极活性材料由碳材料与黏结剂的混合物再加上有机溶剂调和制成糊状,并将其涂覆在铜基体上,呈薄层状分布。

石墨材料是目前广泛应用的锂离子蓄电池负极材料,可逆容量达到 $360(mA·h)/g$,已至极限。中间相碳微球充电倍率性能优于天然石墨,但成本偏高,无定形硬碳或软碳可满足电池在较高倍率和较低温度应用的需求,目前已经开始投入使用,但主要还是与石墨混合应用。

钛酸锂负极材料具有良好的倍率性能和循环性能,尤为适合大电流充电应用。近年来通过表面改性和电解液匹配技术已基本解决电池的胀气问题,可应用于需要快速充电的电池,缺点是电池比能量较低且成本较高。

20 世纪 90 年代提出的纳米硅可用于高容量负极,通过掺少量纳米硅材料来提升碳负极材料的容量仍是至今研发的热点。通过添加少量纳米硅或硅氧化物的可逆容量达到 $450(mA·h)/g$ 的负极材料已开始进入小批量应用阶段。但因锂嵌入硅后体积膨胀导致电池的实际使用循环寿命出现偏差的问题还有待进一步解决。

3. 隔板

隔板一般为聚乙烯或聚丙烯材料制成的微多孔膜，其作用是阻断或关闭离子的传输通道，即当电池出现异常温升时，隔板阻塞或阻断作为离子传输的细孔，从而停止电池的充放电反应。隔板能够有效防止因外部短路等现象引起的过大电流而导致电池过热。

4. 电解液

电解液是以混合溶剂为主的有机电解液，主要成分为锂盐。随着电极材料的不断改善和更新，对电解质的要求也越来越高。一般来说，锂离子蓄电池的电解质应满足离子电导率高、电子电导低、电化学窗口宽（0~5V）、工作温度范围宽、热稳定性好（-40~60℃）等特性要求。除此之外，还有各种类别的添加剂，主要分为导电添加剂、成膜添加剂、升压添加剂、阻燃添加剂等。

5. 安全阀

为保证锂离子蓄电池的使用安全性，一般采用控制外部电路或者在电池内部设有异常电流切断的保护装置。但锂离子蓄电池在使用过程中会出现因其他原因所引起的电池内压升高，这时安全阀打开释放气体，降低电池内压，防止电池破裂。安全阀是一次性非修复式破裂膜，因此安全阀一旦工作，将保护电池使其停止工作，故安全阀也是锂离子蓄电池的最后一道安全屏障。

二、锂离子蓄电池的工作原理

锂离子蓄电池的正、负极材料都具有嵌入和脱出 Li^+ 的特点，电解质为有机溶剂。移动的 Li^+ 构成锂离子蓄电池的化学基础，充放电时的工作原理如图3-22所示。

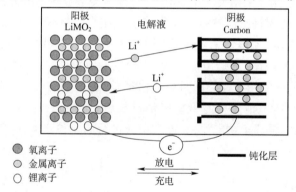

图3-22 锂离子蓄电池工作原理

充电时，正极的锂化金属化合物（$LiMO_2$）发生氧化反应，失去电子，同时 $LiMO_2$ 中的 Li^+ 从正极材料的晶格中脱出，正极处于贫锂态；电子在外电势作用下移动到负极并进入负极材料，Li^+ 穿过电解液和隔膜向负极迁移，嵌入到负极石墨晶体的晶状层之间。充电时正、负极的化学反应式为：

正极板：$LiMO_2 \longrightarrow Li_{1-x}MO_2 + xLi^+ + xe^-$

负极板：$C + xLi^+ + xe^- \longrightarrow Li_xC$

总反应式：$LiMO_2 + C \longrightarrow Li_xC + Li_{1-x}MO_2$

放电时，正极得到负极失去的电子，同时 Li^+ 从负极石墨晶体中脱嵌，穿过电解质向正极移动，然后嵌入到 $LiMO_2$ 的晶状层中，正极处于富锂态。放电时正、负极的化学反应式为：

正极板：$Li_{1-x}MO_2 + xLi^+ + xe^- \longrightarrow LiMO_2$
负极板：$Li_xC \longrightarrow C + xLi^+ + xe^-$
总反应式：$LiMO_2 + C \longrightarrow Li_xC + Li_{1-x}MO_2$

锂离子蓄电池充放电过程中仅涉及 Li^+ 的移动,并不会改变或破坏电极结构。充电时, Li^+ 从正极材料的晶格中脱出,穿过电解液和隔膜嵌入到负极材料中;放电时, Li^+ 从负极脱出,穿过电解液和隔膜,嵌入到正极材料的晶格中,即充放电过程中, Li^+ 处于正极→负极→正极的运动状态。如同一把摇椅,摇椅两端为电池的两极, Li^+ 就在摇椅两端来回运动。因此,锂离子蓄电池又被形象地称为"摇椅式电池"。

三、锂离子蓄电池的充放电特性

锂离子蓄电池单体的开路电压为4.1V,比能量为125W·h/kg,比能量密度超过300W·h/L。锂离子蓄电池的放电电压通常由4.1V下降到3V。在100%放电深度、94%充电率的条件下,锂离子蓄电池的循环寿命超过1000次。锂离子蓄电池的充电温度为-20~+40℃,放电温度为-20~+45℃。

锂离子蓄电池对充电电压十分敏感,要求充电终止电压的误差不能超过额定值的1%。充电终止电压过高,会影响锂离子蓄电池的使用寿命,甚至会导致过充电,对电池造成永久性损伤;若充电终止电压过低,会导致充电不完全,从而影响电池的可用时间。

锂离子蓄电池具有近似相反的充/放电特性,或称为"摇椅特性"。如图3-23所示,锂离子蓄电池具有单调的充电特性。在给定SOC增加量的条件下,电池电压差均为正值,这表明锂离子蓄电池可采用相对简单的充电控制策略。某些锂离子蓄电池的充电率可达到$2C$,但常用充电率为$0.5~1C$。采用大电流充电时,一方面会造成热量损失;另外,虽然恒流充电能缩短充电时间,但难以保证电池被完全充满,若充电结束控制不当还会导致电池过充电。

图3-24所示为锂离子蓄电池常温下不同放电倍率的放电特性曲线。锂离子蓄电池的最大放电电流一般为$2~3C$。放电电流过大,会导致电池发热严重,对电极上的活性物质造成损害,从而影响电池的使用寿命。同时放电倍率越大,电池的部分能量会转化为热能,能够放出的有效电量越少,电池效率越低。电池过放电(电压低于3V)时,还会造成电池失效。因此对于过放电的锂离子蓄电池,在充电前应进行涓流预充电,以激活过放电的单元。

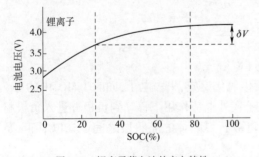

图3-23 锂离子蓄电池的充电特性

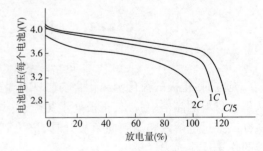

图3-24 20℃时锂离子蓄电池的放电特性

四、锂离子蓄电池的特点

表3-6对比了三种常见蓄电池的部分性能指标,由此可见,锂离子蓄电池的优点主要表现在如下几方面:

(1)工作电压高。锂离子蓄电池的工作电压为3.6V,是镍氢和镍镉电池的3倍。

(2)比能量高。锂离子蓄电池的比能量已达到150W·h/kg,是镍镉电池的3倍,是镍氢蓄电池的1.5倍。

(3)循环寿命长。目前锂离子蓄电池的循环寿命已达1000次以上,在低放电深度下可达几万次。

(4)自放电率低。锂离子蓄电池的月自放电率仅为6%~8%,远低于镍镉电池(25%~30%)和镍氢蓄电池(15%~20%)。

(5)无记忆性。可根据要求随时充电,而不会降低电池性能。

(6)环境友好。

几种常见蓄电池的性能指标 表3-6

性　　能	铅酸蓄电池	镍氢蓄电池	锂离子蓄电池
工作电压(V)	2	1.2	3.6
比能量(W·h/kg)	40	65	105~140
比功率(W/kg)	150~200	160~230	250~400
充放电寿命/次	500~700	600~1200	800~1200
自放电率(%)(每月)	3	30~35	6~9
有无记忆效应	无	有	无
有无污染	有	无	无

锂离子蓄电池也存在一些不足,主要表现在以下几点:

(1)成本高。主要是正极材料价格高,但按单位瓦时的价格来计算,已经低于镍氢蓄电池,与镍镉电池持平,但高于铅酸蓄电池。

(2)对过充电和过放电非常敏感,特别是当串联的电池单体出现不平衡时,这种敏感现象更为明显。因此锂离子蓄电池必须有特殊的保护电路,以防止过充电。

(3)存在自燃的潜在可能。

第五节 燃料电池

早在1839年,英国人W. R. Grove就提出了氢和氧反应发电的原理,发明了氢—氧燃料电池。1952年,英国人F. T. Bacon研制出5kW碱性燃料电池组。20世纪60年代,美国IFC(International Fuel Cell)公司为阿波罗登月飞船研制了一套燃料电池装置,用来为宇航员提供电力和饮用水。此后,燃料电池技术得到迅速发展,其应用领域也从航天扩展到军事、发电、汽车等领域。1968年,美国通用汽车公司推出第一辆燃料电池电动汽车。近二三十年,环境污染及能源匮乏等问题日益突出,而燃料电池具有高能量转换效率、低环境污染等优点,越来越受到各国的青睐。

燃料电池发动机被公认为是今后替代传统内燃机的最理想动力装置,被列入新经济和21世纪可持续发展的三大支柱之一,与信息技术、生物技术并驾齐驱。与化学蓄电池相比,燃料电池产生电能而不是储存电能,只要持续供给燃料,燃料电池就可连续运行。与配置蓄电池的电动汽车相比,配置燃料电池的车辆具有较长的续驶里程,同时省去蓄电池较长时间的充电过程;与传统内燃机汽车相比,燃料电池电动汽车具有能量效率高、排放污染小等优点。然而,有关氢燃料的制取、提纯、存储、携带等问题,仍有待于进一步探索解决。

一、燃料电池基本原理

1. 燃料电池的工作原理

燃料电池实质上是电化学反应发生器,能够将储存在燃料和氧化剂中的化学能通过电化学反应直接转化为电能。燃料电池与蓄电池的最大区别在于只要为燃料电池提供燃料(如氢气、甲醇等)和氧化剂(如氧气),燃料电池就可产生电能;而蓄电池是将存储在储能装置中的化学能转化为电能,并且需要频繁充电。从理论上来讲,燃料电池的容量是无限的,但由于电池内部元件老化和故障等因素,致使燃料电池具有有限的寿命。

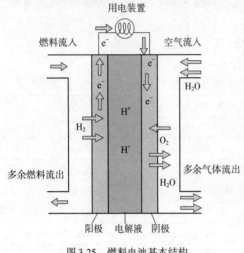

图 3-25 燃料电池基本结构

氢氧燃料电池在本质上是水电解的逆过程,即 H_2 和 O_2 结合生成水并释放电能,H_2 和 O_2 分别作为燃料和氧化剂。燃料电池的核心组成包括阴极(氧化剂)、阳极(燃料)和电解质,其基本结构如图 3-25 所示。燃料电池工作时,向阳极供给燃料(氢),向阴极供给氧化剂(空气),在其内部发生电化学反应,具体反应过程如下:

(1) 阳极发生氧化反应。进入阳极的氢(燃料)在催化剂作用下失去电子变成 H^+,H^+ 进入电解质中。阳极电化学反应式为:

$$H_2 \longrightarrow 2H^+ + 2e^-$$

(2) 阴极发生还原反应。进入阴极的氧与电解质中的 H^+ 吸收抵达阴极的电子,并在催化剂作用下生成水,阴极电化学反应式为:

$$O_2 + 4H^+ + 4e^- \longrightarrow 2H_2O$$

(3) 外电路电子运动形成电流。当燃料电池正(阴极)、负(阳极)极之间连接外电路后,电子就沿外电路移向正极,形成电流,同时向连接在外电路上的负载提供电能。燃料电池的总化学反应式为:

$$2H_2 + O_2 \longrightarrow 2H_2O$$

2. 燃料电池与普通电池的差异

虽然燃料电池在本质上是电化学反应发生器,通过活性物质(燃料和氧化剂)的电化学反应将化学能转化为电能,但与普通电池仍存有本质差别:

(1) 燃料电池参与电化学反应的活性物质不在电池内部,而是通过单独的供气系统从外部输入,即燃料电池是一个开放的发电装置。

(2) 燃料电池自身只是能量转换装置,放电过程不可逆,即燃料电池不能充电,所消耗的活性物质只能由外部进行补充。

(3) 燃料电池本体只决定电池的输出功率,而电池能量大小则取决于外部可输入的燃料和氧化剂。因此,燃料电池的比能量可以很高,续驶里程主要取决于燃料的存储量。

(4) 燃料电池的内部结构和控制系统更为复杂,尤其是放电控制不如普通电池方便。

二、燃料电池的特点

燃料电池作为一种能量转换装置，将燃料和氧化剂中的化学能直接转化为电能。与传统内燃机相比，燃料电池具有如下优点：

(1) 能量转换效率高。能量转换效率指产出的电能与输入燃料经化学反应所释放的能量之比。由于燃料电池能够直接将化学能转化为电能，反应过程中不涉及燃烧和热机做功，因此能量转换效率不受"卡诺循环"的限制。理论上燃料电池化学能的能量转换效率可达100%，其实际能量转换效率达60%~80%，是普通内燃机热效率的2~3倍。

(2) 环保性能好。燃料电池在能量转换过程中不经燃烧而直接将化学能转化为电能，主要反应产物是水和CO_2，向大气排放的有害物质极少，对环境基本无污染。

(3) 振动与噪声小。燃料电池属于静态能量转换装置，无往复及回转运动的机械部件，因此燃料电池在工作中所产生的振动和噪声极小。

(4) 过载能力强。燃料电池的短时过载能力可达额定功率的2倍甚至更大，能满足车辆短时加速的性能要求，而内燃机则没有这样强的过载能力。

(5) 易实现模块化。燃料电池可通过串联、并联等组合模式，提高其输出功率。此外，由于燃料电池工作时没有机械振动，因此运行相对平稳。

虽然燃料电池具有寿命长、效率高、污染小、噪声低、过载能力强等优点，但由于其自身结构的限制，燃料电池也具有如下缺点：

(1) 燃料种类单一。虽然燃料电池能够以甲醇、天然气、甲烷、石油气等作为燃料，但实际参与燃料电池内部电化学反应的物质仅是燃料中的氢，即氢是燃料电池的唯一燃料。氢气的产生、存储、运输、保存、重整等都比较复杂，对安全性也具有很高要求。

(2) 密封要求严格。燃料电池的单体电压约为1V，不同种类燃料电池的单体电压略有不同。通常根据使用电压和电流的要求将多个电池单体进行串、并联组成燃料电池组。在电池单体进行电极连接时，必须对其进行严格密封。若燃料电池密封不良，则氢气会泄漏到燃料电池的外部，不仅降低了氢的利用率，还会因H_2燃烧而引发安全事故。因此，由于严格的密封要求，使燃料电池的制造工艺更为复杂，使用和维护也更加困难。

(3) 价格高。燃料电池的制造成本高，价格昂贵。

(4) 需配备辅助电池系统。燃料电池不可进行重复充电使用，即无法回收车辆下坡或减速制动时所产生的能量。因此，燃料电池电动汽车需增设辅助电池系统，以存储燃料电池富裕的电能及回收车辆减速制动时的能量。

三、燃料电池的分类

燃料电池种类繁多，通常可按燃料电池的工作温度、燃料来源和电解质类型进行分类。

1. 按工作温度分

按工作温度的不同，可将燃料电池分为低温、中温和高温三种类型。

1) 低温燃料电池

工作温度低于200℃的燃料电池。可采用水溶液或其浓缩液作为电解质，但需要采用铂催化剂才能满足电压和电流密度的要求。电池采用氢或经纯化及重整的富氢燃料作为燃料。

2)中温燃料电池

工作温度为200~750℃的燃料电池。中温固态燃料电池兼有高温固态氧化物燃料电池和低温质子交换膜燃料电池的优点,并摒弃了它们的某些缺点。中温燃料电池可明显提高贵金属催化剂的CO耐受能力,同时使金属和合成树脂等作为电池连接和密封材料成为可能,从而降低燃料电池成本,并延长燃料电池的使用寿命。

3)高温燃料电池

工作温度高于750℃的燃料电池。高温燃料电池必须采用熔融盐或固体氧化物作为电解质,能够在不采用特殊催化剂的情况下获得所需要的高电压和高电流密度。高温燃料电池可选用多种燃料,除氢外,还可采用煤制气、天然气、甲烷、沼气等。

2. 按燃料来源分

按燃料来源的不同,可将燃料电池分为直接式、间接式和再生式三种。

1)直接式燃料电池

直接式燃料电池的燃料是液态或气态纯氢,不需要复杂的汽化过程来产生氢气,但需要以铂、金、银等贵金属作为催化剂。直接甲醇燃料电池也不需进行预先重整,可直接在阳极将甲醇转化为CO_2和H_2,但需要消耗比纯氢燃料更多的铂催化剂。

2)间接式燃料电池

间接式燃料电池不直接以氢作为燃料,而是将天然气、甲烷、二甲醚等能源经过重整或纯化后转为氢或富氢燃料再供给燃料电池电极进行反应。

3)再生式燃料电池

再生式燃料电池将燃料电池生成的水经适当的方法分解为氢气和氧气,再重新输送给电池电极进行循环使用。

3. 按电解质类型分

国内外研究人员一般依据电解质类型对燃料电池进行分类。按照所选用的电解质类型不同,可将燃料电池分为质子交换膜燃料电池、碱性燃料电池、磷酸型燃料电池、熔融碳酸盐燃料电池、固体氧化物燃料和直接甲醇燃料电池。

四、质子交换膜燃料电池

质子交换膜燃料电池(Proton Exchange Membrane Fuel Cell,PEMFC)也称固态聚合物燃料电池(Solid Polymer Fuel Cell,SPFC),是一种清洁、高效的绿色环保动力源。由于PEMFC具有功率密度高、工作温度低、起动速度快、无噪声等优点,是目前燃料电池电动汽车上使用最为普遍的燃料电池类型。

1. 质子交换膜燃料电池的工作原理

PEMFC单体主要由质子交换膜、催化剂、电极和集流板组成。质子交换膜能够将阴极和阳极隔开。在质子交换膜中装有固态酸电解质,电解质内充满液态水。电解质在水中电解为带正、负电的离子,使水溶液导电,进而使游离H^+从阳极穿过电解质膜到达阴极,而电子无法通过电解质膜,只能沿外电路达到阴极。由于H^+也叫质子,因此将能够使H^+通过并进行交换的膜称为质子交换膜。

PEMFC的工作原理如图3-26所示,可概述如下:

(1)氢燃料从阳极侧的集流板进入阳极,经过阳极的气体扩散层,与阳极表面的催化剂铂（Pt）接触，氢分子被分裂并键合在 Pt 表面，形成弱的 H-Pt 键。

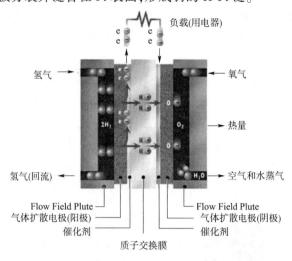

图 3-26　PEMFC 工作原理

（2）氢分子被分裂的过程即氧化过程。氢分子分裂后释放电子，电子沿外电路到达阴极，形成电流。剩下的 H^+ 从 H-Pt 键中挣脱，黏附在膜表面的水分子上，形成水合氢离子（H_3O^+）。水合氢离子离开催化剂穿过质子交换膜达到阴极。阳极电化学反应式为：

$$2H_2 \longrightarrow 4H^+ + 4e^-$$

（3）氧气从阴极侧的集流板进入阴极，经过阴极的气体扩散层，与阴极表面的催化剂 Pt 接触，氧分子被分裂并键合在 Pt 表面，形成弱的 O-Pt 键。

（4）氧分子被分裂的过程即还原过程。氧分子分裂后，与来自外电路的电子和穿过质子交换膜的 H^+ 结合生成水。阴极电化学反应式为：

$$O_2 + 4H^+ + 4e^- \longrightarrow 2H_2O$$

PEMFC 中，阳极氢原子和阴极氧原子同时发生两个"半反应"，即氢原子在阳极发生氧化反应，失去电子；氧原子在阴极发生还原反应，得到电子。这两个反应构成了一个完整的氧化还原反应，生成水。总化学反应式为：

$$2H_2 + O_2 \longrightarrow 2H_2O$$

2. 质子交换膜燃料电池的结构组成

PEMFC 单体主要由膜电极和集流板组成，其结构如图 3-27 所示。

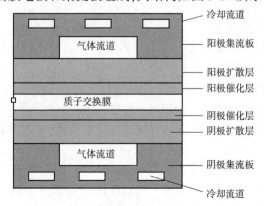

图 3-27　PEMFC 结构

1)膜电极

质子交换膜与两侧的气体扩散电极(阴极和阳极)复合,组成燃料电池的膜电极(Membrane Electrode Assembly,MEA)。MEA 包含质子交换膜、催化剂以及阴阳极的扩散层,其结构如图 3-28 所示。

MEA 是 PEMFC 的核心,直接影响 PEMFC 性能、能量密度分布及工作寿命等。组成 MEA 的电极材料、电极的制作工艺与方法等决定了 MEA 的基本性能。此外,MEA 中贵金属的用量也与电极的制备方法具有直接关系。早期的 MEA 是将 Pt 直接热压到电解质膜的两侧,但这种方法的 Pt 使用量较高,导致燃料电池成本过高。后来采用碳载铂技术(图 3-29),并先后开发出涂膏法(Pasting)、浇注法(Casting)、滚压法(Rolling)和电化学催化法(ECC)等制备工艺,提高了 Pt 的利用率,降低单位面积的 Pt 使用量,从而有效控制了燃料电池成本。

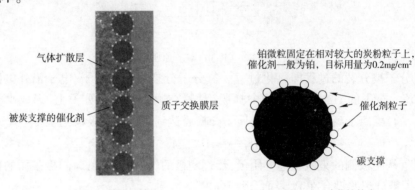

图 3-28 膜电极结构　　　　图 3-29 碳载铂技术

2)质子交换膜

质子交换膜是一种厚度仅为 50~180μm 的极薄膜片,不仅是隔离燃料和氧化剂的隔膜,同时也是电极活性物质(催化剂)的基底。质子交换膜的主要特点是在一定温度和湿度条件下,具有选择透过性,即只允许 H^+(质子)透过,而 H_2 分子和其他离子不能透过。PEMFC 对所使用的质子交换膜具有严格要求,不仅要具有良好的离子导电性,还应有适度的含水率,对电池工作过程中的氧化、还原和水解具有稳定性,同时具有较高的机械强度和结构强度,以及膜表面适合与催化剂结合的性能。

质子交换膜是 PEMFC 的核心部件,其物理、化学性质对 PEMFC 性能具有显著影响。质子交换膜影响 PEMFC 性能的物理性质主要表现在如下方面:

(1)质子交换膜的厚度和单位面积质量。降低膜的厚度和单位面积质量,可降低膜的电阻,提高电池的工作电压和能量密度。但如果膜厚度过低,则会降低膜的抗拉强度,甚至引起 H_2 泄漏而致使电池失效。

(2)质子交换膜的抗拉强度。膜的抗拉强度与其厚度成正比,并与环境有关。在保证膜的抗拉强度前提下,应尽量降低膜的厚度。

(3)膜的含水率 r。每克干膜的含水量称为膜的含水率,用百分数表述,即:

$$r = \frac{水的质量}{干膜的质量} \times 100\% \tag{3-18}$$

r 不仅影响质子的传导能力,同时还影响氧在膜中的溶解扩散。r 越高,质子扩散因子和渗透率越大,膜电阻相应降低,但膜的强度也有所下降。

(4)膜的溶胀度 C。溶胀度 C 指离子膜在给定的溶液中浸泡后,离子膜面积或体积的变化百分率,即:

$$C = \frac{浸泡后的体积(面积) - 干膜的体积(面积)}{干膜的体积(面积)} \times 100\% \tag{3-19}$$

溶胀度 C 反映了交换膜的变形程度。C 越高,在水合和脱水时因膜的溶胀而造成电极变形以及质子交换膜局部应力会增大,从而导致电池性能下降。

质子交换膜的电化学性能主要表现为膜的导电性和选择透过性。膜的导电性可用电阻率(Ω/cm)、面阻率(Ω/cm^2)或电导率(S/cm)进行表述。表3-7列出了不同类型质子交换膜的电阻率和与之相关的物理性质。

不同类型质子交换膜的电导率和与之相关的物理性质 表3-7

质子交换膜类型	干态厚度(μm)	含水率(%)	电导率(S/cm)
Nafionl15	100	34	0.059
Dow	125	54	0.114
Aciplex-S	120	43	0.108

膜的选择透过性可用透过性参数 P 表示,表达如下:

$$p = \frac{t_i^m - t_i}{1 - t_i} \tag{3-20}$$

式中:t_i^m ——离子在膜中的迁移数;
t_i ——离子在溶液中的迁移数。

$P=0$ 时,没有透过性;$P=1$ 时,质子交换膜具有理想的选择透过性。一般情况下,$0<P<1$。

早期使用的质子交换膜是以碳氢为骨架的聚合物,如酚醛树脂磺酸膜、聚苯乙烯磺酸膜等。但由于 C-H 键存在易断的缺点,导致聚合物结构不稳定,应用于燃料电池时,电池寿命仅有数小时。全氟磺酸膜是20世纪60年代研发的新一代质子交换膜,具有极高的化学稳定性、高质子电导率、高机械强度和低气体透过率、催化剂在膜中具有较高活性、低温下具有高电流密度,是目前燃料电池中广泛使用的质子交换膜。但全氟磺酸膜对温度和湿度具有较高要求,因此 PEMFC 系统必须配备热管理和水管理系统。Nafino 膜是一种常见的全氟磺酸膜,其厚度约为 $175\mu m$,表面为透明玻璃纸。湿的 Nafino 膜传导正离子,排斥负离子,负离子只能沿外电路达到燃料电池阴极。除 Nafino 系列膜外,目前已开发的全氟磺酸膜还有 Dow 膜(美国 DowChemical 公司)、BAM 膜(加拿大 Ballard 公司)、Aciplex 系列膜(日本 AsahiChemical 公司)和 Flemion 系列膜(日本 AsahiGlass 公司)等。

由于膜的结构、工艺和批量生产等问题,目前质子交换膜的成本仍非常高,几乎占燃料电池系统总成本的20%~30%。如目前使用最广泛的 Nafino 膜价格约为 600 美元$/m^2$,相当于 120 美元$/kW$(单体电池电压为 0.65V)。因此,为尽快实现燃料电池的商业化,降低质子交换膜的价格迫在眉睫。

3)催化剂

催化剂是 PEMFC 的另一项核心技术。为加快阳极氢的氧化反应和阴极氧的还原反应速率,气体扩散电极上都含有一定量的催化剂。催化剂包括阴极催化剂和阳极催化剂。PEMFC 对所选用的催化剂具有一定的要求,具体如下:

(1)电催化活性高,并能在一定程度上抑制副反应。

（2）具有较高的电催化稳定性，阳极催化剂还应具备耐受 CO 等杂质及反应中间产物的抗中毒能力。以甲醇为燃料时，由于甲醇的渗透作用，要求阳极氧化剂还需具备抗甲醇氧化的能力。

（3）比表面积高，使催化剂具有尽可能高的分散度和比表面积，从而降低贵金属用量。

（4）导电性能好。

（5）稳定性好，抗酸性腐蚀能力强。

Pt 基催化剂是目前 PEMFC 中广泛使用的催化剂。将 Pt 颗粒直径控制在几纳米的尺度范围内，然后固定在载体（通常为碳载体）材料上。由于 CO 在 Pt 催化剂表面的吸附能力远强于氢，导致催化剂上原本吸附氢的活性位被 CO 占据，从而阻碍氢的电氧化反应，即发生 Pt 的 CO 中毒现象。即使燃料中的 CO 浓度低至 10^{-5}，也会发生严重的催化剂中毒，导致电池性能严重下降。解决催化剂 CO 中毒问题主要有两种途径：一是在燃料中加入氧化剂去除 CO 以提高燃料纯度；二是增强催化剂的抗 CO 中毒性能。相关研究表明，颗粒分布范围较窄，具有高比表面积或采用多元合金比单一金属催化剂具有更好的抗 CO 能力。为增强催化剂的抗 CO 中毒能力，目前主要采用 Pt 复合催化剂，如 Pt-Ru、Pt-Sn、Pt-Mo、Pt-Cr、Pt-Mn、Pt-Pd 及 Pt-Ir 等，其中 Pt-Ru 性能最好，质量比1:1时催化性能最佳。

另一方面，虽然 Pt 催化剂对正、负电极反应均具有催化活性，但 Pt 作为贵金属，其价格高、资源匮乏，一直制约着 PEMFC 的成本。为加快 PEMFC 的商业化，目前 PEMFC 针对催化剂的研究重点主要集中于两方面：一是提高 Pt 的利用率，减少单位面积的使用量；二是寻找新的价格较低的非贵金属催化剂。

4）电极

电极是 MEA 的重要组成部分。性能良好的电极应同时具有适度的亲水性和疏水性，以确保催化剂活性的最佳湿化环境；同时又能使反应生成的水及时排出，以免电极被水淹没。所选用的电极材料应满足如下功能和要求：

（1）具有支撑催化剂层的作用，并保证气体扩散电极层与催化剂层之间的接触电阻小。

（2）起到气体和水通道的作用，气体扩散电极层应具有均匀的空隙和孔分布，从而有利于传质。

（3）起到电子通道的作用，要求气体扩散电极层结构紧密且表面平整，接触电阻小，是电的良导体。

（4）具有较好的热传输和分配能力。

（5）具有较强的耐化学腐蚀和耐电化学腐蚀的能力。

（6）具有一定的机械强度和适当的刚性及柔性。

（7）具有适当的亲水/疏水平衡，防止过多的水分阻塞空隙而导致气体透过性下降。

5）双极板

由于每个燃料电池单体的电压很低，约为 0.7V，为得到实际使用中所需的电压，需要将若干个燃料电池单体通过隔板串联组成电池组。双极板（集流板）的作用就是将各燃料电池单体串联，其一侧与前一个燃料电池的阳极侧接触，另一侧与后一个燃料电池的阴极侧接触。

双极板的主要功能如下：

（1）将燃料电池单体串联组成电池组，双极板的两个侧面分别与相邻的两个燃料电池单体的阳极和阴极接触。

(2)为气体提供通道,将 H_2 送到阳极,将 O_2 或空气送到阴极,但两种气体的通道彼此隔绝。

(3)为膜电极组件提供支撑。

(4)及时排出反应产物水。

(5)冷却电池组。

PEMFC 对双极板具有以下要求:

(1)良好的导电性。

(2)具有合理的流场(沟槽网)结构,引导氧化剂和还原剂在电极表面流动,无穿孔性漏气,确保反应气体均匀分配至电极各处。

(3)具有一定的强度,能够为电极提供支撑。

(4)具有耐高温、耐腐蚀性,能够适应各种使用条件下的电池内部环境。

(5)具有良好的导热性,及时排出反应生成的热。

(6)质量轻,制造成本低。

双极板实物如图 3-30 所示,面向膜电极的一侧表面刻有沟槽(称为流道),用于燃料和 O_2(空气)的导流;双极板中间的沟槽为冷却水通道,用于带走反应生成的热。双极板约占整个燃料电池组质量的 60%、成本的 45%。目前制作双极板的材料主要有石墨、表面改性的金属、炭黑—聚合物合成材料等。通过精密铣床加工或直接模压成形制成双极板的沟槽网,有的双极板则由网状结构的流场板与极板组合而成。

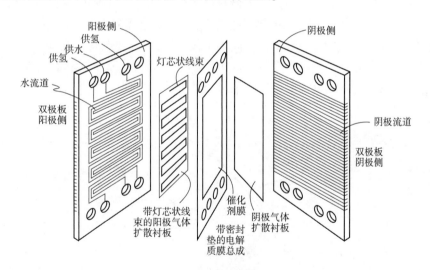

图 3-30 双极板结构

将双极板与膜电极组件交替叠合,各电池单体之间嵌入密封件,经前、后端板压紧后用螺杆紧固拴牢,即构成 PEMFC 电池电堆,如图 3-31 所示。

由图 3-31 可以看出,H_2 和 O_2 需流经整个电堆。为保证 H_2 和 O_2 能顺利达到每一电池单体,叠合压紧时要确保气体主通道的对正。电堆工作时,H_2 和 O_2 分别由进口引入,经电堆气体主通道分配至各电池单体的双极板,经双极板导流后传到电极各处,通过扩散层与催化剂接触并进行电化学反应。

3. PEMFC 工作条件对其性能的影响

燃料电池的工作条件对其工作特性具有显著影响,具体表现如下。

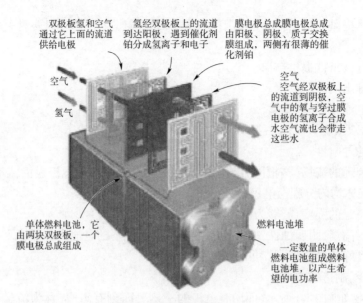

图 3-31　PEMFC 电推基本结构

1) 工作电压、功率密度及能量密度与输出电流之间的关系

图 3-32 所示为 PEMFC 电压、功率与输出电流之间的关系曲线。由图 3-32 可以看出，随着输出电流的增大（即电流密度增大），燃料电池的工作电压下降，但功率增大。由于燃料电池的效率主要与其工作电压有关，当燃料电池的工作电压较高时，能量效率高，但输出功率却较低。因此，不存在"理想"的燃料电池设计，只能对燃料电池进行最优设计，以期达到在一定的电流密度条件下，能够获得较高的工作电压，从而使燃料电池具有较高输出功率的同时，能够有较高的能量效率。对电动汽车用 PEMFC 而言，要求其具有高功率密度和低成本，而这只有在燃料电池以大电流密度输出条件下才能实现。

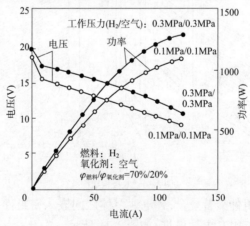

图 3-32　PEMFC 电压、功率与输出电流之间的关系

2) 工作压力的影响

PEMFC 的工作性能与反应气体的体积分数有关，即气体压力越高，燃料电池的性能越好，尤其阴极反应物（O_2 或空气）的压力对燃料电池性能的影响更为显著。由图 3-32 可以看出，当 H_2/空气的压力分别为 0.3MPa/0.3MPa 时，燃料电池性能优于二者压力分别为 0.1MPa/0.1MPa 时的电池性能。为减少 H_2 和 O_2 通过交换膜时的相互扩散，避免氢氧混合所引发的危险，应尽可能降低交换膜两侧的压力差。

3）工作温度的影响

PEMFC 的温度特性主要与质子交换膜有关。当 PEMFC 工作时，质子交换膜必须保持适度的湿润状态，以保证其具有良好的质子传导性，这要求电化学反应的生成物水尽量为液态。因此，受此限制，PEMFC 常压下的工作温度不能超过 80℃，在 0.4～0.5MPa 下的工作温度不能超过 102℃。

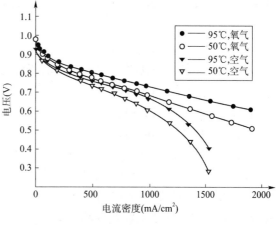

图 3-33 所示为工作温度对 PEMFC 性能的影响。可以看出，随工作温度的升高，电压—电流密度曲线线性区的斜率绝对值降低，说明电池内阻减小。这表明在相同

图 3-33 PEMFC 的温度特性

电流密度条件下，工作温度升高，工作电压随之升高，不仅使燃料电池的输出功率增大，同时其效率也有所提高。主要原因是随着工作温度的升高，反应气体向催化剂层的扩散速度以及质子从阳极向阴极的移动速度均有所加快，从而促进了 PEMFC 性能的提高。

4）燃料气体中杂质的影响

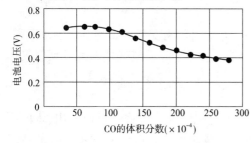

图 3-34 燃料气体中 CO 含量对燃料电池性能的影响

燃料气体中的杂质主要有 CO、CO_2、N_2 等。由于 CO 会导致催化剂 Pt 中毒，因此其含量对燃料电池性能具有显著影响，如图 3-34 所示。由图 3-34 可以看出，燃料电池单体的工作电压随 CO 体积分数的增加而明显下降。

燃料气体中的 CO_2、N_2 等气体对燃料电池性能也存在一定影响，见表 3-8。可以看出，CO_2 含量越高，对燃料电池性能的影响越大。这是因为阳极催化剂 Pt 所吸附的 H_2 与 CO_2 相互作用，引起 Pt 催化剂 CO 中毒所致。

表 3-8 燃料气体中 CO_2、N_2 对燃料电池性能的影响

燃料气体组成	纯 H_2	75% H_2，25% CO_2	75% H_2，25% N_2	98% H_2，2% CO_2
单体电池电压(V)	0.6	0.31	0.58	0.51

5）空气对燃料电池的影响

图 3-33（PEMFC 温度特性）还表示了用纯 O_2 和空气作为氧化剂时的燃料电池电压—电流曲线。可以看出，用空气作氧化剂时，燃料电池性能明显下降，并在低电流密度时出现了电压—电流线性区的偏离。这主要是因"氮障碍层效应"和空气中氧分压较低所致。

4. PEMFC 系统的水管理

1）水管理的必要性

PEMFC 工作时，质子交换膜应具有一定的含水量以保证质子的传导性。若质子交换膜含水量过低，则会导致膜脱水皱缩甚至破裂，严重阻碍质子传导，致使电池性能下降。另一方面，水含量不宜过多。若膜含水量过多，会导致阴极被水淹没，而阴极淹没是引起浓差极化的根本原因。由于 O_2 的溶解度极低，液态水膜不仅会增加 O_2 传输过程中所受阻力，同时

水还会堵塞扩散层中的孔隙,严重阻碍 O_2 传输,致使阴极 O_2 出现供应不足,浓差极化增大,从而导致 PEMFC 性能大幅下降。因此,为维持 PEMFC 内部水平衡,必须进行有效的水管理。

2) PEMFC 内部水迁移机理

PEMFC 中的水包括气态水和液态水两种,其来源主要有:阴极发生电化学反应所生成的水、反应气体所带入的水以及从阳极随质子迁移到阴极的水。反应生成的水一部分以蒸汽或冷凝水的形式由过剩的反应气从阴极气室排走,一部分通过膜传输到阳极或被膜吸收。

膜电极中的水含量主要取决于膜的水平衡,水分子在膜中迁移受四个驱动力的作用:

(1) 电渗力的拖动作用。质子从阳极向阴极迁移时,会携带部分水分子,以水合质子 $H^+(H_2O)_n$ ($n = 1 \sim 2.5$)的形式到达阴极。穿过膜的质子数越多(即电流越大),每个质子所携带的水分子越多(即电渗系数越大),则随同质子从阳极迁移到阴极的水分越多。因此,水分迁移率正比于电流密度和电渗系数。

(2) 水从阴极向阳极的反扩散作用。由于电渗作用,膜的阳极侧水将减少;由于阴极生成水及电渗作用,阴极水将增加,从而阴极侧膜表面上的水含量更高。因膜两侧水存在浓度差,水将穿过膜从阴极向阳极反扩散,扩散速率正比于浓度梯度。

(3) 由于送入 PEMFC 的 H_2 和 O_2 是经过加湿处理的,其中存在的水分会向膜扩散。

(4) 阴、阳两极间的压力梯度会造成水的渗透。

3) 影响 PEMFC 内部水平衡的主要因素

由上述水的迁移机理可以看出,凡是与电渗、扩散、水补给有关的因素均会影响水平衡,即水平衡与放电电流密度、电池工作温度、反应气体的湿化程度、反应气体温度及反应气体流量等密切相关。

(1) 放电电流密度的影响。

放电电流密度既影响水的生成量又影响电渗。由电化学反应方程式可以看出,水的生成量与放电电流呈线性关系,放电电流越大,水的产生量越大。在电流密度不太大的情况下,穿过膜的水的净流量很低,膜极易被加热的反应气吹干,出现干涸;随着电流密度的增加,水生成量增加,电渗系数减小,电池内阻增大,导致电池工作电压明显下降。

(2) 电池工作温度及反应气体温度的影响。

电池工作温度和反应气体温度会影响水在气室内的饱和蒸汽压,从而影响水的扩散和补给。温度对 PEMFC 性能具有重要影响,一般来说,高温时燃料电池的性能更为稳定。工作温度极大程度上影响着电极处电化学反应活性、膜的湿化和传热传质等。温度升高会加快膜中水分的蒸发,从而增加质子在膜中的传输阻力。对一般的膜材料而言,在湿度不变的情况下,质子传导率随温度的升高而增加。

(3) 反应气体湿化程度的影响。

反应气体的湿化程度会影响扩散和水补给。阳极气体增湿程度越大,由阳极向阴极迁移的水越多,膜阳极侧水含量越多,电流密度分布越均匀。在低电流密度下,反应气体中的水有利于电池性能的提高;但当电流密度升高后,由于阴极侧生成水,再加之从阳极电渗过来的水,极易造成阴极被水淹没。

(4) 反应气体流量的影响。

反应气体流量也是影响水平衡的主要因素之一。当反应气体以大流量进入燃料电池时,质子交换膜会被吹干,导致电池内阻大幅上升,甚至难以工作。

4）PEMFC 系统水管理的方法

PEMFC 工作时，随着放电电流密度的增加，从阴极侧反向迁移到阳极侧的水量总是小于从阳极侧迁移到阴极侧的水量，从而导致膜的阳极侧脱水，严重影响电池性能。为维持电池内部的水平衡，必须进行有效的水管理。目前所采用的水管理方法主要包括：调节反应气体的湿度、改进电池结构、优化膜电极结构、优化电池内部传导过程、改善流场分布、强化传导等。

(1) 调节反应气体的湿度。

对反应气体进行加湿处理是目前维持质子交换膜饱和状态的常用方法。为防止 PEMFC 阳极侧的膜脱水，通常设法增加阳极反应气体的湿度。但当空气作为氧化剂时，为获得反应所需 O_2 需要较大的空气流速。这种高流速的干燥空气使阴极气室的水分压较低，从阳极侧迁移到阴极的水净含量大大增加，进而导致膜的阳极侧脱水更为严重。因此，当空气作为氧化剂时，也必须对其进行加湿。目前常用的反应气体增湿方法包括外增湿法和内增湿法。

外增湿法指反应气体进入燃料电池前，先通过外部附加设备进行加湿。通常使用的外增湿技术包括升温增湿、蒸汽注射增湿、循环增湿和直接液态水注射增湿。外部增湿技术适用于低气流流量的燃料电池，对于大功率燃料电池而言，由于所需气流量大，故不能运用外部增湿技术。

内增湿法是采用渗透膜的方式对反应气体进行加湿，即膜的一侧通入热水，另一侧通入将要被加湿的气体，利用膜的阻气特性和水在膜内的浓差扩散效应来实现对气体的增湿。还有一种内增湿法是采用新型的双极板，将其置于阴、阳两极的两侧，利用反应气体的压力所构成的势能进行增湿。内增湿法能简化电堆，降低电堆的体积和质量，具有较好的实用性。

(2) 改进电池内部结构。

通过改进电池内部结构来进行增湿的技术，目前主要集中于新型结构极板的设计和 MEA 结构优化两方面。

目前新型结构极板的设计主要有两种：一种是采用多孔的碳极板来替代传统的刻有导流槽的极板。这种碳极板具有足够高的孔隙率，能保证反应气体的运输通道，使之顺利达到催化剂层。同时，由于碳极板中分布很多微孔，电化学反应生成的水能够部分存留在这些微孔内，以用于质子交换膜的增湿。碳极板除具有增湿作用外，也会对电池热交换起到一定的作用。另一种方法采用封闭式流道，反应气体靠强制气流到达催化剂层，流道中的水一部分随强制气流产生的剪切力被气体带走，另一部分渗透到 MEA 中用于膜的增湿。

MEA 制造工艺的改进是提高 PEMFC 性能的关键因素之一，通过改进电极结构和流场结构来加速水的排出，以降低阴极淹没现象的发生。一是采用较薄的膜，以使阴极侧生成的水向阳极侧的反扩散增大，防止阳极侧膜失水干涸。但膜过薄会发生反应气体的交叉扩散，从而影响电池性能。此外，由于 MEA 结构强度的问题，膜过薄还会导致电池寿命下降。二是通过改变膜的组成来改善膜内含水量，即设计自增湿膜。如 Pt-PEM 膜，其将纳米级的 Pt 微粒散布在质子交换膜中，使催化膜中漏过的 H_2 和 O_2 在膜内部生成水，以达到对膜进行加湿的目的。

5. PEMFC 系统的热管理

1）热管理的必要性

PEMFC 的系统效率约为 50%，即燃料电池对外输出的功率和排出的热量大约相等。由于 PEMFC 对温度极为敏感,且电池排热温度不高,因此对燃料电池的散热提出了更为严格的要求。燃料电池的热管理就是对电池的工作温度进行控制,有效利用及散发废热,从而维持电池内的热平衡。

燃料电池的工作温度对其性能具有显著影响。低温时,电池内各种极化增强,欧姆阻抗较大,电池性能恶化;温度升高时,欧姆阻抗降低,极化减少,有利于提高电化学反应速度和质子的迁移速度,电池性能变好。但温度过高会引起质子膜脱水干涸,电导率下降,导致电池性能变差。因此,维持燃料电池内部的热平衡,使其工作在一定的温度范围内,是非常必要且极其重要的。目前 PEMFC 普遍采用 Nafino 系列膜作为电解质,当工作温度超过 80℃时,Nafino 膜的热稳定性和质子传导性均会严重下降,因此 PEMFC 的最佳工作温度为 80℃左右。

2) PEMFC 对热管理的要求

为维持燃料电池的内部热平衡,必须进行合理散热,使其工作于最佳温度范围内;同时应控制循环水的流量,以满足散热量波动的要求;此外,还应控制冷却水的进水温度。PEMFC 对电池热管理具有如下几点要求:

(1) 控制电池的最优工作温度范围。PEMFC 电池单体电压通常为 0.60~0.75V,此时能量转化效率为 50%~60%。为维持电池组工作的稳定性,必须及时排出废热,并将温度控制在最优的工作温度范围(65~80℃)内。由于 H_2 和空气温度均低于燃料电池的最佳工作温度,因此在气体进入燃料电池前应进行预热加湿。同时还需根据燃料电池系统水平衡的要求,对气体进行冷却除湿以控制排气系统的气体温度。

(2) 均化电堆内部的温度分布。燃料电池内部的温度分布并不均匀,局部温度过高会使电池性能恶化并影响电流密度分布的均匀性,故要求电堆内部各部分的温度基本一致。为提高电堆内温度分布的均匀性,要求进、出电堆的冷却水温差小于 10℃,最好小于 5℃。

(3) 控制温度极限。对于动力系统的大部分部件和设备而言,要求工作于某个温度极限下,因此需要控制温度极限。若电堆局部温度出现不平衡,当温度高于 100℃时,质子膜会出现微孔,导致 H_2 泄漏到空气中,将发生严重的安全事故。

3) PEMFC 的排热方法

燃料电池中的热量主要有四个来源:因燃料电池的不可逆性而产生的化学反应热;因欧姆极化现象而产生的焦耳热;加湿气体带入的热量;吸收环境辐射的热量。为不因废热造成电池过热而影响电池性能,必须采取有效的散热方法及时排出废热。通常,燃料电池尾气能带走部分热量,电池外表面因自然对流也会带走部分热量。但这两种方式所带走的热量仅占废热总量的极小部分,无法满足燃料电池的散热要求。

目前 PEMFC 通常采用电堆内部带有槽道的冷却板进行排热。在选用冷却介质时,不仅要求其具有良好的传热特性,还应具有优良的材料相容性(特别是对燃料电池所使用的密封胶)和介电特性(防止泄漏后可能破坏电气性能)。水是目前普遍使用的冷却介质,为进一步提高冷却效果,低沸点的冷却介质也具有一定的竞争性。

采用水作为冷却介质时,对电堆工作温度的控制方式有两种:一是根据电池组输出功率的变化来改变冷却剂流量,从而控制温度在最优工作温度范围内;另一种是固定冷却剂的流量,即通过控制进、出电池组的冷却剂温差变化,将温度控制在最优工作温度范围内。当采用第二种方式时,应根据电池组最大输出功率时的效率,计算最大允许温差下进、出电池组的冷却剂最小流量,而选用的冷却剂流量应大于此值。为保证电池组温度分布的均匀性,要求进、出口冷却液的温差不超过10℃,最好低于5℃。

目前冷却循环系统部分的设计为:在电堆冷却液进、出口处设置温度传感器,在冷却风扇后设置水流量计。冷却液经电堆出来后经散热器冷却后再次进入电堆,并由冷却水泵提供动力。控制单元根据温度传感器和水流量计测得的信号控制冷却水泵流量和冷却风扇转速,将冷却液进口处温度和出口处温度分别控制在70℃和80℃左右,从而维持电堆内部的热平衡,使电池稳定运行。

此外,合理的冷却通道排列方式、冷却液的流动条件以及各流道中冷却液流量分配的均匀性,都会影响燃料电池冷却系统的效率。对PEMFC而言,热管理系统一定要实现与发动机冷却液温度的自动调整与控制,需合理选择并确定热管理系统的换热器、泵、传感器、控制器等硬件设备。

五、碱性燃料电池

碱性燃料电池(Alkaline Fuel Cell, AFC)是最早进入实用阶段的燃料电池之一,也是最早应用于车辆的燃料电池。目前 AFC 是技术最为成熟的燃料电池之一,其应用领域涉及航天、军事、电动汽车、发电等。

AFC 以碱性氢氧化物水溶液(如KOH、NaOH)为电解质,氢为阳极燃料,纯氧或脱除微量 CO_2 的空气作为阴极氧化剂。AFC 在燃料电极处采用多孔镍或铂、钯为催化剂,在氧电极处用多孔银或金属氧化物为催化剂。氧电极和燃料电极的外侧为石墨复合材料的多孔质夹层,供燃料或氧气在其中流动。

与 PEMFC 不同的是,AFC 在电解质内部传输的离子为 OH^-。图 3-35 所示为碱性石棉膜氢氧燃料电池单体的工作原理。燃料中的 H_2 在阳极催化剂作用下,发生氧化反应生成 H_2O 和电子;电子经外电路到达阴极,在阴极催化剂作用下参与 O_2 的还原反应,生成 OH^- 迁移到阳极。阴极和阳极的电化学反应式分别为:

阳极:$H_2 + 2OH^- \longrightarrow 2H_2O + 2e^-$

阴极:$O_2 + 2H_2O + 4e^- \longrightarrow 4OH^-$

总化学反应为:$2H_2 + O_2 \longrightarrow 2H_2O$

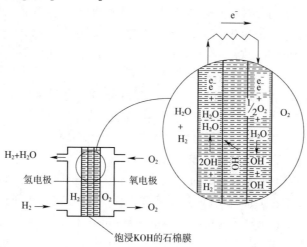

图 3-35 碱性石棉膜氢氧燃料电池单体的工作原理

AFC 最大的问题在于 CO_2 的毒化。碱性电解液对 CO_2 具有显著的化和作用,会结合生成碳酸根离子（CO_3^{2-}）。而 CO_3^{2-} 并不参与燃料电池的电化学反应，会大大降低电池性能。碳酸存在沉积并阻塞电极的可能，这一问题可利用电解液的循环得以解决。为去除空气中的 CO_2，需增加 CO_2 去除装置，这无疑会使系统成本增加，控制也更为复杂。

与其他燃料电池相比，AFC 可以运行在宽温度（70～200℃）和压力（2.2～45atm）（1atm = 101.325kp）范围内，具有起动快、功率密度高、效率高（60%～90%）、性能可靠、可用非贵金属作为催化剂等优点；同时 AFC 也有一些缺点，如碱性电解液的腐蚀泄漏问题，CO_2 毒化问题等。

六、磷酸型燃料电池

磷酸燃料电池（Phosphoric Acid Fuel Cell，PAFC）是以酸为导电电解质的酸性燃料电池，被称为继火电、水电、核电之后的第 4 种发电方式，是目前唯一商业化运行的燃料电池。

PAFC 采用液体磷酸为电解质，通常位于碳化硅基质中，以铂、多孔石墨为催化剂。当以 H_2 为燃料，O_2 为氧化剂时，PAFC 的工作原理如图 3-36 所示：H_2 在阳极发生氧化反应生成 H^+ 并释放电子，H^+ 穿过电解质层迁移到阴极，与 O^{2-} 反应生成水。阴极和阳极的电化学反应式表示如下：

阳极：$H_2 \longrightarrow 2H^+ + 2e^-$

阴极：$O_2 + 4H^+ + 4e^- \longrightarrow 2H_2O$

总化学反应为：$2H_2 + O_2 \longrightarrow 2H_2O$

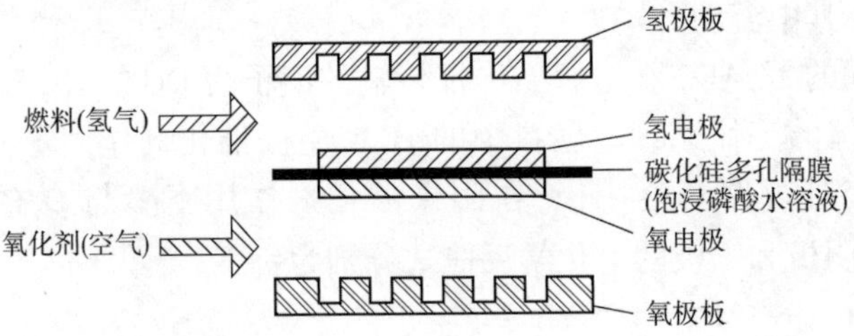

图 3-36 PAFC 的工作原理

与 PEMFC 和 AFC 不同的是，PAFC 不需以纯氢作为燃料，通常以甲醇经重整处理得到的 H_2 为燃料。PAFC 的工作温度略高于 PEMFC 和 AFC，为 150～200℃，工作压力为 0.3～0.8MPa，电池单体电压为 0.65～0.75V，发电效率为 40%～45%。PAFC 仍需以贵金属铂作为催化剂，因此成本较高。若燃料中 CO 含量过高，则催化剂铂易被毒化而失去活性，故要求气体燃料中 CO 体积分数必须小于 0.5%。

PAFC 构造简单、性能稳定、清洁、电解质挥发度较低，余热可用于电池内部加压和重整，其技术已趋于成熟，是目前使用最多的燃料电池之一。然而磷酸电解液的温度必须保持在 42℃（冰点）以上，冻结和再解冻的酸将难以激化 PAFC 电堆。为保持电堆温度高于 42℃，需要额外的设备，这将增加系统成本、体积、质量和复杂度。这些问题对 PAFC 的固定式应用而言是次要的，但对汽车应用而言则是不容忽视的。此外，PAFC 较高的运行温度（150～200℃）会导致能量的额外消耗：每次启动 PAFC 时，必须消耗部分能量来加热电池直至达到运行温度，而关闭 PAFC 时，相应的热量则被损耗。因此，体积过于笨重、较高的运行温度以及较长的预热时间，限制了 PAFC 在汽车领域的应用。目前，在交通运输领域，PAFC 仅适用于类似公共汽车这样的大型车辆。但对固定式应用而言，采用 PAFC 的发电设备已有较成功应用，容量 0.2～20MW 的发电装置可单独为医院、学校和小型电站等提供电力。

七、熔融碳酸盐燃料电池

熔融碳酸盐燃料电池(Molten Carbonated Fuel Cell, MCFC)为高温燃料电池(500~800℃),依靠熔融碳酸盐传导来传导碳酸离子(CO_3^{2-})。MCFC 通常以 Li_2CO_3 和 K_2CO_3 的混合物为电解质,燃料电极处以多孔镍为催化剂,氧电极处以氧化镍为催化剂。单体 MCFC 一般为平板型,由电极—电解质、燃料流通道、氧化剂流通道和上下隔板组成,具体结构如图 3-37 所示。

燃料电池的工作原理如图 3-38 所示,氧化剂中的 O_2 和 CO_2 在阴极与电子反应生成 CO_3^{2-},CO_3^{2-} 从阴极流向阳极并与阳极 H_2 发生反应,生成 CO_2、H_2O 和电子。电子通过外电路回到阴极,产生电流进行发电。电化学反应式为:

阳极:$H_2(a) + CO_3^{2-} \longrightarrow H_2O(a) + CO_2(a) + 2e^-(a)$

阴极:$2CO_2 + O_2(c) + 4e^-(c) \longrightarrow 2CO_3^{2-}(c)$

总化学反应为:$2H_2 + O_2 + 2CO_2(c) \longrightarrow 2H_2O + 2CO_2(a) + 2E^0 + Q^0$

式中,a、c 分别表示阳极、阴极;e^- 表示电子;E^0 表示基本发电量;Q^0 表示基本放热量。

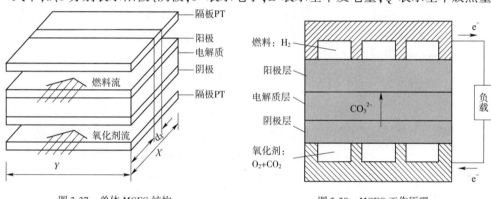

图 3-37 单体 MCFC 结构　　　　图 3-38 MCFC 工作原理

MCFC 的电极反应与其他燃料电池的主要差异在于阴极处需供给 CO_2。由于阳极反应生成 CO_2,故可从阳极回收 CO_2,而不需要额外增加外部 CO_2 供应源。因此在整个化学反应过程中,应进行 CO_2 的循环利用,从阳极排出的 CO_2 除 H_2 后要按一定比例与空气混合然后再送入阴极,这将增加电池结构和控制的复杂性。

MCFC 较高的工作温度使其可以用碳氢化合物作为燃料,利用高温分解电极处的碳氢化合物制氢,从而使燃料的选择更为多样。此外,较高的工作温度使系统的整体效率更好,MCFC 的发电率可达到 60%。如果能充分利用电池产生的余热,发电效率将进一步提高。MCFC 在催化剂的选择方面也更为灵活,可采用价格低廉的镍作为催化剂。但 MCFC 由于电解液和运行温度的本质原因,也存在诸多问题,如高温条件下材料的可选范围比较窄,碱性碳酸盐电解液在高温下具有强腐蚀性,启动缓慢等。

由于 MCFC 属高温燃料电池,需要较长时间才能达到工作温度,因此 MCFC 不适用于电动汽车。此外,因电解质的温度和腐蚀特性,MCFC 也不适于用作移动电源。但由于其技术特点和高发电效率,MCFC 适用于分散型电站和集中型电厂。

八、固体氧化物燃料电池

固体氧化物燃料电池(Solid Oxide Fuel Cell, SOFC)属于第三代燃料电池,是一种工作于中高温下的全固态化学发电装置,能够将存储在燃料和氧化剂中的化学能高效、清洁地转化为电能。

SOFC 使用固体离子导体作为电解质,而非溶液或聚合物,这样可减少腐蚀问题。通常工业制备 SOFC 中所使用的固体电解质为钇稳定化的二氧化锆(YSZ),传导的离子为 O^{2-}。

SOFC 的工作原理如图 3-39 所示。阴极氧化剂发生电还原反应,氧分子得到电子被还原为氧离子;阳极燃料发生电氧化反应,氢与经电解质传过来的氧离子进行氧化反应生成水,同时向外电路释放电子,电子流经外电路到达阴极并形成电流。电化学反应式为:

阴极:$O_2 + 4e^- \longrightarrow 2O^{2-}$

以 H_2 为燃料时,阳极反应式:$H_2 + O^{2-} \longrightarrow H_2O + 2e^-$

总化学反应为:$2H_2 + O_2 \longrightarrow 2H_2O$

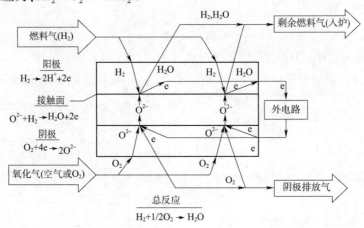

图 3-39 SOFC 的工作原理

此处应注意,SOFC 的水是在燃料电极处生成。SOFC 的最大优点是使用静态电解质,电池工作过程中,不存在电解质的迁移。此外,SOFC 不存在 CO 中毒问题,因为 CO 在电极处会发生反应转化为 CO_2。

$$CO + O^{2-} \longrightarrow CO_2 + 2e^-$$

SOFC 的工作温度为 600~1000℃,高温下电极反应速度快,不需要以贵金属作为催化剂;高温下可对燃料进行重整,对燃料的适应性较强,能够以煤、天然气、石油等作为燃料。由于 SOFC 为全固态发电装置,不存在电解质蒸发、泄漏、流失等问题,也不存在因电解质而引起的电极材料腐蚀问题,因此 SOFC 具有较长的工作寿命,目前 SOFC 可连续工作70000h。此外,SOFC 发电效率高、能量转化率高、排放低、噪声低。但是,由于固体氧化物为陶瓷材料,不仅制取工艺复杂,还存在质脆易裂的缺点。同时,由于 SOFC 的工作温度高,预热时间长,故难以用于驱动车辆,主要适用于电厂发电。

九、直接甲醇燃料电池

直接甲醇燃料电池(Direct Methanol Fuel Cell,DMFC)是研究车用甲醇燃料和改进燃料电池供氢方式的共同成果。DMFC 与 PEMFC 类似,使用聚合物薄膜作为电解质。不同的是,DMFC 以水溶液和甲醇蒸气作为阳极燃料,不需要重整器对甲醇进行重整制氢。

DMFC 主要由阳极、阴极和电解质膜组成。阳极和阴极分别由多孔结构的扩散层和催化剂层组成,采用铂作为催化剂。DMFC 的工作原理如图 3-40 所示。甲醇和水的混合物送至 DMFC 的阳极,在阳极处甲醇直接发生氧化反应生成 CO_2,同时释放质子和电子。阴极氧气发生还原反应,与阳极产生的质子以及外电路传来的电子结合生成水。阴极和阳极的反应式分别为:

阳极:$CH_3OH + H_2O \longrightarrow CO_2 + 6H^+ + 6e^-$

阴极:$3/2 O_2 + 6H^+ + 6e^- \longrightarrow 3H_2O$

总反应:$CH_3OH + 3/2 O_2 \longrightarrow CO_2 + 3H_2O$

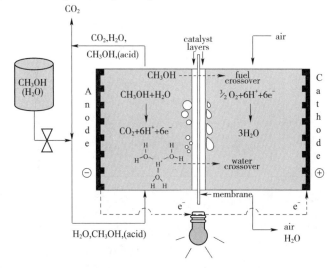

图 3-40 DMFC 的工作原理

DMFC 直接从液体甲醇中提取 H_2,不需要燃料重整器,使系统质量更轻,体积更小。与 PEMFC 相比,DMFC 的结构更简单,操作更方便。DMFC 可应用于小功率领域,如笔记本计算机、便携式电子产品等。但 DMFC 也存在一些问题,主要有:与氢相比,甲醇的电化学活性较低,导致电池电压和效率降低,DMFC 的效率只有 40%,运行温度为 50~100℃;DMFC 比 PEMFC 需要更多的铂催化剂;由于甲醇易溶于水,容易穿过被水浸透的薄膜,在阴极侧容易引起腐蚀。

表 3-9 对比了六种不同电解质燃料电池的主要性能。

六种燃料电池的性能比较 表 3-9

电池类型	PEMFC	AFC	PAFC	MCFC	SOFC	DMFC
电解质	固态高分子膜	碱溶液	液态磷酸	融融碳酸盐	固体二氧化锆	固态高分子膜
燃料	H_2	H_2	H_2	天然气、甲醇、汽油等	石油、煤、天然气等	CH_3OH
氧化剂	空气或 O_2	O_2	空气	空气	空气	空气或 O_2
导电离子	H^+	OH^-	H^+	CO_3^{2-}	O^{2-}	H^+
电极材料	C	C	C	Ni-M	Ni-YSZ	C
催化剂	Pt	Pt、Ni	Pt	Ni	Ni	Pt
腐蚀性	中	中	强	强	无	中
工作温度(℃)	室温~80	70~200	150~200	600~700	600~1000	50~100
工作压力(MPa)	<1.5	<0.5	0.3~0.8	<1.0	常压	<1.5
起动时间	几分钟	几分钟	2~4h	>10h	>10h	几分钟

续上表

电池类型	PEMFC	AFC	PAFC	MCFC	SOFC	DMFC
寿命(h)	5000	10000	15000	15000	70000	100000
系统效率(%)	45~50	60~90	40~45	45~60	50~65	>60
优点	空气作为氧化剂,起动快,效率高,工作温度低	起动快,效率高,可在常温常压下工作	对CO_2不敏感,成本相对较低	可用空气作为氧化剂,天然气或甲烷作为燃料,无需以贵金属作为催化剂		比功率高,运行灵活,无腐蚀
缺点	对CO敏感,反应物需要加湿,成本高	需要纯氧作氧化剂,成本高,有腐蚀	对CO不敏感,起动慢,工作温度较高	工作温度高,控制复杂		Pt催化剂需求多,效率低
应用领域	航天,军事,电动汽车	航天,军事	中小电厂	大型发电厂		航天、军事、汽车、固定式用途

十、燃料的供应

对燃料电池电动汽车而言,将燃料供给给车载燃料电池是其面临的主要问题,而燃料的存储和运输也是燃料电池发展的关键技术。目前向燃料电池供应燃料的途径主要有两种:一是在地面供应站生产氢气,在车上储存纯氢,即车载储氢;二是从易于含氢的承载装置中产生氢,并直接供给燃料电池,即重整制氢。

1. 储氢

储氢方式的选择,对以燃料电池为动力源的电动汽车和混合动力汽车的基础设施建设具有关键作用。标准大气压下,氢气的能量密度相当低,并不适合直接存储。目前主要有三种储氢方法:高压储氢、液态储氢和储氢材料储氢。

1)高压储氢

长期以来,气体一直以压缩的方式进行存储,这通常需要几百个标准大气压的压力,要求贮气罐具有很高的强度。汽车贮氢罐通常由复合材料制成,如碳纤维材料。因此,压缩贮氢罐的成本可能会较高。此外,气体需要在高压下压缩到可存储的状态,这一过程存在很高的能量消耗。

压缩氢具有一定的危险性。氢在空气中具有从4%~77%的宽爆炸范围,并且能迅速地与空气混合。因此,必须考虑车载压缩氢的安全性,要保证贮氢罐具有良好的密封性。车载压缩氢技术至今仍是电动汽车领域一个非常复杂的问题。

2)液态储氢

当温度低于-253℃时,氢气能够以液态的形式存在。存储液氢具有相对较高的体积能量密度。常温、常压下液氢的密度为气态氢的845倍,体积能量密度比压缩存储高好几倍。与同一体积的压缩储氢容器相比,液氢的储氢质量大幅提高,可达10%以上。尽管如此,液态氢的存储密度仍然很低,1L氢仅重71×10^{-3}kg。低密度导致每升液氢所具有的能量值约为8.52×10^6J。

为使氢气液化,温度必须达到-253℃,因此必须考虑液态贮氢罐的隔热问题。要求贮氢罐深度绝热,以使由周围空气到低温液体的传热量最小。另外,氢气汽化时会吸收大量的热,故液态储氢系统还需设置热交换和压力调节系统。

若仅从质量和体积两方面考虑,液态储氢是一种理想的氢气存储方式。但氢气液化需要消耗大量的能量,增加了储氢和用氢的成本。此外,存储液氢需使用超低温的特殊容器,因而存储成本较高,安全技术也比较复杂。

3) 储氢材料储氢

储氢材料储氢是一种先进的储氢方法,将氢气压缩到一个较低的压力水平(几个或几十个标准大气压),然后放到填满可吸收和释放氢气的特殊材料的容器中。储氢材料包括金属氢化物、碳纳米管等。

某些金属能够与氢结合形成稳定的化合物,即金属氢化物。在特定温度和压力条件下,金属氢化物能够释放氢气。目前储氢合金大致可分为钛系储氢合金、锆系储氢合金、铁系储氢合金和稀土储氢合金。

储氢金属及其合金为 Mg、Mg_2Ni、$FeTi$ 和 $LaNi_5$,这些金属及其合金吸收氢,构成 $Mg-H_2$、Mg_2Ni-H_4、$FeTi-H_2$ 和 $LaNi_5-H_6$。理论上,储氢金属及其合金比纯氢具有更高的储氢密度,但实际上,储氢容量与材料吸收氢原子的表面积密切相关。可将储氢金属或其合金精细研磨成粉末制成微小多孔组件,以在单位质量上获得较大的表面积。

充满氢气时,金属氢化物中所包含的氢原子数量可达到等体积液态氢中氢原子数量的 2 倍。因此,使用金属氢化物储氢降低了对存储体积和压力的要求。但金属氢化物储氢导致系统质量增大。表 3-10 列出了一些金属氢化物的储氢能力。

部分金属氢化物的储氢能力　　表 3-10

储氢介质	氢原子密度(个/cm^3)	相对体积储氢密度	含氢质量比(%)
标态下的氢气	0.0054×10^{22}	1	100
15MPa 氢气	0.81×10^{22}	150	100
-253℃ 液氢	4.2×10^{22}	778	100
$LaNi_5-H_6$	6.2×10^{22}	1148	1.37
$FeTi-H_2$	5.7×10^{22}	1056	1.85
Mg_2Ni-H_4	5.6×10^{22}	1037	3.6
$Mg-H_2$	6.6×10^{22}	1222	7.65

基于碳纳米管的储氢方式是近年来出现的新型储氢方法,其应用发展前景十分乐观。碳纳米管具有独特的晶格排列结构,材料尺寸非常细小,具有较大的理论比表面积。

碳纳米管具有一些带有斜口形状的层板,层间距为 0.337nm,而氢分子的动力学直径为 0.289nm,所以碳纳米管能够吸附氢气。同时,碳纳米管中含有许多尺寸均一的微孔,当氢到达材料表面时,除被吸附在材料表面上,还因毛细力的作用而被压缩到微孔中,由气态变为固态。因此,碳纳米管能通过吸附而存储相当多的氢。另外,由于层板间氢的结合不牢固,降低压力时可通过膨胀来释放氢气。氢气释放速度快,可直接获得氢气,使用方便。

尽管碳纳米管具有较高的储氢能力,但将其作为商业化的储氢材料还有一段距离,主要原因是批量生产碳纳米管的技术尚未成熟且价格昂贵,在储氢机理、结构控制和化学改性等方面还需进一步深入研究。表3-11对三种储氢技术进行了比较。

三种储氢技术的比较　　　　　　　　　表3-11

项　　目		高压储氢	液态储氢	储氢材料储氢	
				Ti系储氢合金	碳纳米管
安全性		低	低	较高	
能源综合利用率		低	较低	高	
储氢能力	单位质量储氢量(%)	—	—	2	4
	单位体积储氢量(kg/cm³)	31.5	71	61	160
能量密度	单位质量能量密度(kW·h/kg)	—	—	0.79	5.53
	单位体积能量密度(kW·h/L)	1.24	2.8	2.4	6.32
优点		简单、方便、成本低	储运效率高、装置质量轻、体积小、储氢压力低	安全性好、运输方便、操作较简单	
缺点		空间有限，须使用耐高压容器，储氢压力过大，安全性低，充氢操作负责，成本高	氢气液化须消耗大量能源，必须使用耐超低温的特殊容器，存在安全问题，充氢系统负责	成本相对较高，受制于材料的储氢性能、储氢器的结构以及储氢系统的整体设计	
应用		多	少	少	

2. 重整制氢

目前，大部分氢由碳氢化合物燃料通过重整生成，即通过使用重整器，使燃料的能量从碳—氢键转化为氢气。重整器可使用多种燃料，如天然气、汽油、柴油等烃类燃料及甲醇、酒精等醇类燃料。目前，主要有三种重整技术：蒸汽重整(SR)、部分氧化重整(POX)和自动供热重整(ATR)。蒸汽重整可用于甲醇、甲烷或汽油的重整制氢，而自动供热重整和部分氧化重整则一般用于汽油的重整制氢。蒸汽重整是目前使用最为广泛的重整制氢技术。

1) 蒸汽重整

蒸汽重整是一个化学过程，其中氢由碳氢化合物燃料与高温水蒸气之间的化学反应生成。以甲烷(CH_4)、甲醇(CH_3OH)和汽油(异辛烷C_8H_{18})为燃料时，其重整化学方程式分别表示如下：

$$CH_4 + 2H_2O \longrightarrow 4H_2 + CO_2$$

$$CH_3OH + H_2O \longrightarrow 3H_2 + CO_2$$

$$C_8H_{18} + 16H_2O \longrightarrow 25H_2 + 8CO_2$$

上述反应为吸热反应，需要燃烧若干燃料以提供动力。此外，反应过程中会生成部分CO，这将毒化PEMFC、AFC和PAFC的电解质。可通过水煤气将CO转化为氢和CO_2，反应方程式为：

$$CO + H_2O \longrightarrow H_2 + CO_2$$

蒸汽重整中建议使用甲醇燃料。这是因为甲醇不需要水煤气的转化反应,且工作温度低(250℃),氢气产量较高。但其主要缺点是甲醇中的杂质会使催化剂中毒,且由于反应为吸热反应,需外部增设热输入设施。

2)部分氧化重整

部分氧化重整将燃料与氧结合制氢,同时生成 CO。CO 进而与水蒸气反应生成氢和 CO_2。部分氧化重整通常以汽油(异辛烷 C_8H_{18})为燃料,反应方程式为:

$$C_8H_{18} + 4O_2 \longrightarrow 8CO + 9H_2$$
$$CO + H_2O \longrightarrow H_2 + CO_2$$

部分氧化重整是强烈的放热反应,工作温度为 800~1000℃。虽然产氢率比蒸汽重整方法低,但其具有结构紧凑、成本低、起动时间短、瞬态响应速度快、对燃料适应性强等优点,因此具有更好的潜力。

部分氧化重整若采用无催化系统,则会有炭烟和其他副产物生成;若采用有催化系统,则局部高温会损伤催化剂,故反应过程中的稳定性控制是部分氧化重整的主要问题。部分氧化重整最好使用纯氧,但会增加成本;也可使用燃料气体与空气混合,但需对反应产物进行净化,其成本也较高。

3)自动供热重整

自动供热重整将燃料与水蒸气结合,从而使部分氧化重整所释放的热量与蒸汽重整所吸收的热量相平衡,其化学方程式为:

$$C_8H_{18} + nO_2 + (8-2n)H_2O \longrightarrow 8CO + (17-2n)H_2$$

CO 可通过与水煤气反应进而转化为氢气和 CO_2。

相比于蒸汽重整,自动供热重整的结构更为简单,无需庞大的换热装置,制造成本低,对燃料的要求也降低,可使用醇类和重烃类的液体燃料;相比于部分氧化重整,自动供热重整的吸热量和放热量能够相互平衡,使系统效率得以提高。但自动供热重整需调节氧气、水蒸气和燃料之间的比例,控制相对困难,且重整过程中产生积炭现象会损伤催化剂。

第六节　电动汽车的其他储能装置

一、飞轮储能装置

飞轮储能装置采用物理方法实现能量的存储,用旋转的轮状转子或用复合材料制成的圆盘来存储动能。飞轮在汽车上已有很长的应用历史,在所有内燃机上,飞轮用来存储能量,以缓冲发动机动力传递过程中的瞬时冲击。目前,飞轮作为动力辅助装置可应用于混合动力汽车上。另外,飞轮可代替化学电池作为电动汽车的主能量源,或者与动力电池共同使用。

典型的飞轮储能装置主要包括飞轮转子、支撑轴承、电动机/发电机、电力变换器及真空室等,其结构如图 3-41 所示。其中,电动机/发电机的转子与飞轮同轴。飞轮储能装置与电池类似,也要经过充/放电来存储和释放能量。充电时,电力变换器从外部接收电能,电动机/发电机以电动机模式工作,带动飞轮转子旋转并储存动能,实现电能到机械能的转换;放电时,飞轮带动电动机/发电机的转子,此时电动机/发电机以发电机模式工作,并通过电力变换器向外输出电能,实现机械能到电能的转换。

飞轮转子是飞轮储能装置的核心部件,其旋转动能表示为:

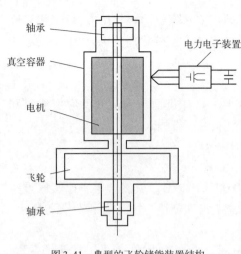

图3-41 典型的飞轮储能装置结构

$$E = \frac{1}{2}J\omega^2 \tag{3-21}$$

式中：J——飞轮转子的转动惯量；
ω——飞轮转子角转速。

飞轮储能装置的设计目标是最大限度地提高所存储的能量。由于转子转动惯量与其质量成正比，因此在不增加转动惯量的前提下，储能量与转子角转速的二次方成正比。但提高角速度必然导致离心力增大，可能出现离心力超过材料的强度极限。因此，为保证飞轮储能装置的安全性，要求离心力不能超过所给定安全因数的极限应力。通常用单位质量存储的能量（即比能量）来衡量飞轮的储能性能，其表达式如下：

$$e = \frac{E}{m} = \frac{k_s k_m}{R^2} \cdot \frac{\sigma_b}{\rho} \tag{3-22}$$

式中：m——飞轮质量；
k_s——飞轮的形状系数；
k_m——飞轮的材料利用系数；
R——飞轮外径；
σ_b——飞轮材料的许用应力；
ρ——材料密度。

对于结构和形状一定的飞轮，其比能量正比于材料的比强度σ_b/ρ。因此，飞轮所使用的材料必须具有密度小、抗拉强度高的特点，而复合碳纤维材料很好地满足了这些要求。使用复合碳纤维材料制成的飞轮不仅密度小、强度高，且资源丰富、性价比高、破坏力小。但利用复合碳纤维材料制作飞轮的缠绕加工工艺复杂、成本高，所以在转速不高时也可选用金属材料作为飞轮材料。

为降低飞轮高速运转过程中的风阻损失，需要将飞轮封闭在真空室内。但在真空条件下，无法对轴承进行液体润滑，会约束轴承的使用条件。一般在中低转速的飞轮储能装置中使用机械轴承，包括滚动轴承、滑动轴承、陶瓷轴承、挤压油膜阻尼轴承等；在高转速的飞轮储能装置中使用磁性轴承。此外，飞轮储能装置需要安装安全罩，以避免突如其来的危险，如能量的突然释放或材料的突然失效。但安全罩又成为飞轮储能装置最大的额外质量，会对其储能量和成本产生一定影响。

与化学电池相比，飞轮储能装置的最大特点是高比功率。理论上来讲，飞轮的比功率可达到5~10kW/kg，在不超过安全应力的条件下，其比功率达到2kW/kg，约为化学电池的10倍。飞轮工作时不受环境温度的限制，不发生有毒的化学过程，也不涉及污染物的排放问题，因此飞轮储能具有很好的环境友好性。飞轮储能的能量转换效率高，可达90%以上，而化学电池的能量转化效率为75%~80%。此外，飞轮使用寿命长，不受重复深度放电的影响，可循环几百万次运行，使用寿命是电池的数倍。飞轮所充的电量仅为电池所需充电量的一小部分，且飞轮充电迅速，充电时间可少于10min。飞轮可在很短的时间内吸收或释放很多的能量，有助于车辆的再生制动。

二、超级电容

超级电容(Supercapacitors)又称电化学电容,双层电容器或 Ultracapacitors,能够将能量存储在双层电化学电场中,是一种介于蓄电池和传统静电电容器之间的新型能量存储装置。超级电容的典型特征是高比功率,但比能量却比蓄电池低很多。超级电容是一种电化学装置,储能过程中并不发生化学反应,且储能过程是可逆的。

1. 超级电容的基本原理

为更好地理解超级电容器的工作原理,首先对传统电容器进行简单介绍。电容器是一种通过分离等量正负电荷来实现能量存储的设备,其基本结构包括两个电极板以及极板之间的电介质。电介质在电场作用下被极化,正、负电荷分别位于两极板上,电容可表示为:

$$C = \frac{\varepsilon A}{\pi d \times 3.6 \times 10^{-6}} \tag{3-23}$$

式中:A——极板面积;
d——介质厚度;
ε——相对介电常数。

所存储的能量为:

$$E = \frac{1}{2} C (\Delta V)^2 \tag{3-24}$$

式中:ΔV——极板间的电压降。

由式(3-23)和式(3-24)可以看出,可通过增加极板面积 A 或减小介质厚度 d 来增大电容器存储的电量。传统电容器通过卷制较长的由介质膜隔离的金属薄板来提高电容。超级电容虽然与传统电容一样用静电电荷存储能量,但其结构和工作方式却完全不同于传统电容。超级电容使用的电解质能够使静电电荷以离子的形式进行存储,电容器内部不发生离子或电子的转移,而是通过电荷分离实现能量存储,因此超级电容内部不发生任何电化学反应。

另一方面,为提高电容,可使用多孔材料电极以增加极板表面积。超级电容使用多孔炭电极,极板由非常小的粉末微粒制成,从而形成具有很大表面积的多孔糊状结构,其表面积可达 $2000\text{m}^2/\text{g}$。将糊状碳基(carbon mush, carbon matrix)浸在电解质中,通过间距非常小但表面积很大的有效电荷分离器即形成具有很高电容量的双电层(electric double layer, EDL)。图 3-42 所示为双电层电容器结构,其中多孔碳电极与收集电荷的金属板相连接,每个碳基板相当于一个电容器,因此每个超级电容本质上相当于两个电容器串联。绝缘的离子导电膜将正、负电极隔开,该膜又称分离器,具有存储和固定液体电解液的作用。

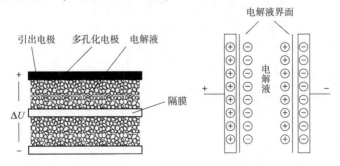

图 3-42 双电层电容器结构

图 3-43 详细描述了多孔双电层结构。按照碳电极的孔隙尺寸,可将其分为宏孔、中孔和微孔。微孔直径是离子的 1.5~2 倍,只允许单个完整的离子进入孔内。亚微孔是比微孔直径还小的孔,其直径小于 1nm,离子无法进入到亚微孔中。离子主要在中孔和宏孔中聚积形成极板,并在电解质内形成电场。电容器充电时,电解质会慢慢消耗离子,充电速率逐渐变慢。

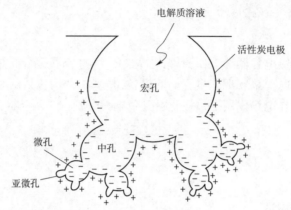

图 3-43 多孔双电层结构

2. 超级电容的特征

1)超级电容器的优点

(1)高功率密度,一般为蓄电池的数 10 倍。

(2)循环寿命长。至少可充电 10 万次以上,没有"记忆效应"。

(3)充电速度快。可用大电流充电,充电 10s~10min 即可达到额定容量的 95% 以上。

(4)工作温度范围宽。能够在 -40~60℃ 范围内稳定工作。

(5)简单方便。充放电线路简单,安全系数高,长期使用免维护,检测方便,剩余电量可直接读出。

(6)绿色环保。超级电容在生产过程中不使用重金属和气体有害物质,在生产、使用、存储、拆解过程中没有污染。

2)超级电容器的缺点

(1)线性放电。

(2)能量密度低。超级电容可存储的能量密度比化学电池低很多。

(3)低电压。超级电容器的单体电压低,需要将多个电容串联使用。

(4)高自放电。超级电容的自放电率比化学电池高。

表 3-12 列出了一些超级电容供应商及其生产的超级电容产品规格、比功率、比能量等。

表 3-12 超级电容器的技术规格

生产商	电压 (V)	电容 (F)	电阻 (mΩ)	比能量 (W·h/kg)	比功率(W/kg) 效率 95%	质量 (kg)
Skeltech (仅生产单体电池)	2.3	615	0.50	3.9	3500	0.085
Saft	2.7	3500	1	4.1	336	0.65
Maxwell-Montena	2.5	2700	0.32	2.55	784	0.70

续上表

生 产 商	电压 (V)	电容 (F)	电阻 (mΩ)	比能量 (W·h/kg)	比功率(W/kg) 效率95%	质量 (kg)
Ness	2.7	4615	0.28	3.70	846	0.86
Panasonic	2.5	2500	0.43	3.70	1035	0.39
Okamuta/Honda	2.7	1350	1.5	4.9	650	0.21
Electronia Concepts	2.3	2000	3	3.1	178	0.47
ESMA	1.3	10000	0.275	1.1	156	0.55

3. 超级电容的应用

超级电容因其优异的特性在各个领域具有广泛的应用,如作为太阳能、风能发电系统中的永久性储能装置。此外,超级电容在电动汽车、混合动力汽车领域也具有潜在的发展优势。超级电容作为主要的能量存储系统,多作为汽车加速或爬坡时的功率辅助装置,以及在车辆制动时进行能量回收。在微混混合动力汽车上,超级电容常与集成起动机、发电机一起,作为低能缓冲装置,实现高功率回收。在混合动力电动汽车上,超级电容常作为二次能量存储系统,向电化学电池提供功率以平衡负载,从而减小电池尺寸。超级电容也可用来提供短时功率,如驱动助力转向系统和空调压缩机等。

图3-44a)所示为超级电容电动客车,超级电容整体放置在车辆下方,如图3-44b)所示。超级电容电动汽车具有较强的起步能力,满载时最高车速可达50km/h。车辆行驶时只依靠超级电容提供能量,车辆进站上下乘客时30s即可充满电,一次充电可行驶3.5~8km。超级电容电动客车每千米实际耗电0.88W·h,比普通无轨电车节能60%,每百千米收益比普通电车提高70%,经济效益大大高于传统燃油汽车。此外,超级电容不会像蓄电池那样对环境造成污染,超级电容电动客车也因此成为新型能源客车,具有更为广阔的市场前景。

a)超级电容电动客车

b)超级电容的布置

图3-44 超级电容电动客车

三、钠硫电池

钠与锂相似,具有较高的电化学还原电位(2.71V)和较低的原子质量数(23),适合作为电池的负极材料。钠硫电池以熔融金属钠作为负极活性物质,以硫和多硫化钠熔盐作为正极活性物质。由于钠及其固态聚合物具有较高的活性,因此所选用的电解质不能含水。钠硫电池采用三氧化二铝(Al_2O_3)和少量氧化钠(Na_2O)形成的固态陶瓷作为电解质,工作温度为300~350℃。

钠硫电池放电时,负极的钠在陶瓷固态电解质界面被氧化为Na^+,Na^+通过固态电解质迁移到正极,与S发生反应生成Na_2S。充电时,Na_2S分解,Na^+迁回到负极并还原为Na,分解出的S保留在正极。钠硫电池正、负极的电化学反应式如下:

负极:$Na \rightleftharpoons Na^+ + e$

正极:$S + 2e \rightleftharpoons S^{2-}$

总反应:$2Na + S \rightleftharpoons Na_2S$

钠硫电池具有众多优点,如具有高比能量,理论比能量为760W·h/kg,实际已大于1000W·h/kg,是铅酸蓄电池的3~4倍;钠硫电池的单体电压较高,为2.0V左右;钠硫电池可大电流、高功率放电,使用性能好,放电电流密度可达200~300mA/cm²,瞬时可放出自身3倍的固有能量;充放电效率高,几乎可以达到100%;相比于采用液态电解质的二次电池,由于钠硫电池采用固体电解质,因此不存在自放电和副反应。

钠硫电池除具有以上优点外,在实际使用中也存在一些局限性,如钠硫电池的工作温度为300~350℃,所以电池工作时需要一定的加热保温措施,需采用高性能的真空绝热保温技术。钠硫电池的另一个弊端是缺乏有效的预防过充电的机制。此外,钠与硫的化学反应为放热反应,发生交通事故时钠硫电池还有爆炸的危险。因此,钠硫电池的安全性也是需要关注的问题。

四、锌空气电池

锌空气电池又称锌氧电池,是金属空气电池的一种。锌空气电池以金属锌作为负极活性物质,以空气中的氧或纯氧作为正极活性物质,多孔活性炭作为正极,氢氧化钾溶液作为电解质,铂或其他材料作为催化剂。锌空气电池是一种半蓄电池半燃料电池:首先,负极活性物质锌同锌锰电池、铅酸蓄电池一样封装在电池内部,具有蓄电池的特点;其次,正极活性物质来源于空气或纯氧,具有燃料电池的特点。

锌空气电池放电时,负极锌失去电子,与碱性电解液中的OH^-反应,最终生成ZnO;负极失去的电子沿外电路到达正极,O_2在多孔碳正极扩散并与电解质接触,在催化剂作用下与水发生反应,生成OH^-。锌空气电池正、负极的电化学反应分别为:

负极:$Zn + 2OH^- \longrightarrow Zn(OH)_4^{2-} + H_2O + 2e^-$

$Zn(OH)_4^{2-} \longrightarrow ZnO + 2OH^- + H_2O$

正极:$O_2 + 2H_2O + 4e^- \longrightarrow 4OH^-$

总反应:$2Zn + O_2 \longrightarrow 2ZnO$

锌空气电池一般采取更换锌电极的方法进行"机械式充电",即电池放电后,将使用过的负极锌板去除,更换新的锌电极,或者将整个电池完全更换。该更换过程几分钟即可完成,"充电"时间极短,非常方便。放电完毕的锌电极和氢氧化钾电解液可经回收处理后循环利用。

锌空气电池的典型特征是高比能量。这主要是由于正极活性物质来源于电池外部,不占用电池的内部空间,因此在相同体积、相同质量的情况下,锌空气电池可以装入更多的负极活性物质锌,从而使锌空气电池比普通蓄电池具有更高的比能量。锌空气电池的理论比能量是1350W·h/kg,目前比能量已达到了230W·h/kg,几乎是铅酸蓄电池的8倍。表3-13对比了几种常见电池的比能量。

几种常见电池的比能量　　　　　　　表 3-13

电池类型	比能量(W·h/kg)	能量密度(W·h/L)
铅酸蓄电池	35	79
镍氢蓄电池	50	160
镍镉电池	35	80
锂离子蓄电池	90	200
锌空气电池	340	1050

除具有高比能量外,锌空气电池还具有如下优点:适应性强,能在 -20~80℃较宽的温度范围内工作,且允许深度放电;由于正极活性物质为 O_2,负极活性物质为锌,且锌来源丰富,因此锌空气电池价格低廉;锌空气电池属于储备型电池,存储期间将电池密封,使电池空气孔与外界空气隔离,因此电池容量损失极小,年损失率低于 2%,存储时间长;锌空气电池安全可靠,无腐蚀、无污染,是一种绿色能源。

另一方面,锌电极在电解还原过程中比较耗能,每吨氧化锌还原为锌需要消耗 2500kW·h,这会导致使用锌空气电池的电动汽车成本较高。现在试验电池的电荷容量仅为铅酸蓄电池的 5 倍。但 8 倍于铅酸蓄电池的比能量已引起了广泛关注,美国、墨西哥、新加坡及一些欧洲国家都已在邮政车、公共汽车、摩托车上试用锌空气电池,如德国梅赛德斯奔驰公司生产的邮政货车就搭载了锌空气电池。测试得出其比能量为 200W·h/kg,但比功率并不突出,80% DOD 时的比功率为 100W/kg。以现在的技术水平,锌空气电池一次充电后的续驶里程可达 300~600km。

五、太阳能电池

由于全球能源日趋紧张,而太阳能电池作为新型能源,能够很好地解决人类社会的能源需求问题,因此得到了大力开发。太阳能电池利用太阳光和材料的相互作用直接产生电能,是对环境友好的无污染可再生能源。

太阳能电池的发电原理是爱因斯坦提出的光电效应,即黑体(太阳)辐射出不同波长(频率)的电磁波,如红外线、紫外线、可见光等。当这些射线照射在不同导体或半导体上,光子与导体或半导体中的自由电子相互作用产生电流。射线的波长越短,频率越高,所具有的能量就越高,如紫外线具有的能量远高于红外线。但并非所有波长射线的能量都能转化为电能,只有频率达到或超过可产生光电效应的阈值时,才能产生电流。如为使晶体硅发生光电效应,要求太阳光波长为 0.4~1.1μm。

太阳能电池是一种基于半导体的光生伏特效应而进行能量转换的光电元件。在晶体中,电子数目与核电荷数相等,因此 P 型硅和 N 型硅均呈电中性。将 P 型材料和 N 型材料相接时,在 N 型和 P 型材料之间形成界面,即 PN 结。当太阳光或其他光照射半导体 PN 结时,会在 PN 结两端出现电压,称为光生电压。当光照射到 PN 结上时,光能将硅原子中的电子激发出来,产生电子—空穴对,在半导体内部 PN 结附近生成的载流子没有被复合而到达空间电荷区。受内部电场的吸引作用,电子流入 N 区,空穴流入 P 区。其结果是 N 区储存了过剩的电子,P 区存有过剩的空穴,从而在 PN 结附近形成与势垒方向相反的光生电场。光生电场除部分抵消势垒电场外,还使 P 区带正电,N 区带负电,进而在 N 区和 P 区之间的薄层上产生电动势,这就是光生伏特效应。

对不同材料的太阳能电池,尽管光谱响应的范围不同,但光电转换的原理是一致的。在如图3-45所示的硅太阳能电池的发电原理中,在PN结电场的作用下,N区的空穴向P区运动,P区的电子向N区运动,最终在太阳能电池的受光面(上表面)积累大量负电荷(电子),在电池背光面(下表面)积累大量正电荷(空穴)。如果在电池的上、下表面引出金属电极,同时用导线连接负载,则负载上会有电流通过。

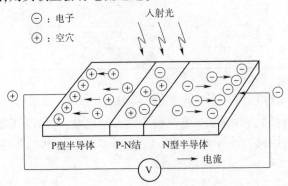

图3-45 硅太阳能电池的发电原理

能产生光生伏特效应的材料有多种,如单晶硅、多晶硅、非晶硅、砷化镓,铜铟硒等。单晶硅太阳能电池转换效率最高,技术也最为成熟。实验室环境下的最高转换效率达24.7%,规模生产时的效率为15%~17%,在大规模应用和工业生产中占据主导地位。但单晶硅成本价格高,大幅度降低成本很困难。为了节省硅材料,发展了多晶硅薄膜和非晶硅薄膜来作为单晶硅太阳能电池的替代产品。

与单晶硅相比,多晶硅薄膜太阳能电池成本低廉,而效率高于非晶硅薄膜电池。实验室条件下的最高转换效率为18%,工业规模生产时的转换效率为12%~14%。因此,多晶硅薄膜电池未来会在太阳能电池市场上占据主导地位。

非晶硅薄膜太阳能电池成本低、质量轻,能量转换效率较高,便于大规模生产,具有极大的潜力。但受制于其材料所引发的光电效率衰退问题,非晶硅薄膜太阳能电池的稳定性较差,直接影响了其实际应用。如果能进一步解决稳定性问题及转换效率问题,那么,非晶硅太阳能电池无疑将成为太阳能电池的主要发展产品之一。

硫化镉、碲化镉多晶薄膜电池的效率高于非晶硅薄膜太阳能电池,成本低于单晶硅电池,且易于大规模生产。但由于镉有剧毒,会对环境造成严重污染。因此,硫化镉、碲化镉多晶薄膜电池并不是晶体硅太阳能电池最理想的替代产品。

砷化镓(GaAs)化合物材料具有十分理想的光学带隙以及较高的吸收效率,抗辐照能力强,对热不敏感,适合于制造高效单结电池,转换效率可达28%。但GaAs材料的价格不菲,因而在很大程度上限制了GaAs太阳能电池的普及。

铜铟硒薄膜电池(简称CIS)适合光电转换,不存在光衰退问题,具有和多晶硅相似的转换效率。此外,CIS电池还具有价格低廉、性能良好和工艺简单等优点,成为今后太阳能电池发展的一个重要方向。但铟和硒都是稀有元素,也在一定程度上限制了CIS电池的发展。

纳米TiO_2晶体化学能太阳能电池是新近的发展成果,其优点是成本低廉、工艺简单、稳定性好。光电效率稳定在10%以上,制作成本仅为硅太阳能电池的1/5~1/10,寿命达到20年以上。

以有机聚合物代替无机材料是太阳能电池的一个新研究方向。由于有机材料具有柔性好、制作容易、材料来源广泛、成本低等优势,对大规模利用太阳能来提供廉价电能具有重要意义。但利用有机材料制备太阳能电池的研究刚刚起步,不论是使用寿命,还是电池效率都不能与无机材料特别是硅太阳能电池相比。有机聚合物太阳能电池的实际使用还有待于进一步的研究探索。

单体太阳能电池不能直接作为电源使用,需要将若干电池单体串、并联后进行封装成组件,以产生所需的高电压和大电流。太阳能电池的优点是受地域限制较少、安全可靠、无噪声、低污染、无需消耗燃料、架设输电线路即可就地发电供电、建设周期短等。

太阳能电动汽车除安装太阳能电池外,还需配置电池组、电机、控制器和自动阳光跟踪系统等。目前研发的太阳能汽车主要用于实验或竞赛,而实用型的太阳能汽车还较少。太阳能电池的低转换效率是制约太阳能汽车发展的主要原因。因此,目前最有发展前途的是太阳能电池和蓄电池结合使用的电动汽车。

第七节 电动汽车动力电池集成系统

一、电动汽车电池组的基本结构

1. 电池单体的主要连接方式

为向牵引电机提供充足的能量,电动汽车动力电池由许多电池单体组合而成。将多个电化学电池单体形成一个电池模块,而电动汽车电池组则是由多个独立的电池模块经一定的方式连接组成,从而获得车辆行驶所需的总电压和能量。电池单体之间主要有串联、并联和混联三种方式。

1)串联

将电池单体串联主要是为了满足高工作电压的要求。多个电池单体串联(图3-46)使用时,电池组的电压为电池单体电压的倍数。如电动自行车常用的12V铅酸蓄电池,其电池组电压为铅酸蓄电池单体电压2V的6倍,即电池组由6个铅酸蓄电池单体串联组成。

电池组的额定容量为电池单体的额定容量。若电池单体的容量分布不均匀,则电池组容量取决于电池单体中容量的最低者。

2)并联

将电池单体并联主要是为了满足高工作电流的要求。电池单体并联(图3-47)使用时,电池组容量为电池单体的倍数,如3个电池并联时的容量为电池单体的3倍。此外,电池组的电压等于电池单体电压。若电池单体电压分布不均匀,则电池组电压取决于电池单体中电压的最低者。

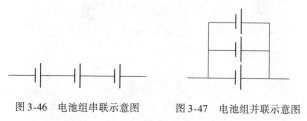

图3-46 电池组串联示意图　　图3-47 电池组并联示意图

3)混联

电池单体混联式既可满足高工作电压的要求,又可满足高工作电流的要求。将电池单体先串联再并联能够增加电池组的容量。电池单体先串后并(图3-48)还是先并后串

(图3-49)取决于电池的实际需求,通常情况下,电池并联比串联具有更高的工作可靠性。

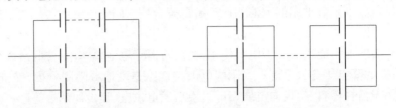

图3-48　电池组先串后并示意图　　　　图3-49　电池组先并后串示意图

2. 电动汽车电池组示例

1) 日产Leaf电动汽车

从2010年底上市截至2017年7月,据统计日产Leaf全球销量已超过28万辆,是目前全球最畅销的纯电动汽车。Leaf电动汽车(图3-50)是在现款骐达车型的基础上开发新一代电动汽车平台,具有电动汽车特殊设计的底盘布局(图3-51),采用锂离子蓄电池驱动电机,可提供超过160km的续驶里程。

图3-50　日产Leaf电动汽车　　　　图3-51　Leaf电动汽车底盘布局

Leaf采用层叠式紧凑型复合锂电子电池,由日产与NEC合资的AESC汽车能源公司生产供应。电池可布置在乘员舱的底部,而不占用行李舱和乘员舱的空间。Leaf电池模块及其布置如图3-52所示。

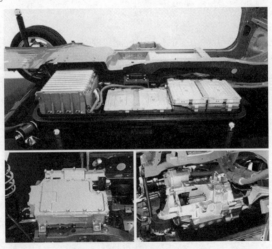

图3-52　Leaf电池模块及其布置

锂离子蓄电池组容量为24kW·h,最大输出功率可达90kW,质量约为280kg,电压为

360V，电池组外形尺寸为1570mm×1190mm×260mm。电池组由48个电池模块组成，每个电池模块包含4个电池单体，每个电池单体能量密度为140W·h/kg，功率密度为2.5kW/kg。在完全充满电的情况下，Leaf续驶里程可以达到160km，足以满足70%消费者每日的驾驶里程需求。

为提升电动汽车的实用性，Leaf在车头前方布置两组充电插槽（图3-53），可分别用一般200V电压或快速充电系统进行充电。快速充电时，仅需10min充电车辆就可行驶50km，30min内电池可充电80%，但快速充电需要专用的充电设备；一般家庭200V电源充电大约需要8h完成充电。其中车载充电器功率3.3kW，快速充电器功率50kW，充电线长6m，重3.7kg。

图3-53 Leaf充电插槽

2）特斯拉Model S电动汽车

特斯拉Model S是世界上第一款豪华电动轿车。Model S具有多款车型，包括70、70D、85、P85、85D、P85D、90、90D以及P90D。表3-14列出了几款Model S的性能参数。

特斯拉Model S性能参数　　　　　　　　　　　表3-14

车　　型	Model S 75	Model S 75D	Model S 90D	Model S P90D
电池容量（kWh）	75	75	90	90
驱动	单电机后驱	双电机后驱	双电机四驱	高性能双电机四驱
电机总功率（kW）	284.4	386	386	568
电机总转矩（N·m）	440	525	660	967
前电机最大功率（kW）	—	193	193	193
前电机最大转矩（N·m）	—	—	—	—
后电机最大功率（kW）	284.8	193	193	193
后电机最大转矩（N·m）	440	—	—	—
续驶里程	455（NEDC）	470（NEDC）	557（NEDC）	509（NEDC）
电池组质保	8年不限公里	8年不限公里	8年不限公里	8年不限公里
电池充电时间	快充4.5h，慢充10.5h			

特斯拉Model S使用的是松下NCR18650A型号圆柱形电池，属镍钴铝（NCA）体系，其单体结构如图3-54所示。电池单体容量为3.1A·h，电压为3.7V。每台特斯拉Model S约使用8000节18650电池，对电池采用分层管理的设计——每69个电池单体并联成一个电池组（Brick），每9个电池组串联成一个电池方块（Sheet），最后11个电池方块再串联成整块电池包（Battery）。电池模块结构如图3-55所示，其在汽车底盘上的整体布置如图3-56所示。每个电池单体，电池组和电池方块都设有熔断丝，每个层级都设有电流、电压和温度监控设备，一旦电流过大立刻熔断。电池包通过"电池单体→电池方块→电池包"的三层分级管理实现了对8000多节锂电池的可靠管理。

图 3-54 单体电池　　　　　　图 3-55 电池模块结构图

图 3-56 特斯拉底盘

特斯拉 Model S 总共有 4 种充电模式：110V/12A、240V/24A、240V/40A 和 240V/80A。高能充电模式下，充电不到 5h 就可行驶 483km。若采用标准接口 110V/12A 充电，则电池全部充满需要 65h。特斯拉在美国建有超级充电站，可在 0.5h 内给汽车充满约 1/2 电量，行驶约 241km（85kW·h 型车）。

3）比亚迪电动汽车

在国内自主品牌中，比亚迪无疑是在电动汽车领域投入最大的。在比亚迪先后推出的几款新能源汽车中，最引人关注的就是纯电动汽车 e6 先行者。比亚迪 e6 纯电动汽车采用其自主研发的磷酸铁锂电池。电池单体的能量密度为 135W·h/kg，单体电压为 3.3V。电池组由 96 个电池单体构成，电池组整体布置在汽车底盘下方，如图 3-57 所示。电池组能量为 63.4kW·h，容量为 200A·h，电压为 316.8V。e6 使用比亚迪附送的充电桩充电需要 6h 充满；使用家用 220V 电源充电则需要 20h。

图 3-57 e6 电池组的整体布置

二、电动汽车电池组管理系统

电池组是电动汽车的关键部件，其状态好坏和寿命长短在很大程度上直接决定并影响了整车性能。由于动力电池组由多个电池单体组合而成，因此应保证电池单体之间的电荷均衡分布，同时应防止电池过充或过放电，保护电池组内的电池单体，从而确保电池组的整体性能良好，延长电池组的使用寿命。电池管理系统（Battery Management System，BMS）就是对电池进行管理的具体设备，能够均衡多块电池的电量，使其处于最佳状态，具有监测电池工作状况及 SOC 检测的功能。此外，BMS 还具有与外部设备通信、控制充电方式等功能。

电池管理技术是通用的，它适用于任何能量存储系统，如电动汽车和混合动力汽车、分布式发电单元和便携式电子产品等。在这些应用中，混合动力汽车对储能系统的要求最为严格，其储能系统在车辆行驶中不断地进行充放电循环。因此，要求 BMS 能满足最先进设备的使用要求。超级电容作为电化学单体，为具有足够的电压，通常将超级电容单体连接起来形成一个储能系统，故 BMS 和电池单体均衡方法同样也适用于超级电容储能系统。

根据 BMS 的技术水平，其测试数据可来自电池单体，或电池模块，或整个电池组。BMS 也负责向电池组的单体均衡电路发送指令，以保证电池组的安全可靠性，使之不发生过充、过放、短路和发热等现象。

1. BMS 的结构和功能

电池管理的核心问题是 SOC 的预估问题。在获得准确、可靠的 SOC 基础上，才能对电动汽车进行用电管理。但电池的荷电状态并不是直接获得的，只能通过电池电压、电流、内阻、温度等参数进行推算。同时应注意，这些参数与 SOC 并不是简单的对应关系。可以说，BMS 是由一系列基于电压、电流和温度测量的算法组成，以推算电池的基本参数，并设定某时刻充、放电的功率限值。

BMS 一般由传感器（用于测量电压、电流、温度等）、带微处理器的控制单元和输入/输出接口组成，其结构如图 3-58 所示。单片机用来处理核心数据并实现计算功能。BMS 在车辆行驶过程中的主要任务是保持动力电池性能良好，优化电池组性能并保存、显示测试数据等。

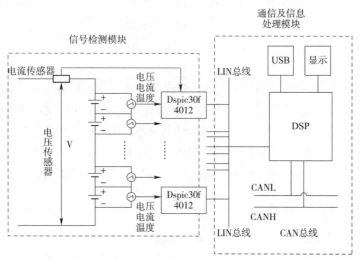

图 3-58　BMS 结构示意图

BMS 的主要功能包括数据采集、数据显示、状态估计、热管理、数据通信、能量管理、安全管理和故障诊断，如图 3-59 所示。

1) 数据采集

数据采集是对电池单体端电压、温度、充放电电流及电池组总电压等参数进行实时采集和存储，是对电池进行合理有效控制和管理的基础。由于电池组电池单体在使用中的性能和状态不一致,因此需要监测电池单体的电压、电流、温度等数据,从而用于电池单体和电池组的健康状态(State of Health,SOH)监测、故障诊断和分析等。

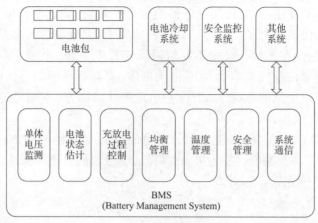

图3-59 BMS功能框图

2) 状态估计

SOC 提供了电池可用容量的相关信息,不仅对电池保护不可或缺,同时也是进行车辆动力传动系统控制的必要状态参数。为延长电池的使用寿命,SOC 应维持在某一范围内,电动汽车的 SOC 合理范围为 30%~70%。在 BMS 系统中,用单个电池单体或多个电池单体的 SOC 来验证电池剩余电量是否均衡。

SOH 表示电池的工作状态,用来衡量某个电池组相对于新电池组所传递能量的能力。SOH 的估计算法为将某块电池单体与相邻单体或邻近单体进行对比,比较参数包括测量参数和估计参数,从而判断该电池单体的状态好坏。类似的,可以对电池组的过度自放电进行标识,并与所设置的限值进行比较以估计电池组的 SOH。利用 SOH 信息可查找并更换电池组中发生故障的单体,从而尽可能地延长电池组的使用寿命。

3) 能量管理

能量管理指对电池的充放电进行控制,即根据 SOC、SOH 和温度来限定电池的充放电电流。此外,由于内阻、温度等差异,一些电池单体的充放电速度可能比其他电池单体要块,这会引起电池单体之间的电量不均衡。如果任其发展,一些电池单体可能出现过充/充电不足或过放/放电不足的现象,最终会导致电池寿命严重缩短。而未受保护的电池若过充电可能会过热,产生气压并存在爆炸的潜在隐患。因此,能量管理还包括电池单体或电池模块之间的电量均衡。

4) 安全管理和控制

安全管理和控制主要体现在:过电压或过电流控制、过放电控制、热系统控制、高压电安全控制、在发生碰撞的情况下关闭电池等。安全管理最重要的目的是及时准确掌握电池各项状态信息,在发生异常情况时及时发出报警信号或断开电路,从而防止意外事故的发生。

5) 故障诊断

故障诊断包括故障检测、故障类型判断、故障定位、故障信息输出等。故障检测指通过采集到的传感器信号,采用诊断算法诊断故障类型,并进行早期预警。电池故障指电池组、高压电回路、热管理等各个子系统的传感器故障、执行器故障(如接触器、风扇、泵、加热器等),以及网络故障、各种控制器软硬件故障等。电池组本身故障包括过电压(过充)、欠电压(过放)、过电流、超高温、短路故障、接头松动、电解液泄漏、绝缘能力降低等。

6) 热管理

温度是影响电池 SOC 的主要环境因素,不同单体之间的温度不均衡会导致 SOC 失衡。另外,温度也会影响电池的开路电压、内阻、可用能量、自放电速度,甚至电池的使用寿命。热管理是电池冷却系统的一部分,主要任务是使电池工作在适当的温度范围内,降低电池各模块之间的温度差异。

7) 数据通信

数据通信是 BMS 的重要组成部分之一,目前主要采用 CAN 总线通信。一般为双 CAN 网络,电池组内部各模块之间使用一个内部 CAN 网络,在电池综合管理器中的另一个 CAN 通信接口接入到整车的 CAN 网络中。另外,每个 BMS 基本上都留有与计算机的通信接口,便于在计算机上对电池数据进行分析。

2. SOC 的估算

SOC 是电池管理的核心问题,也是电池管理技术的难点之一。目前常用的 SOC 估计方法主要可分为两大类:单一 SOC 算法和融合算法。单一 SOC 算法包括安时积分法、开路电压法、基于电池模型估计的开路电压法、其他基于电池性能的 SOC 估计法等。融合算法包括简单的修正、加权、卡尔曼滤波(或扩展卡尔曼滤波)以及滑模变结构方法等。

1) 安时积分(荷电积分)法

安时积分法是目前最常用的电池 SOC 估计方法,其表达式为:

$$SOC_k = SOC_0 - \frac{1}{C_N} \int_{t_0}^{t_k} \eta I(\tau) d\tau \qquad (3-25)$$

式中:SOC_k——t_k 时刻的荷电状态;

SOC_0——起始时刻(t_0)的荷电状态;

C_N——额定容量(即电池标准状态下的容量,随寿命变化);

η——库仑效率,放电为 1,充电小于 1;

I——电流,充电为负,放电为正。

在起始荷电状态 SOC_0 较准确的情况下,安时积分法在一段时间内具有较好的精度(主要与电流传感器的采样精度、采用频率有关)。安时积分法的主要缺点为:起始 SOC_0 影响荷电状态的估计精度;库仑效率 η 受电池工作状态的影响较大(如荷电状态、温度、电流大小等);电流传感器精度,特别是偏差会导致累计效应,影响荷电状态的精度。因此,单纯采用安时积分法很难满足荷电状态估计的精度要求。

2) 开路电压(OCV)法

蓄电池的开路电压在数值上接近其电动势。铅酸蓄电池电动势是电解液密度的函数,电解液密度随电池放电过程呈比例降低,因此可用开路电压估计蓄电池 SOC。锂离子蓄电池的 SOC 与锂离子在活性材料中的嵌入量有关,与静态热力学有关,因此可认为充分静置后的开路电压达到平衡电动势。OCV 与 SOC 具有一一对应的关系,是估计 SOC 的有效方法。

但有些种类电池的 OCV 与充放电过程有关,如 LiFePO/C 电池,充电 OCV 与放电 OCV 具有滞回现象(与镍氢蓄电池类似),需要认真考虑与研究。开路电压法最大的优点是 SOC 估计精度高,显著缺点是需要将电池长时静置以达到平衡,电池从工作状态恢复到平衡状态一般需要一定时间,并受荷电状态、温度等影响,低温下需要数小时以上。所以该方法单独使用时只适于电动汽车驻车状态,不适合于 SOC 的动态估计。

3）基于电池模型的开路电压法

通过电池模型可以估计电池的开路电压，再根据 OCV 与 SOC 的对应关系即可以估计当前电池 SOC。常用的电池模型有等效电路模型、电化学模型、神经网络模型和模糊逻辑模型等。等效电路模型可用于 SOC 的动态估计，但估计精度与模型精度及信号采集精度有关。电化学模型建立在传质、化学热力学、动力学基础上，涉及电池的内部材料参数较多，并且有些参数难以准确获得，模型运算量大，一般用于电池的性能分析与设计。

神经网络模型法估计 SOC 是利用神经网络的非线性映射特性，在建立模型时不用具体考虑电池的细节问题，具有普遍的适用性，适合于各种电池的 SOC 估计。神经网络法预测 SOC 一般采用输入层、中间层和输出层三层神经网络结构。输入层和输出层的神经元个数由实际需要决定，中间层的神经元个数取决于问题的复杂度和所要求的 SOC 精度。神经网络输出层输出的变量为 SOC，输入层输入的变量可以是电池电压、电流、内阻、电池温度、环境温度等。输入变量的数量及其组合是否合理，会直接影响 SOC 的计算量和精度。此外，神经网络法需要大量样本数据对网络进行训练，估算误差受训练数据和训练方法的影响较大，并且神经网络法运算量大，需要强大的运算芯片。

模糊逻辑法的基本思路是根据大量试验曲线、经验及可靠的模糊逻辑理论，用模糊逻辑模拟人的模糊思维，最终进行 SOC 预测。但该算法需要对电池自身具有足够多的了解，计算量也较大。

4）基于电池性能的 SOC 估计法

基于电池性能的 SOC 估计法包括交流阻抗法、直流内阻法和放电试验法。交流阻抗法通过交流阻抗谱与 SOC 之间的关系进行 SOC 估计。直流内阻法通过直流内阻与电池 SOC 之间的关系对 SOC 进行估计。

交流阻抗法和直流内阻法一般仅用于电池的离线诊断，很难直接应用于车用 SOC 的实时估计。其原因如下：

（1）交流阻抗法需要信号发生器，会增加成本。

（2）电池阻抗谱或内阻与 SOC 之间的关系复杂，影响因素多（包括内阻一致性）。

（3）电池内阻很小，车用电池在毫欧级，难以准确获得。

（4）锂离子蓄电池内阻在很宽的范围内变化较小，很难识别。

放电试验法是在标准状态下采用标准的恒流连续放电方法将电池放电至截止电压，所放出的电量与电池额定容量之比即为电池试验前的 SOC。放电试验法是实验室中的常用方法，适用于所有电池，能够获得可靠的 SOC 值。但放电实验法不适合行驶中的电动汽车，可用于电动汽车电池的检修或其他 SOC 估计方法的评价。

5）融合算法

目前融合算法包括简单修正、加权、卡尔曼滤波或扩展卡尔曼滤波（EKF）、滑模变结构等。

简单修正的融合算法主要包括开路电压修正、满电修正的安时积分法等。对于纯电动汽车动力电池而言，其运行工况较为简单，车辆运行时除少量制动回馈充电外，电池主要处于放电状态，充电时电池处于充电状态。开路电压的滞回效应比较容易估计；电池容量大，安时积分的误差相对较小；充满电的概率大，因此，采用开路电压标定初值和满电修正的安时积分方法能够满足纯电动汽车动力电池 SOC 估计精度的要求。

对于混合动力汽车动力电池，其运行工况较为复杂，运行中为了维持电量不变，电池充放电过程循环交替。除停车维护外,电池没有站上充电的机会。并且电池容量较小,安时积分的相对误差大。因此,简单的开路电压修正方法不能满足混合动力汽车动力电池 SOC 估计精度的要求,需用其他融合方法进行解决。加权融合算法是将不同方法得到的 SOC 按一定权值进行加权估计的方法。Mark Verbrugge 等将安时积分获得的 SOC_c 与采用具有滞回的一阶 RC 模型获得的 SOC_v 进行加权以估计电池 SOC,计算公式如下:

$$SOC = \omega \cdot SOC_c + (1 - \omega) \cdot SOC_v \tag{3-26}$$

式中:ω——权值。

目前该算法已应用于通用混合动力系统。

由于电池 SOC 不能直接测量,目前一般将两种 SOC 估计方法融合起来进行估计。卡尔曼滤波是一种常用的融合算法,其显著特点是用状态空间的概念来描述数学模型,并且它的解是递归计算的,可不加修改的用于平稳和非平稳环境。

用卡尔曼滤波法预测 SOC 时,电池被视为一个动态系统,将电池的非线性状态空间模型线性化,SOC 作为系统状态变量,通过观测变量值来更新 SOC。卡尔曼滤波法基于安时积分法,并利用开路电压法来估算电池的初始容量。该算法将电池容量的影响因素视为系统噪声,利用卡尔曼滤波的最小方差来估计最优的递推算法,在具有测量噪声的环境中对电池 SOC 进行实时滤波与估算,从而使安时积分法在较大范围内具有较高精度。卡尔曼滤波法的核心是递归方程,方程包含 SOC 估计值和由协方差矩阵所表示的估计误差。卡尔曼滤波法的一般数学表达式如下。

状态方程:

$$x_{k+1} = A_k x_k + B_k u_k + \omega_k = f(x_k, u_k) + \omega_k \tag{3-27}$$

观测方程:

$$y_k = c_k x_k + v_k = g(x_k, u_k) + v_k \tag{3-28}$$

式中:
u_k——输入变量,通常为电池电流、温度、剩余容量、内阻等;
y_k——输出变量,通常为电池的工作电压;
x_k——系统状态变量,包含电池 SOC;
$f(x_k, u_k)$ 和 $g(x_k, u_k)$——由电池模型所确定的非线性方程,在使用时需要对其进行线性化;
w_k、v_k——互不相关的系统噪声,表示由传感器误差及系统模型和其他不确定因素所造成的误差。

由于电池系统为非线性系统,因此可采用扩展的卡尔曼滤波方法,通常将安时积分法与电池模型法相结合以进行 SOC 计算。但扩展卡尔曼滤波法的卡尔曼增益不好确定,如果选择不当将导致系统状态发散。

6)电池组 SOC 估计

电池组由多个电池单体串并联组成,由于电池单体之间存在不一致性,导致成组后的电池组 SOC 计算更为复杂。若电池单体之间采用并联方式,则电池模块的 SOC 等于单体 SOC;若电池单体之间采用串联方式,且具有非耗散型均衡器,则电池模块的 SOC 可由式(3-29)计算得到;若电池单体之间串联且没有非耗散型均衡器,则电池模块的 SOC 可由式(3-30)计算得到。

$$SOC_M = \frac{\sum SOC_i \cdot C_i}{\sum C_i} \tag{3-29}$$

$$SOC_M = \frac{\min(SOC_i \cdot C_i)}{\min(SOC_i \cdot C_i) + \min[(1 - SOC_i) \cdot C_i]} \tag{3-30}$$

式中：SOC_M——电池模块的荷电状态；

SOC_i、C_i——分别为第 i 个电池单体的荷电状态和容量。

因此，在每一电池单体 SOC 都可估计的前提下，就可得到电池组的 SOC 值。要获取电池单体的 SOC 值，最直接的方法就是应用上述 SOC 估计方法中的一种，分别估计每一个单体的 SOC，但这种方法的计算量过大。为减小计算量，可对电池成组的 SOC 估计方法进行改进，如采用一个相对复杂的电池单体平均模型 M 和一个相对简单的单体差异模型 D，利用最小二乘法计算单体与"平均单体"之间的差值 △OCV，通过 △SOC 与 △OCV 的关系，计算每个单体的 SOC 值。

3. 电池均衡技术

电动汽车电池组由多个电池单体串、并联组成，存储在电池单体中的能量可表示为 $E_{avail} = qV$。这表明连接在一起的单体必须同时进行电压和电荷平衡，才能保证电池组的使用寿命和最大输出能力。但由于单体之间存在内阻、温度等差异，会导致电荷和电压失衡，最终会影响电池使用寿命和电池组的输出能力，进一步会影响电动汽车的使用性能。

电池单体内的化学反应依赖于温度和压力。单体间的温度差异会影响单体的自放电率，从而导致单体间的电荷出现不平衡。另外，温度也会影响电化学反应速率，温度过低会降低电化学活性，导致单体内阻增加，使端电压降低，从而导致电池容量随之减小。

电荷不平衡也会以电压的形式表现出来，且电压差异会随着电池的反复充放电过程而变得明显。一些单体的充电或放电速度可能高于或低于其他单体，这将引起单体之间的电荷不平衡。若任其发展，某些电池单体可能会出现过充电/充电不足或过放电/放电不足等情况，这将影响电池组的使用寿命和使用效率。此外，某些电池的化学特性受充放电循环次数影响较大，某些则较小。如锂离子蓄电池对过充电和过放电非常敏感，应严格监控充放电电流，通常建议充放电率小于 $2C$。

为保证电池单体之间的均衡，可采用均衡单体电荷和电压的方法，即给串联的每个电池单体分配等量的能量或电压。为实现这一目的，电路必须将能量多的电池单体的能量转移到能量少的电池单体中，从而保证电压或能量的均衡分布。但这一过程不是瞬间完成的，所需要的时间取决于所用方法。耗散型和非耗散型均衡器是常用的两种电量均衡方法。耗散型电量均衡方法使用电阻进行分流，利用一个与分流电阻相符合的 PWM 控制开关。该方法虽然简单，但效率较低。

非耗散型均衡器可分为充电式、放电式和充—放电式（双向式）三类，而充—放电式又可分为电流反馈均衡器和电压反馈均衡器两种。其中，电流反馈均衡器包含双向变换器，电压反馈均衡器含有开关电容器。图 3-60a）所示为使用开关电容器的电压反馈电路均衡原理图。所有开关设置一个固定频率，开关在同一时刻进行切换，因此只需一个开关信号。在电池达到均衡状态时，开关动作仍然存在，但所消耗的能量可忽略不计。在均衡电路中加入第二层电路，使电池 B_1 和 B_3 能够互换电荷，从而使电路更快达到均衡。此外，该电量均衡方法不需要使用传感器，从而可节约成本。

图 3-60b）所示为采用双向变换器的电流反馈均衡电路，其利用两个双向变换器，且两

个双向变换器共用一个电容器。在电量均衡过程中,如果电池 B_1 电压高于 B_2,则根据系统的电流状态和测量值,控制系统在规定的负载循环期间导通第一个开关,这样为电感 L_1 充电,然后通过电容 C_1 将能量释放到电池 B_2,为其进行充电。因此,这种方法又被称为电流反馈充—放电式。当电池 B_2 电压高于 B_1 时,操作过程相同,仅是电流发生反向,向电池 B_1 充电。根据电池的 SOC,利用 PWM 信号控制变换器开关,调节每个电池单体流入和流出的电流大小。

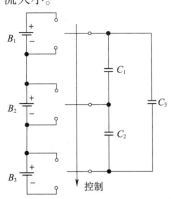
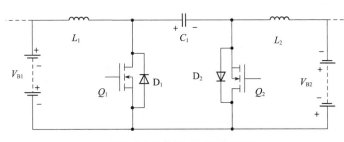

a) 带开关电容器的电压反馈均衡电路　　b) 采用双向变换器的电流反馈均衡电路

图 3-60　充—放电式电路均衡方法

放电式有两个层次,即直接传输和间接传输。在直接传输中,串联补偿法使用升压变换器,并联补偿法使用一次多绕组;在间接传输中,两步方法使用的是降压—升压变换器,多步方法使用的是单向转换器。充电式也存在两个层次,第一层是自动法,第二层是多绕组。其中第二层是选择方法,可采用二次多绕组和开关。

4. 电池充电方法

二次电池的充电过程可依据电池的化学原理划分为几个阶段,各个阶段的充电电流大小不同,以降低对电池的损害。

初始充电阶段为大容量充电阶段,此时充电电流最大,以尽快补偿电池的电量损失;第二阶段为吸收充电阶段,其目的是补偿电池没有充满的电量,且该阶段的充电电流限制在较低值以防止电池因过充电而受损;第三阶段为均衡充电阶段,其目的是保证电池充满,以及平衡电池组中的电池单体电压;一旦电池充满电,便进入第四阶段——浮动充电阶段,来弥补电池因自放电而损失的电量。

通常可利用恒流充电、恒压充电或二者的组合充电方式来设计电池的充电曲线。在恒流充电方法中,通过调整充电装置的输出电压或改变与二次电池串联电阻的方法以使充电电流强度保持不变。为满足不同充电阶段对充电电流大小的要求,可采用电流调节器来调整充电电流的大小。此外,也可将充电电流设置为脉冲形式,以控制输出电压。电池进行恒流充电时,因水的电解反应会产生气体。而脉冲电流对电池进行间歇充电,在间歇期能够使水电解产生的 O_2 和 H_2 进行重新化合而被吸收,减少气体析出量,降低电池内压,使电池能够吸收更多的电量,进而提高电池的充电电流接收率。

恒压充电方法中,充电器的充电电压可高于电池上限电压以进行大电流充电。由于充电初期电池端电压较低,充电电流很大。但随着充电过程的进行,充电电流将逐渐减小。因此,恒压充电的控制系统较为简单。恒压充电可避免电池的过充电,但充电初期电流过大,会严重影响电池的使用寿命,故恒压充电方法很少单独使用。恒压充电法常用于二次电池的吸收充电阶段。

此外,在浮动充电阶段,充电器的输出电压略低于电池的上限电压值。在电池电压稍微降低时,充电器会及时对电池进行补偿充电。由于此时的充电电流较小,因此该过程又称涓流充电阶段,其目的是补偿电池的自放电电量损耗。

第四章 电动汽车动力驱动系统

驱动系统是电动汽车的核心,主要功能是将储能系统存储的电能转换为汽车行驶所需动能,其性能好坏直接决定了电动汽车的使用性能。驱动系统必须满足电动汽车频繁起停的运行工况,且速度响应快。电动汽车动力驱动系统的发展大致可分为三个阶段,第一代是中央电机集中驱动技术,第二代是轮边电机技术,第三代是轮毂电机技术。与前两代技术相比,轮毂电机技术能有效解决电动汽车成本以及能耗等问题,被视为纯电动汽车的最终发展目标。

第一节 电动汽车动力驱动系统的构成、类型与原理

一、动力驱动系统基本构成

动力驱动系统是电动汽车能量存储系统与车轮之间的纽带,其作用是将能量存储系统输出的能量转换为机械能,推动车辆克服各种行驶阻力(如滚动阻力、空气阻力、加速阻力和爬坡阻力),并在制动时将动能转换为电能回馈给能量存储系统。动力驱动系统的性能决定了车辆的爬坡能力、加速能力以及最高车速等主要性能指标。电动汽车动力驱动系统组成如图4-1所示,主要包括电机及其控制器,其中电机主要由定子、转子、机壳、连接器、旋转变压器等零部件装配而成。

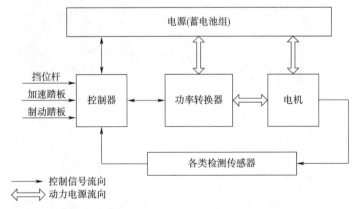

图4-1 动力驱动系统基本构成

电机是基于电磁感应原理运行的旋转电磁机械,可实现电能与机械能的转换。运行时电机从电系统吸收电功率,并向机械系统输出机械功率。电动汽车用电机一般具有电动和发电两种功能,以实现车辆行驶过程中的动力驱动以及车辆减速制动过程中的能量回收。电机按类型不同可分为直流电机、交流异步电机、永磁电机以及开关磁阻电机等。功率变换器的作用是按电机驱动电流的要求,将车载储能装置的直流电转换为相应电压等级的直流

电、交流电或脉冲电源,然后为电机供电。功率转换器依据所选用的电机类型,可分为DC/DC功率变换器和DC/AC功率变换器等。

二、对驱动电机的要求

电动汽车行驶过程中,经常频繁地起动/停车、加速/减速等,这要求电动汽车用电机比一般工业用电机具有更高性能,基本要求如下:

(1)电机结构紧凑、尺寸小。由于封装尺寸有限,因此须根据具体产品对电机进行特殊设计;要求电机质量轻,尽量采用铝合金外壳,以减轻车辆的整体质量。同时电机转速要高,提高电机与车体的适配性,扩大车体可利用空间,从而提高乘坐舒适性。

(2)提供精确的力矩控制,动态性能好,效率高,功率密度高。要求电机能够保证在较宽的转速和转矩范围内具有高效率,以降低功率损耗,提高一次充电的续驶里程。

(3)电机调速范围宽,应包括恒转矩区和恒功率区。低速运行时,电机能输出较大的恒转矩,以满足车辆快速起动、加速、负荷爬坡等要求;高速运行时能输出恒功率,具有较大的调速范围,以满足平坦路面、超车等高速行驶的要求;瞬时功率大,过载能力强。要保证车辆具有4~5倍的过载能力,以满足短时内加速行驶和最大爬坡的要求。

(4)环境适应性好。要求电机能够适应汽车行驶的不同环境,即使在较恶劣的环境中也能正常工作,且具有良好的耐高温、耐潮湿性能。

(5)制动再生效率高。汽车减速运行时,电机能够以发电机模式运行,实现制动能量反馈,回收动能并反馈到电池,从而提高电动汽车的能量利用率。

三、动力驱动系统类型

电动汽车动力驱动系统根据电机电流类型的不同,可分为直流驱动系统和交流驱动系统两大类,如图4-2所示。受工作环境和性能的限制,目前应用于电动汽车的驱动电机主要有:直流电机、无刷直流电机、感应电机、永磁同步电机和开关磁阻电机。

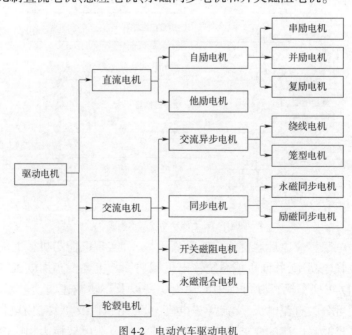

图4-2 电动汽车驱动电机

1. 直流电机

直流电机定子上装有主磁极,转子上装有线圈、电刷和换向器。直流电机通过定子绕组产生磁场,向转子绕组通入直流电,利用换向装置对转子绕组内的电流进行换向,从而使转子绕组始终受到方向不变的电磁转矩。

直流电机电磁转矩控制简单方便、动态响应较快、调速范围广、转速调节平滑,具有交流电机不可比拟的电磁转矩特性,适合电动汽车对驱动系统要求的调速范围广、动态响应快的特点。此外,直流电机具有良好的起动性能,起动过程平滑。但直流电机体积和质量较大,价格是交流电机的 2~3 倍,且在高速大负载运行时会产生火花,电刷磨损大,换向器和电刷需经常更换,维护复杂,寿命短,可靠性低,不适用于高速运行的电动汽车。直到 20 世纪 80 年代中期,直流电机仍是国内外电动汽车用电机的主要对象。目前,直流电机在低速、小型电动汽车上广泛应用。

2. 无刷直流电机

无刷直流电机结构与永磁同步电机结构相似,但利用直流电源给定子供电,经功率开关作用后通入定子相绕组的是周期换向的方波电流,其机械特性与直流电机相似。

无刷直流电机通过位置传感器检测转子位置,然后通过开关控制线路控制定子绕组的通断电,在定子上产生跳跃式旋转磁场,从而拖动电机转子旋转。无刷直流电机没有换向器和电刷结构,故不产生换向火花,寿命长、运行可靠、维修简便。无刷直流电机不但具有直流电机的优点,同时还具有调速精度高、体积小、效率高、起动转矩大等优点,适合于独立电机驱动,尤其是轮边驱动的电动汽车。但无刷直流电机存在转矩脉动、振动噪声等问题,另外恒功率弱磁控制也是限制其应用的难点。

3. 交流异步电机

交流异步电机基于交流旋转磁场理论,即三相对称定子绕组通入三相对称交流电流时,可建立旋转磁场,进而在转子内产生感应电流以实现机电能量的相互转换。交流异步电机按转子绕组的不同,可分为笼型感应电机和绕线型感应电机。电动汽车驱动系统中多采用笼型感应电机。

笼型感应电机结构简单、体积小、运行可靠、制造方便、易维护、价格低、转矩脉动小、噪声小、转速极限高、转速范围宽、技术成熟,是一种经济耐用的电机。此外,笼型感应电机能在四象限运行,并可进行再生制动。笼型感应电机易向高压、高速、大容量的方向发展,是目前电动汽车驱动系统中主流使用的驱动电机。

4. 永磁同步电机

永磁同步电机结构与无刷直流电机相似,不同之处在于永磁同步电机采用正弦波驱动,定子绕组通入交流电产生旋转磁场,转子用永磁体代替电枢绕组,电机转速与旋转磁场转速同步。

永磁同步电机具有高比功率、高效率、高功率因数、噪声低、体积小、转动惯量小、转矩脉动小、控制精度高等优点。弱磁控制下,永磁同步电机在基速以上具有恒功率区尽可能宽的调速范围,这也是电动汽车所需要的重要特性。另外,采用最大转矩控制和弱磁控制相结合的同步永磁电机具有良好的功率特性。因此,永磁同步电机在电动汽车驱动系统中具有很强竞争力。但永磁同步电机起动时容易产生制动转矩,造成起动困难。另一方面,永磁体需要冷却,振动下有退磁现象,这也是永磁电机作为电动汽车驱动电机的不利因素。

5. 开关磁阻电机

开关磁阻电机为双凸极可变磁阻电机,仅定子有绕组,转子无绕组。开关磁阻电机依据磁阻最小原理,通过改变定子相绕组的通电时间和顺序,使转子铁芯向磁阻变小的方向转动,从而使转子在电磁转矩作用下旋转。

开关磁阻电机是一种新型电机,其结构坚固、成本低、功率密度高、调速控制简单,可四象限运行。开关磁阻电机起动电流小、起动转矩大、电机发热小,适用于电动汽车的频繁起动、停车以及正反转,同时也适合于重载起动和较长时间重载低速运行的电动汽车。但开关磁阻电机存在转矩脉动和噪声的缺点。

表 4-1 和表 4-2 对比了不同电机的特点和性能参数。

主要电机的特点 表 4-1

电机类型	优点	缺点
直流电机	成本低、易控制、调速性能良好	结构复杂、转速低、体积大、维护频繁
交流异步电机	结构简单、坚固耐用。成本低、转矩脉动低、噪声小、极限转速高、运行可靠	功率密度低、效率低、调速性能差
永磁同步电机	转矩密度高、效率高。功率密度高、调速范围宽、体积小	制造工艺复杂、成本高、高温下磁性衰退
开关磁阻电机	结构紧凑牢固、适合高速运行、成本低、调速范围宽、运行可靠	转矩脉动大、噪声大、功率密度低、效率低

电机主要性能参数 表 4-2

电机类型	直流电机	交流异步电机	永磁同步电机	开关磁阻电机
功率密度	低	中	高	较高
峰值功率(%)	85~89	90~95	95~97	80~90
转速范围	4000~6000	12000~15000	4000~15000	>15000
可靠性	中	较高	高	较高
结构坚固性	低	高	较高	高
尺寸及质量	大,重	中,中	小,轻	小,轻
电机成本	低	中	高	中
控制器成本	低	高	高	中

目前,电动汽车所使用的驱动电机以交流感应电机和永磁同步电机为主。其中,日韩车系多采用永磁电机,欧美车系则多采用交流感应电机。在我国,交流异步电机和开关磁阻电机主要用于新能源商用车,特别是新能源客车,而开关磁阻电机的实际装配应用较少;永磁同步电机主要用于新能源乘用车。图 4-3 显示了 2015 年纯电动乘用车电机的装配情况。

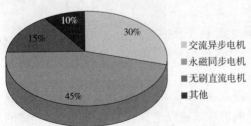

图 4-3 2015 年电动汽车驱动电机装载量

随着电子技术和计算机技术的快速发展,新电机理论和控制方法不断涌现,进一步推动了电机驱动技术的迅猛发展。目前,电动汽车动力驱动系统主要呈现如下发展趋势:

(1)电机功率密度不断提高,永磁电机应用范围不断扩大。

（2）电机工作转速不断提高，回馈制动高效区域不断拓宽。
（3）电机驱动系统的集成化和一体化趋势更为明显。
（4）电机驱动系统的混合度和电功率比不断增加。
（5）电机驱动控制系统的集成化和数字化程度不断加大。

第二节　直流电机驱动系统

直流电机是实现机械能与直流电能相互转换的电磁装置。由于直流电机的调速性能和起动性能优异，被广泛应用于电力机车、无轨电车等对调速性能具有较高要求的应用场合。此外，直流电机也是最早应用于电动汽车的电机。20 世纪 80 年代前，几乎所有的车辆牵引电机都使用直流电机。相比于其他类型的电机，直流电机起动转矩大，控制系统相对简单。但由于直流电机采用机械换向装置，使得直流电机的过载能力、转速范围、系统效率、使用维护等均受到一定程度的限制。

一、直流电机结构

直流电机主要由静止的定子和旋转的转子两部分构成，定子与转子之间的间隙称为气隙，其结构如图 4-4 和图 4-5 所示。

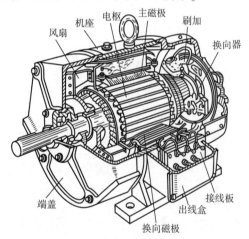

图 4-4　直流电机结构

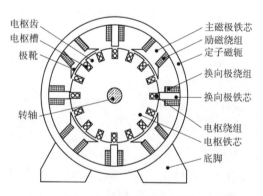

图 4-5　直流电机截面示意图

1. 定子

定子是直流电机静止不动的部分，主要作用是建立气隙磁场。定子主要由机座、主磁极、换向极、电刷装置、轴承和端盖等部件构成，如图 4-6 所示。

1）主磁极

主磁极由主磁极铁芯和励磁绕组两部分组成，作用是建立主磁场。铁芯一般由 0.5~1.5mm 厚的硅钢片叠压而成，是主磁路的一部分。励磁绕组用扁铜线或圆铜线绕制而成，产生励磁磁动势。

铁芯套励磁绕组的部分称为极身，其下面扩宽的部分称

图 4-6　直流电机定子

为极靴。应注意极靴宽于极身,这样可使气隙磁场的分布更为均匀,也便于在铁芯上固定励磁绕组。

2) 机座

定子部分的外壳称为机座,主要用于固定主磁极、换向极和端盖,起到电机整体的支撑、固定作用。此外,机座构成磁极之间的通路,是主磁路的一部分,磁通通过的部分称为磁轭。机座既要有足够的机械强度,也要有良好的导磁性能,一般由铸钢或厚钢板焊接而成。把套有励磁绕组的主磁极用螺栓安装在机座内侧,有换向极的电机则将换向极安装在两主磁极之间,如图4-7所示。

3) 电刷装置

电刷装置由电刷、电刷弹簧、电刷座等组成,是电枢电路的引出(或引入)装置,结构如图4-8所示。

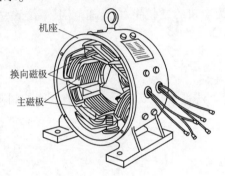

图4-7 带有换向磁极的机座整体结构　　图4-8 直流电机电刷

4) 换向极

两相邻主磁极之间的小磁极称为换向极,又称附加极,其结构与主磁极相似,由铁芯和绕组组成。换向极的作用是改善直流电机的换向性能,减小或消除电机运行时电刷与换向器之间产生的换向火花。换向极铁芯一般用整块钢制成,绕组用绝缘导线绕制而成。换向极用螺钉固定在基座上,数目一般与主磁极相同。

2. 转子

直流电机转子又称电枢,是电机进行能量转换的枢纽,主要作用是产生电磁转矩和感应电动势。转子主要由电枢铁芯、电枢绕组、转轴和换向器等组成,其结构如图4-9所示。

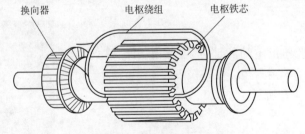

图4-9 直流电机转子结构

1) 电枢铁芯

电枢铁芯是主磁通通路的主要部分,一般用0.35~0.5mm厚的硅钢片叠压而成,如图4-10所示,铁芯直径小于主磁极间距。电枢铁芯固定在转轴或转子支架上,在铁芯外圆均匀开有电枢槽,用以嵌放电枢绕组。

2）电枢绕组

电枢绕组是直流电机的电路部分，在磁场中通电产生电磁转矩，旋转后产生感应电动势，结构如图 4-11 所示。电枢绕组由多匝线圈按一定规律连接而成，线圈用高强度漆包线或玻璃丝包扁铜线绕成。不同线圈分上、下两层嵌放在电枢槽中，线圈与铁芯之间以及上、下两层线圈边之间都须妥善绝缘。

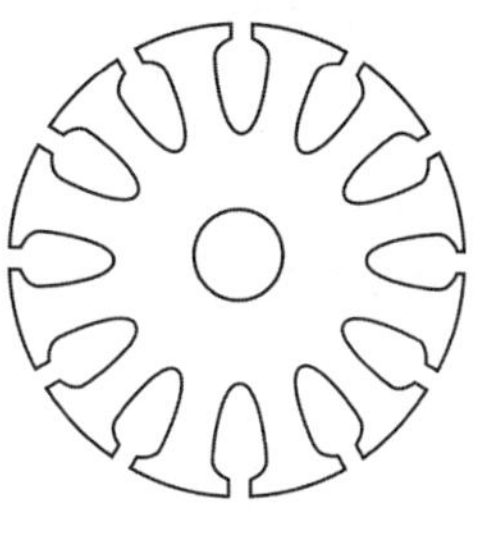

3）转轴

转轴起支撑转子旋转的作用，要求具有一定的机械强度和刚度，一般用圆钢加工而成。

图 4-10 电枢铁芯冲片

4）换向器

换向器由很多换向片组合成圆筒状，片间用云母绝缘，如图 4-12 所示。换向器的作用是与电枢配合，将外加直流电变为电枢绕组中的交流电，从而保证转子电磁转矩方向不变。将换向器安装在电枢转轴上，并把电枢绕组的引出线按规律焊接在换向片上。

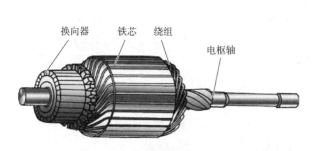

图 4-11 电枢铁芯绕组

图 4-12 直流电机换向器

二、直流电机的工作原理

当载流导线置于磁场中时，将产生作用于导线的电磁力，且该电磁力垂直于导线和磁场。可用弗莱明左手定则来确定磁场力的方向，如图 4-13 所示，食指指向为磁通密度 B 方向，中指指向为电流 I 方向，则拇指指向为电磁力 F 方向。通电导线在磁场力作用下将产生运动。

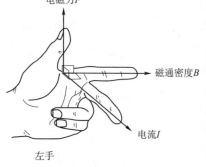

图 4-13 弗莱明左手定则

直流电机的简化物理模型如图 4-14 所示。其中，单匝线圈 abcd 安置在极性为 N、S 的主磁极中，ab、cd 分别为单匝线圈的有效边，并分别连接到两个相互绝缘的换向片 1、2 上。固定不动的电刷 A、B 放置在由许多换向片构成的换向器上。图 4-14 中，换向片 1、2 分别与电刷 A、B 相接触。电枢旋转时，线圈 abcd 通过换向片和电刷与外电路接通。

当线圈处于图 4-14a) 所示位置时，直流电流从电刷 A 流入，经线圈 abcd 后，从电刷 B 流出。载流导体在磁场中受到的电磁力 f 为：

$$f = B_i l \tag{4-1}$$

式中：B_i——磁场强度，T；

l——载流导体 ab、cd 的有效边长度。

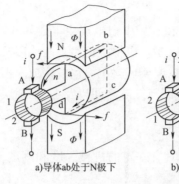 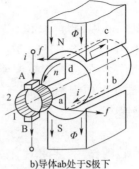

a) 导体ab处于N极下　　　　b) 导体ab处于S极下

图 4-14　直流电机工作原理

图 4-14a) 所示瞬间,上部导体 ab 受到向左的电磁力,下部导体 cd 受到向右的电磁力,整个线圈的电磁转矩为：

$$T = DB_i l \tag{4-2}$$

式中：D——载流导体 bc 的有效边长度。

电磁转矩方向为逆时针,拖动电枢转子逆时针方向旋转。当线圈旋转 180°到图 4-14b) 所示位置时,由于换向片与线圈共同旋转,则电刷 A 与换向片 2 接触,电刷 B 与换向片 1 接触。因直流电源所提供的电流方向不变,电流仍从电刷 A 流入,经导线 dc、ba 后从电刷 B 流出。此时,上部导体 cd 受到向左的电磁力,下部导体 ab 受到向右的电磁力。所产生的电磁力和电磁转矩方向不变,转子仍逆时针旋转。

由此可见,直流电机电枢绕组内的电流方向是交变的,换向片和电刷能够将外部直流电转化为电枢绕组内部的交流电,使 N 极侧的导体电流方向总是向外,S 极侧的导体电流方向总是向里,从而使绕组转矩方向保持不变,确保直流电机沿确定的方向连续旋转。

三、直流电机的分类

直流电机可分为永磁直流电机和励磁直流电机两类。永磁直流电机的主磁场由永磁体产生,励磁直流电机的主磁场由励磁绕组通直流电产生,又称励磁磁场,电源的供电方式称为励磁方式。不同的励磁方式会使电机具有不同的运行性能。

励磁直流电机中,电枢绕组和励磁绕组均通直流电流,其中电枢绕组通过大部分的电流,而励磁绕组只通过很小的励磁电流。电枢绕组和励磁绕组中的电流分别产生电枢磁动势和励磁磁动势,且磁动势的大小由绕组中的线圈匝数和电流大小确定。

根据输入的电源数量以及励磁绕组与电枢绕组之间的连接方式,励磁直流电机可分为他励、并励、串励和复励四种形式,如图 4-15 所示。

1. 他励式直流电机

他励式直流电机的励磁绕组与电枢绕组没有连接关系,由两个独立电源分别供电。故他励直流电机的励磁电流 I_f 不受电枢端电压或电枢电流 I_a 的影响,可通过分别控制励磁电流 I_f 和电枢电流 I_a 来实现电机的各种控制。

他励直流电机运行时的励磁磁场稳定且容易控制,易于实现制动能量的回收控制。永磁式直流电机可视为他励直流电机。采用永磁励磁时,虽然电机效率高,质量轻且体积小,但由于励磁磁场固定,电机的机械特性并不理想,驱动电机不能产生足够大的输出转矩来满足电动汽车起动和加速时的大转矩要求。

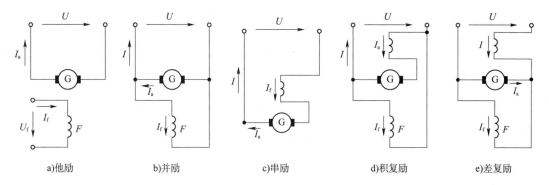

图 4-15 直流电机的几种励磁方式

I_a-电枢电流；I_f-励磁电流；U-电源电压；U_f-励磁电压；I-负载电流

2. 并励式直流电机

并励式直流电机的励磁绕组与电枢绕组并联，共用一个直流电源，并励绕组两端电压即为电枢两端电压。并励式直流电机的性能与他励式直流电机基本相同，具有较硬的机械特性，转速随负载变化小，转矩随电枢电流成正比变化。励磁绕组常用细导线绕成，匝数较多，增大了励磁绕组的电阻，导致励磁电流减小。

3. 串励式直流电机

串励式直流电机的励磁绕组与电枢绕组相串联，然后再接入同一电源，故励磁电流等于电枢电流。串励式直流电机具有较软的机械特性，转速随负载变化较大，转矩几乎与电枢电流的平方成正比。串励式直流电机的最大优点是起动转矩大，有助于提高车辆的加速性能。但由于励磁绕组与电枢绕组相串联，导致串励式直流电机的控制性能相对较差。

4. 复励式直流电机

复励式直流电机中有两个励磁绕组，与电枢并联的并励绕组和与电枢串联的串励绕组。若并励绕组产生的磁动势与串励绕组产生的磁动势方向相同，称为积复励；若两个磁动势方向相反，则称为差复励。复励式直流电机具有并励和串励电机"折中或复合"的特点，其特性介于并励和串励电机之间。

电动汽车中所使用的直流电机主要是他励直流电机（包括永磁直流电机）、串励直流电机和复励直流电机3种。

四、直流电机的运行特性

直流电机的运行特性主要指工作特性和机械特性。

工作特性指电机的转速特性、转矩特性和效率特性，即在保持额定电压、额定励磁电流（他励、并励）或励磁调节（串励、复励）不变的情况下，电机转速、电磁转矩和效率随电枢电流变化的特性。其中转速 n 与电枢电流 I_a 的关系，即 $n=f(I_a)$ 称为转速特性；转矩 T 与电枢电流 I_a 的关系，即 $T=f(I_a)$ 称为转矩特性；效率 η 与电枢电流 I_a 的关系，即 $\eta=f(I_a)$ 称为效率特性。工作特性表明了电机运行性能的最基本特征。

机械特性指在电源电压恒定、励磁调节电阻和电枢回路电阻不变的情况下，电机转速与电磁转矩之间的关系，又称转矩—转速特性，即 $n=f(T)$。机械特性表明了电机静态运行（电机转速和转矩以及电枢电流保持恒定运行）时的性能，且决定电机拖动系统过渡过程（电机转速和转矩以及电枢电流随时间而变化）的特性，是电机的重要特性。在着重讨论直流电机转速特性、转矩特性和机械特性之前,先介绍直流电机的两个重要表达式,即感应电动势和电磁转矩。

1. 感应电动势和电磁转矩

导体在磁场中切割磁力线会产生感应电动势。直流电机的转子在转动时,正、负电刷之间的感应电动势称为电枢绕组电动势。由于它与电枢电流或外加电源电压的方向相反,也被称为反电动势。电枢绕组电动势可表示为:

$$E_a = C_e \Phi n \tag{4-3}$$

式中:C_e——电枢电动势常数,取决于电机结构、绕组数量和铁芯材料属性等;
Φ——每极磁通;
n——转子转速。

电枢绕组通入电流时,绕组会受到电磁力和电磁转矩。所有载流导体在磁场中受电磁力所形成的转矩和称为电机的电磁转矩,可表示为:

$$T_e = C_T \Phi I_a \tag{4-4}$$

式中:C_T——转矩常数,与电机结构有关;
I_a——电枢电流。

2. 他励直流电机的特性

1)转速特性

根据图4-15所示的他励直流电机等效电路,可得电枢回路的电压方程:

$$U = E_a + I_a R_a \tag{4-5}$$

式中:U——电枢电压;
E_a——电枢感应电动势;
I_a——电枢电流;
R_a——电枢电阻。

结合式(4-3)和式(4-5),可得到他励直流电机转速特性的一般表达式:

$$n = \frac{U - I_a R_0}{C_e \Phi} = \frac{U}{C_e \Phi} - \frac{R_a + R_s}{C_e \Phi} I_a \tag{4-6}$$

式中:R_s——电枢回路的附加电阻;
$R_0 = R_a + R_s$——电枢回路的总电阻。

电枢两端加额定电压,每极磁通为额定值、电枢回路不串电阻时的转速特性称为固有转速特性,表达式为:

$$n = \frac{U_N}{C_e \Phi_N} - \frac{R_a}{C_e \Phi_N} I_a = n_0 - \Delta n \tag{4-7}$$

在固有转速特性中,将$I_a = I_N$(额定电枢电流)代入,可得到额定转速$n = n_N$。

当$I_a = 0$时,转速$n = n_0 = \frac{U_N}{C_e \Phi_N}$称为电机的额定理想空载转速,是一个常数。电枢电流$I_a$由零开始增加时,电机转速$n$小于$n_0$,故转速特性是一条向下倾斜的直线。

称$\Delta n = \frac{R_a}{C_e \Phi_N} I_a$为转速降,由电枢电阻压降引起。当电枢电流$I_a = I_N$时,转速降表示为:

$$\Delta n_N = \frac{R_a}{C_e \Phi_N} I_N \tag{4-8}$$

Δn_N 称为额定转速降。一般情况下,对他励直流电机而言, $\Delta n_N = (3\% \sim 8\%) n_N$,其值很小。故他励直流电机的转速特性是一条略向下倾斜的直线,如图 4-16 所示。

2) 转矩特性

根据式(4-4),当 $U = U_N$ 且 $\varPhi = \varPhi_N$ 时,得到他励直流电机的固有转矩特性:

$$T_e = C_T \varPhi_N I_a \tag{4-9}$$

由式(4-9)知,在忽略电枢反应的情况下,转矩特性是一条过原点的直线,如图 4-17 所示。当 $I = I_N$ 时,在固有转矩特性曲线上将得到 $T_e = T_N$,即额定电磁转矩。当电机轴上负载转矩为 0,即电机空载时,电枢仍有电流 I_a,此时 $I_a = (5\% \sim 10\%) I_N$。电枢电流 I_a 与气隙磁通相互作用产生空载转矩 T_0,用以平衡电机自身因机械摩擦等而产生的阻转矩。

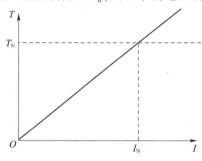

图 4-16 他励直流电机转速特性　　图 4-17 他励直流电机转矩特性

3) 机械特性

由式(4-3)~式(4-5),可得到他励直流电机机械特性的一般表达式:

$$n = \frac{U}{C_e \varPhi} - \frac{R_a + R_s}{C_e C_T \varPhi^2} T = \frac{U}{C_e \varPhi} - \frac{R_0}{C_e C_T \varPhi^2} T \tag{4-10}$$

将 $U = U_N$、$\varPhi = \varPhi_N$ 及 $R_0 = R_a$ 代入式(4-10),可得到其固有机械特性表达式:

$$n = \frac{U_N}{C_e \varPhi_N} - \frac{R_a}{C_e C_T \varPhi_N^2} T = n_N - \beta T = n_N - \Delta n \tag{4-11}$$

式中:n_N 和 Δn——分别为固有机械特性上的理想空载转速和转速降;

β——机械特性的斜率。

在电刷位于几何中线上并忽略交轴电枢磁场的去磁作用时,磁通 $\varPhi$ 为常数。因此,固有机械特性是一条向下倾斜的直线,且斜率 β 很小,如图 4-18 所示。

当人为改变电枢电压 U、励磁电流 I_f 和电枢回路串联电阻 R_s 时,他励直流电机的机械特性均会发生变化,称为人为机械特性。改变上述三个参数的人为机械特性曲线如图 4-19 ~ 图 4-21 所示。

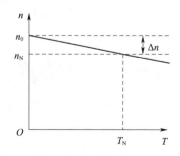 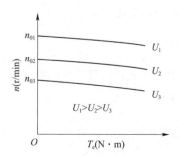

图 4-18 他励直流电机的机械特性　　图 4-19 改变电枢电压时的机械特性

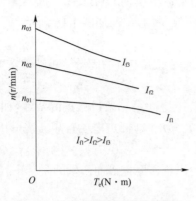
图 4-20　改变励磁电流时的机械特性

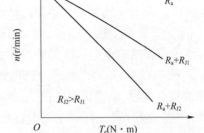
图 4-21　改变励磁电流时的机械特性

由图 4-19 可以看出，当电枢电压逐渐降低时，电机理想空载转速逐渐减小，但从空载到满载的转速变化很小，电机具有较硬的机械特性，故他励和并励直流电机具有较好的调速特性。

由图 4-20 可以看出，当逐渐减小励磁电流时，理想空载转速逐渐上升，曲线斜率逐渐增加，使电机特性变软，电机运行稳定性变差。当过分"弱磁"时，电机转速明显增大，甚至可能出现"飞车"现象，故电机采用弱磁调速时应尤为注意。

由图 4-21 可以看出，当电枢回路的串联电阻逐渐增加时，机械特性曲线斜率逐渐增加，导致电机特性变软，但理想空载转速保持不变。

对他励直流电机而言，当气隙磁通恒定时，电磁转矩 T 与电枢电流 I_a 存在固定的比例关系，故转速特性 $n=f(I_a)$ 能代表机械特性 $n=f(T)$，且电枢电流 I_a 比电磁转矩 T 更易测得。

3. 串励直流电机的特性

对于串励式直流电机，由于电枢绕组与励磁绕组相串联，故其主要特点是电枢电流与励磁电流相等，即 $I=I_a=I_f$，且有以下电压平衡方程式成立：

$$U = E_a + I_a R_a + I_f R_f \tag{4-12}$$

式中：U——电枢电源电压；

　　I_a——电枢电流；

　　I_f——励磁电流；

R_a、R_f——分别为电枢电阻和励磁绕组。

1）转速特性

将 $E_a = C_e \Phi n$ 代入式（4-12），同时注意 $I_a = I_f = I$，可得到串励直流电机的转速特性表达式：

$$n = \frac{U - (R_a + R_f)I}{C_e \Phi} \tag{4-13}$$

2）转矩特性

串励直流电机的转矩特性可表示为：

$$T_e = C_T \Phi I \tag{4-14}$$

串励直流电机的工作特性曲线如图 4-22 所示。由转矩特性可以看出,当负载增加时,串励直流电机的转矩迅速增加,此时转速迅速下降,故基本保持了功率恒定,即串励直流电机具有恒功率特性。

3) 机械特性

由串励直流电机结构知,由于电枢电流 I_a 即为励磁电流 I_f,因此电枢电流 I_a(即负载)变化将引起主磁通 Φ 的变化。

当负载较轻、磁路未饱和时,磁通 Φ 与励磁电流 I_f 成正比,即:

$$\Phi = K_f I_f \tag{4-15}$$

式中:K_f——比例常数。

此时,电磁转矩可表示为:

$$T_e = C_T \Phi I_a = C_T K_f I_a^2 \tag{4-16}$$

结合式(4-13)和式(4-16),可得到轻载磁路不饱和时,串励直流电动机的机械特性:

$$n = \frac{\sqrt{C_T} U}{C_e \sqrt{K_f T_e}} - \frac{R_a + R_f}{C_e K_f} \tag{4-17}$$

该式表明转速 n 与 $\sqrt{T_e}$ 成反比,机械特性如图 4-23 中 AB 段。

当负载较重,磁路饱和时,磁通 Φ 基本保持不变,此时机械特性与他励直流电机的机械特性相似,为较"硬"的直线特性,如图 4-23 中 BC 段。

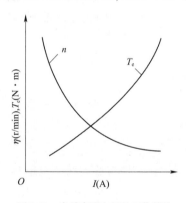

图 4-22 串励直流电机的工作特性

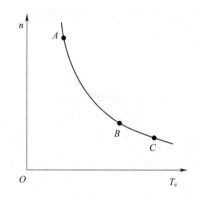

图 4-23 串励直流电机的机械特性

由机械特性曲线可以看出:

(1) 当磁路不饱和时,串励直流电机的机械特性是一条双曲线。转矩增大时,转速下降较快,机械特性较软。

(2) 理想空载转速 n_0 无穷大。实际上由于有剩磁磁通的存在,n_0 一般可达 $(5 \sim 6)n_N$,空载运行会出现"飞车"现象,最终造成转子损坏。因此,串励直流电机不允许空载或轻载运行或用皮带传动。

(3) T_e 与 I_a 的平方成正比,因此串励直流电机的起动转矩大,过载能力强。

串励直流电机同样可以采用电枢串联电阻、改变电源电压和改变磁通的方法来获得各种人为特性,其人为机械特性曲线的变化趋势与他励直流电机的人为机械特性曲线的变化趋势相似,如图 4-24 和图 4-25 所示。

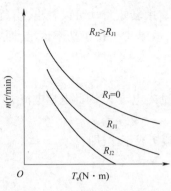
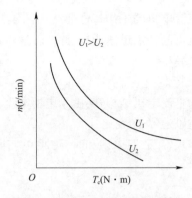

图 4-24 改变电枢回路电阻时的机械特性　　图 4-25 改变电枢电压时的机械特性

4. 复励直流电机的特性

复励直流电机中既有并励绕组,也有串励绕组,其机械特性介于他励和串励直流电机之间,如图 4-26 所示。电机空载运行时,由于有并励绕组的存在,故机械特性曲线与纵坐标有交点,不会出现"飞车"现象。起动时,由于有串励绕组的存在,故可产生较大的起动转矩,具有较强的过载能力。

图 4-26 复励直流电机机械特性
1-他励;2-串励;3-复励

五、直流电机的调速

为满足使用要求,电机需经常以不同的转速运行。直流电机具有良好的调速性能,能很好地满足调速范围广、转速连续可调、经济性好等要求。直流电机转速的一般表达式为:

$$n = \frac{U}{C_e \Phi} - \frac{R_a}{C_e C_T \Phi^2} T_e \tag{4-18}$$

可以看出,直流电机的调速方法主要有 3 种:电枢调压调速、磁场调速和电枢串电阻调速。

1. 电枢调压调速

电枢调压调速指保持磁通为额定值,电枢回路不串电阻,通过改变电枢端电压来调节电机转速。

电枢调压调速的过程:当磁通保持为额定磁通时,降低电枢电压。由于转速不立即发生变化,故感应电动势暂时不变,而电枢电流降低。因电枢电流减小,电磁转矩随之减小。若阻转矩不变,则转速下降。此时,感应电动势随转速的降低而减小,致使电枢电流和电磁转矩随之增大。当电磁转矩与阻转矩相等时,电机达到新的平衡状态,但此时的转速较原转速有所降低。

电枢调压调速的特点:电枢电压只能从额定电压往下调,机械特性曲线向下移,均在固有特性的下方,如图 4-27 所示。故转速只能从额定转速往下调,适合基速以下的转速控制。电枢调压调速属恒转矩调速方法,调速范围宽,调

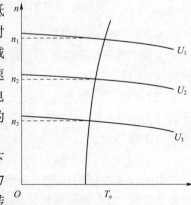

图 4-27 改变电枢端电压时的转速特性

速比一般可达1:10;调速稳定性及平滑性好,可实现无级调速。但电枢调压调速需要独立的可控直流电源。

2. 磁场调速

磁场调速指保持电枢电压为额定值,电枢回路不外串电阻,通过调节励磁电流来改变每极磁通,从而调节电机转速。当磁通为额定值时,电机铁芯磁路已接近饱和,此时增加励磁电流不能使磁通进一步增加。因此,只能通过减弱磁通来提高电机转速。

磁场调速的过程:当电压保持额定值时,减小磁通。由于惯性作用,转速不立即发生变化。感应电动势因磁通降低而减小,故电枢电流增大。由于电枢电流增加的影响超过磁通减小的影响,故电磁转矩增加。若阻转矩不变,则电机转速提高。随着电机转速的增大,感应电动势增大,则电枢电流和电磁转矩随之减小。直到电磁转矩与阻转矩相等,电机达到新的平衡状态。但此时电机转速高于原转速。

磁场调速的特点:只能减弱磁通进行调速(简称弱磁调速),适合基速以上的转速控制,如图4-28所示,属恒功率调速方法;调速范围小,调速比一般不超过1:3;调速稳定性及平滑性好,可实现无级调速;控制方便,能量损耗小,经济性较好。但需要整流电源作为励磁电源。

3. 电枢串电阻调速

电枢回路串电阻调速指保持磁通和电枢电压为额定值,通过调节电枢回路的外串电阻来调节电机转速,其转速控制特性如图4-29所示。

电枢回路串电阻调速的特点:外串电阻调速时,机械特性全部在固有特性以下,电机转速只能从额定转速往下调;只能进行有级调速,调速范围小,调速平滑性差,机械特性较软;负载转矩较小时,调速效果不明显;低速时效率低。

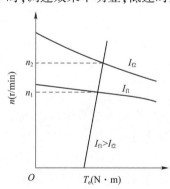
图4-28 磁场调速时的转速特性

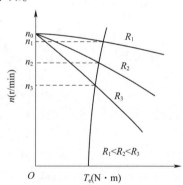
图4-29 电枢回路串电阻的转速特性

对直流电机而言,电枢电压和励磁的相互独立性提供了更为灵活的转速和转矩控制方法。为使直流电机具有较宽的调速控制范围,通常将电枢调压调速和磁场调速两种方法结合应用。电机转速低于基速时,电枢电流和励磁电流设为额定值,产生额定转矩,通过调节电枢电压来改变转速;电机转速达到基速时,电枢电压达到额定值(等于电源电压),且不能再增加。为进一步提高转速,应保持电枢电压为额定值且电枢电流不变,利用弱磁调速来改变电机转速。电枢调压调速和弱磁调速两种方法结合使用时,直流电机的转矩与功率随转速的变化情况如图4-30所示。

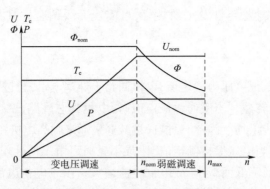

图4-30 电枢调压调速和弱磁调速结合使用的直流电机特性

六、直流电机驱动系统

电动汽车直流电机驱动系统均采用DC/DC变换器,如直流斩波器、谐振变换器、隔离全桥式变换器等,其中最典型的是直流斩波器。以电动汽车动力驱动系统的他励直流电机为例,电枢绕组和励磁绕组由同一能量源经两个相互独立的DC/DC变换器提供能量,如图4-31所示,且输入电枢绕组的额定功率大于输入励磁绕组的功率。DC/DC转换器的输入由电机所需的转矩和转速进行控制,输出则为作用于电枢回路和励磁回路的电压。

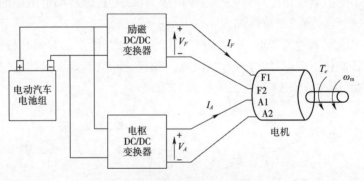

图4-31 他励直流电机驱动系统

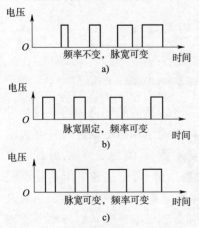

图4-32 直流斩波器的输出电压调节方式

直流斩波器通过开关器件的周期性开通和关断,将输入的直流电压斩成一系列脉冲电压。通过开关器件通断时间的变化来改变输出电压的平均值,从而将电压固定的直流电源变为均值可调的直流电源。如图4-32所示,直流斩波器的输出平均电压有3种调节方式:

(1)脉冲宽度调制(Pulse Width Modulation,PWM):开关器件的通断周期T固定,只改变导通时间T_{on},也就是脉冲周期不变,只改变脉冲宽度,即定频调宽。

(2)脉冲频率调制(Pulse Frequency Modulation,PFM):开关器件的导通时间T_{on}固定,只改变通断周期T或开关频率,也就是只改变开关的关断时间,即定宽调频,也称为调频。

(3)混合调制:开关的通断周期T和导通时间T_{on}均可变,即调宽调频。

实际中,由于直流斩波器的负载端通常连接滤波电感和滤波电容,而频率改变过大会影响电感和电容,因此多采用定频调宽方式。

直流斩波器可分为单向限型、二象限型和四象限型。单向限型直流斩波器适用于电动模式,能量从能量源流向负载。二象限型直流斩波器既适用于电动模式,也适用于再生制动模式,能量可反向从负载流向电源。四象限型直流斩波器不需要借助于机械式接触器,通过电子控制即可实现电机的正、反向电动模式和再生制动模式。

电动汽车的直流电机驱动系统通常采用二象限型直流斩波器,驱动电路如图4-33a)所示,其中E_M为直流电机的电枢反电势,L、R分别为电枢回路的等效电感和电阻,T_1和T_2为全控型开关器件,如IGBT等,VD_1、VD_2为续流二极管,E为直流供电电源。二象限型直流斩波器可视为降压斩波电路和升压斩波电路的组合,其中T_1、VD_2、L、R、E和负载构成降压斩波电路,如图4-33b)所示;T_2、VD_1、L、R、E和负载构成升压斩波电路,如图4-33c)所示。

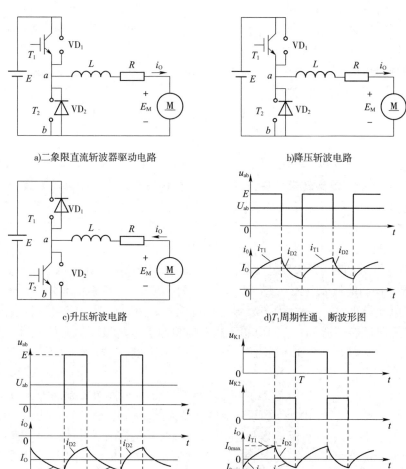

图4-33 二象限型斩波电路结构及波形

电路的工作原理表述如下:

(1)T_2关断,T_1周期性通断,电机处于电动状态。设T_1周期为T_S、导通时间$t_{on} = DT_S$,关断时间$t_{off} = (1-D)T_S$,D为占空比,且$D = t_{on}/T_S$。此时二极管VD_1截止,电路为Buck降

压斩波电路,等效电路如图 4-33b)所示。T_1 导通期间,电源通过 T_1 向电机供电,同时向电感补充能量,二极管 VD_2 反向截止。此时,$u_{ab}=E$,只要 $E>E_M$,则流过电机的电流 i_0 上升;T_1 截止时,电源与电机负载之间的通路断开。由于电机电流 i_0 为感性电流,不能突变,故电流经二极管 VD_2 进行续流,$u_{ab}=0$,i_0 下降。电路工作波形如图 4-33d)所示。在一个 T_S 时间内,输出电压 u_{ab} 的平均值为:

$$U_{ab} = DE \tag{4-19}$$

由于 i_0 的平均值 I_0 为正,即电流从电源 E 流向负载。由式(4-19)知,改变占空比 D 即可改变负载电压 U_{ab} 和电流 I_0 的大小,从而控制直流电机的转矩和转速。由于此时直流电机的电压 U_{ab} 和电流 I_0 均为正,电机从电源汲取能量,故电机工作在第Ⅰ象限。电磁转矩为正,转速也为正,称此工作方式为电动运行方式。

(2) T_1 关断,T_2 周期性通断,电机处于再生制动状态。设 T_2 周期仍为 T_S,且导通时间 t_{on} 和关断时间 t_{off} 不变。此时二极管 VD_2 截止,电路成为 Boost 升压斩波电路,等效电路如图 4-33c)所示。T_2 导通期间,$u_{ab}=0$,电感 L 由 E_M 提供能量而储能,且电流 i_0 反向,大小增加;T_2 截止时,由于电机电流 i_0 不能突变,则电流经二极管 VD_1 续流而流向电源 E,电源成为负载吸收能量,此时 $u_{ab}=E$,电流 i_0 数值减小。电路工作波形如图 4-33e)所示。在一个 T_S 时间内,输出电压 u_{ab} 的平均值为:

$$U_{ab} = \frac{1}{1-D}E > E \tag{4-20}$$

由于电压 $U_{ab}>0$,平均输出电流 $I_0<0$,对直流电机而言,转矩反向但转速方向不变,故电机工作在第Ⅱ象限,电磁转矩为负,转速为正,电机减速,称为再生制动方式。

在上述两种工作状态中,虽然电机电流 i_0 存在一定波动,但其方向保持不变,即 i_0 的最大值 I_{0max} 和最小值 I_{0min} 同时大于 0 或小于 0。若电流平均值较小,且电流波动幅度较大,则 I_{0max} 和 I_{0min} 的符号可能不同,此时一个开关周期 T_S 内,电机将交替地工作在降压和升压状态,T_1、T_2、VD_1 和 VD_2 四个开关器件交替配合工作。控制规律为:在电机电流 i_0 的上升阶段,为 T_1 施加导通控制信号 u_{K1};而在 i_0 的下降阶段,为 T_2 施加导通控制信号 u_{K2}。

在电机电流最小值 I_{0min} 时,为 T_1 发导通控制信号。由于此时 i_0 方向为负,T_1 不能导通,故电流 i_0 只能通过二极管 VD_1 流向电源正极。电机电流 i_0 从最小值开始上升,电感存储的能量输送到电源。当 i_0 上升到 0 后将继续沿正向上升,此时 T_1 导通,电流由电源正极流出,向电机供电。

当 i_0 达到最大值 I_{0max} 后,为 T_2 施加导通控制信号 u_{K2},但此时 i_0 方向为正,T_2 不能导通,故电流 i_0 只能通过二极管 VD_2 形成回路,导电路径为电感→电机→VD_2→电感。电流 i_0 从最大值 I_{0max} 逐渐下降,降到 0 后反向增长,此时 T_2 导通,导电路径为电机→电感→T_2→电机。电机发出的电能被电感吸收储存。当电流下降到最小值 I_{0min} 时,一个工作周期结束,此时的工作波形如图 4-33f)所示。

在直流电机的机械特性平面图上,采用二象限直流斩波的电机可工作在第一和第二两个象限,不同象限的等效电路如图 4-34 所示。在第一象限,电源通过 T_1、VD_2 组成的降压斩波电路向电机提供电能,电机处于电动状态,将电能转换为机械能;在第二象限,电机处于发电状态,T_2、VD_1 组成升压斩波电路,由机械能转换成的电能经升压斩波电路后传给直流电源,形成再生制动。

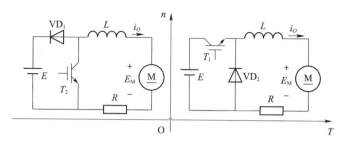

图 4-34　二象限直流斩波电机的机械特性

七、直流电机的特点

直流电机具有如下优点：

(1) 起动性能好。具有较大的起动转矩，适用于重负载下起动的机械，驱动车辆时可实现快速起步。

(2) 恒功率范围大。用于驱动车辆时可保证车辆的高速行驶能力。

(3) 调速性能好。直流电机可在重负载条件下，可实现均匀、无级的平滑调速，且调速范围较宽。

(4) 控制较简单。一般用斩波器进行控制，具有高效率、控制灵活、质量轻、体积小、响应快等优点。

但直流电机由于存在电刷、换向器等易损件，会引起转矩波动，并限制转速的升高；同时易损件容易磨损和断裂，因此电刷和换向器需进行定期维护或更换。

第三节　交流异步电机驱动系统

20 世纪 90 年代后，随着电力电子技术和变频调速的发展，交流电机在电动汽车上的应用得到迅速发展。交流异步电机结构简单、运行可靠、价格低廉、环境适应性好，且能实现再生制动。与同样功率的直流电机相比，交流电机效率高.质量轻，近年来在电动汽车驱动系统中得到广泛应用。如美国克莱斯勒汽车公司的 A-Class Electric 电动轿车，日本 Nissan 汽车公司的 FEV 电动轿车，法国雷诺汽车公司的 Clio Electric 电动汽车等。但相对于永磁电机而言，交流异步电机的效率和功率密度偏低，正逐渐被性能更加优越的永磁无刷电机所替代。

一、交流异步电机结构

同其他类型的旋转电机一样，交流异步电机也主要由静止的定子和旋转的转子两大部分组成，定子与转子之间存在气隙。此外，还有端盖、轴承、机座和风扇等部件。交流异步电机的典型结构如图 4-35 所示。

1. 定子

交流异步电机的定子主要由定子铁芯、定子绕组、机座和端盖等组成，结构如图 4-36 所示。

定子铁芯是主磁路的一部分。为减少磁场在定子铁芯中产生的磁滞损耗和涡流损耗，定子铁芯一般由 0.35~0.5mm 厚的硅钢片叠成，如图 4-37 所示。定子铁芯内圆开有均匀分布的槽，用以嵌放定子绕组。定子铁芯的槽型主要有半闭口槽、半开口槽和开口槽三种。

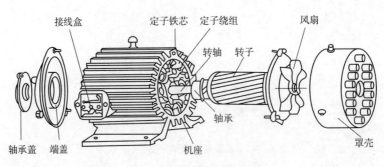

图 4-35 交流异步电机结构

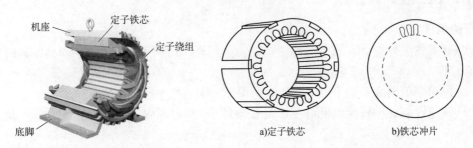

图 4-36 交流异步电机定子　　　　　图 4-37 定子铁芯及其冲片

定子绕组是电机的电路部分。三相异步电机有三相绕组,通入对称三相电流时,会产生旋转磁场。三相绕组由 3 个彼此独立的绕组组成,每个绕组为一相,空间相差 120°电度角。每个绕组由若干线圈连接而成,线圈由绝缘铜导线或绝缘铝导线绕制,再按一定规律嵌入到定子铁芯槽内。中、小型三相电机的定子线圈多采用圆漆包线,大、中型三相电机则采用截面较大的绝缘扁铜线或扁铝线绕制。三相定子绕组可连接成星形或三角形,图 4-38 所示为两种连接形式所对应的感应电机接线板。其中,U_1、U_2 为 A 相绕组的首、末端,V_1、V_2 为 B 相绕组的首、末端,W_1、W_2 为 C 相绕组的首、末端。

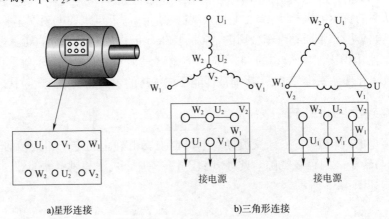

图 4-38 交流异步电机的接线板

机座是主磁路的组成部分,用于支撑定子铁芯和固定端盖,要求其具有足够的刚度和强度,同时还应满足散热的需要。中、小型电机的机座一般采用铸铁制成,大型感应电机的机座通常采用钢板焊接而成。

端盖安装在机座两端,用于保护电机铁芯和绕组端部。在中小型电机中,端盖还与轴承一起支撑转子。

2. 转子

交流异步电机的转子主要由转子铁芯、转子绕组和转轴等组成。

转子铁芯是电极磁路的一部分,通常由 0.5mm 厚的硅钢片叠压而成。转子铁芯固定在转轴或转子支架上。转子铁芯成圆柱形,铁芯外圆冲有均匀分布的槽以嵌放转子绕组。

转子绕组是转子的电路部分,其作用是切割定子旋转磁场以产生感应电动势和感应电流,并形成电磁转矩使电机旋转。转子绕组分为笼型转子和绕线转子两种。

根据加工工艺的不同,笼型转子可分为铸铝式和焊接式两种。焊接式转子在转子铁芯的每一槽内放置铜导条,并在转子铁芯两端各放一个端环,将铜导条的两端分别焊接在端环上,如图 4-39a) 所示。为节省铜材,转子绕组材料通常使用铝,采用离心铸铝或压力铸铝工艺,将熔化的铝注入转子槽内,导条、端环和风叶用铝液一次浇铸而成,如图 4-39b) 所示。这种转子也称为铸铝转子。铸铝式转子结构简单、制造方便,应用广泛。笼型转子绕组自行闭合构成短路绕组,若去掉铁芯,转子绕组的外形好似"鼠笼",因此也称为鼠笼型绕组。

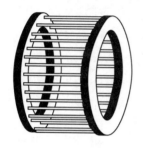
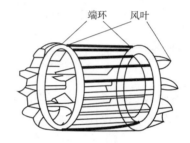

a) 焊接转子　　　　　　　b) 铸铝转子

图 4-39　笼型转子

绕线转子绕组与定子绕组相似,为嵌放在转子槽内的对称三相绕组。转子一端装有 3 个滑环,称为集电环。三相绕组的首端引出线分别与 3 个集电环相接。每个集电环上有 1 个电刷,转子绕组通过集电环和电刷与外部电路相连,如图 4-40 所示。可通过在转子绕组中接入外加电阻的方式,来改善电机的起动和调速性能。正常运行时三相绕组短路。绕线转子绕组结构较笼型转子复杂,只用于对起动性能具有较高要求和需要调速的场合。大、中型绕线转子感应电机还装有提刷短路装置,以使电机在起动时将转子绕组接通外部电阻,而在起动完毕后,将外部电阻全部切断,并在提起电刷的同时将集电环短路。

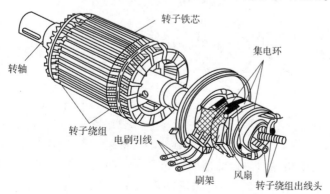

图 4-40　绕线转子

转轴用于固定和支撑转子铁芯,同时输出机械功率。转轴一般使用中碳钢制成。

3. 气隙

定子与转子之间的间隙称为气隙。气隙大小对交流异步电机性能具有很大影响。气隙大则磁阻大，建立同样大小的磁场就需要较大的励磁电流，消耗的磁动势增大，导致电机功率因数降低。因此，为降低电机的励磁电流，提高功率因数，气隙应尽量小。但电机运行时，转轴有一定的挠度，气隙过小，定、转子铁芯可能相互摩擦。一般气隙长度应为机械上所容许达到的最小值，中、小型交流异步电机的气隙一般为 0.2~2mm。

二、交流异步电机的工作原理

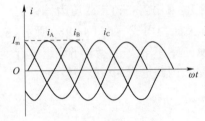

图 4-41 定子三相对称电流

设定子三相绕组采用星形连接，空间彼此相隔 120°，末端 U_2、V_2、W_2 连接在一起，而首端 U_1、V_1、W_1 分别连接到三相对称电源上。在定子绕组中通入三相对称电流 i_A、i_B、i_C，表达式如式 (4-21) 所示，对应波形如图 4-41 所示。现分析不同时刻的定子磁场。

$$\begin{aligned} i_A &= I_m\sin(\omega t) \\ i_B &= I_m\sin(\omega t - 120°) \\ i_C &= I_m\sin(\omega t + 120°) \end{aligned} \quad (4\text{-}21)$$

$t=0$ 时，A 相绕组内无电流，B 相绕组电流为负，从 V_2 流向 V_1，C 相绕组电流为正，从 W_1 流向 W_2。根据右手螺旋法则可确定此时合成磁场的上部为 S 极，下部为 N 极，如图 4-42a) 所示。

$t=T/6$ 时，A 相绕组电流为正，从 U_1 流向 U_2，B 相绕组电流不发生变化，C 相绕组内无电流，此时的合成磁场如图 4-42b) 所示。相比于 $t=0$ 时刻，合成磁场沿顺时针方向旋转 60°。

$t=T/3$ 时，合成磁场沿顺时针方向又旋转 60°，如图 4-42c) 所示；$t=T/2$ 时刻与 $t=0$ 时刻相比，合成磁场共旋转 180°，如图 4-42d) 所示。当三相绕组电流变化一个周期时，磁场在空间旋转一周。由此可知，三相绕组中的对称三相电流所形成的合成磁场是一个随时间周期变化的旋转磁场。

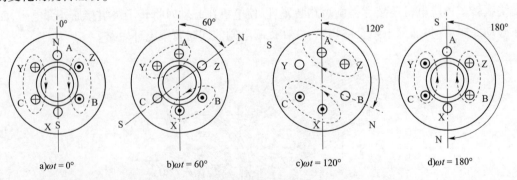

图 4-42 合成磁场的方向变化

以上分析仅针对电机一对磁极的情况。当定子绕组连接形成两对磁极时，运用相同方法可得出绕组相电流变化一个周期时，磁场旋转 180°，即磁场转速减半。由此推广到 p 对磁极，交流电每变化一个周期，旋转磁场在空间转动 $1/p$ 转。异步交流电机的旋转磁场转速 n_1 与交流电频率 f 和磁极对数 p 之间的关系可表示为：

$$n_1 = \frac{60f}{p} \tag{4-22}$$

当定子三相对称绕组中通入三相对称交流电时,在电机气隙中将产生转速为 $n_1 = 60f/p$ 的旋转磁场。该磁场切割转子导体并在转子导体内产生感应电动势。由于转子绕组为闭合绕组,在感应电动势作用下转子绕组内会产生感应电流。若定子旋转磁场以转速 n_1 顺时针旋转,则转子绕组在磁场中会受到电磁力,其方向由左手定则确定,如图4-43所示。电磁力对转轴形成的电磁转矩的作用方向与旋转磁场方向一致,从而使转子以转速 n 沿旋转磁场的方向旋转。若在转子轴上加机械负载,则电机将拖动负载旋转。此时电机从电源吸收电能,通过电磁感应转换为转轴上的机械能输出。

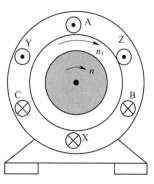

图4-43 交流异步电机工作原理

若转子转速 n 达到旋转磁场转速 n_1,即 $n = n_1$,此时转子绕组与定子旋转磁场之间没有相对运动,不切割磁感线,转子绕组导体中不产生感应电动势和感应电流,也不存在电磁力和电磁转矩,转子无法继续旋转。故交流异步电机转速不能等于定子旋转磁场转速,"异步"的名称由此得来。旋转磁场转速 n_1 又称为同步转速。

定子旋转磁场转速与转子转速之差与同步转速之比定义为转差率 s,表示为:

$$s = \frac{n_1 - n}{n_1} \tag{4-23}$$

转差率是交流异步电机的一个重要参数,交流异步电机正常运行状态下,转差率 $0 < s < 1$。一般情况下,电机额定状态运行时,$s = 0.01 \sim 0.05$。

三、交流异步电机的运行特性

1. 交流异步电机的工作特性

交流异步电机的工作特性指在额定电压和额定频率下,电机转速 n、定子电流 I_1、功率因数 $\cos\varphi_1$、电磁转矩 T_e 及效率 η 与输出功率 P_2 之间的关系,即 n、I_1、$\cos\varphi_1$、T_e、$\eta = f(P_2)$。交流异步电机的工作特性一般通过负载试验进行测取。

1)转速特性

转速特性指 $U_1 = U_{1N}$、$f_1 = f_N$ 时,电机转速与输出功率之间的关系,即 $n = f(P_2)$。由于 $n = n_1(1-s)$,故可通过转差率与输出功率之间的关系 $s = f(P_2)$ 来得到转速特性。转差率可表示为:

$$s = \frac{P_{Cu2}}{P_e} = \frac{m_1 I'^2_2 R'_2}{m_1 E'_2 I'_2 \cos\varphi_2} \tag{4-24}$$

式中:P_{Cu2}——转子铜损;

P_e——电磁功率;

m_1——定子相数;

I'_2——转子等效电流;

E'_2——转子等效感应电动势;

R'_2——转子等效电阻;

$\cos\varphi_2$——转子功率因数。

电机正常运行时，E'_2 和 $\cos\varphi_2$ 变化不大，转差率 s 近似与转子等效电流 I'_2 成正比。电机理想空载运行时，输出功率 $P_2 = 0$，此时转子等效电流 $I'_2 = 0$，故转差率 $s = 0$，交流异步电机转速 $n = n_1$。电机带负载运行时，转子等效电流 I'_2 随负载增加而增加，转子铜损 P_{Cu2} 和电磁功率 P_e 都相应增加，但转子铜损 P_{Cu2} 的增加速率大于电磁功率 P_e，故转差率 s 随负载的增加而增大，电机转速 n 降低。为保证电机有较高功率，负载时的转子铜损 P_{Cu2} 不应过大，所以额定负载时的转差率 $s = 2\% \sim 5\%$，相应的额定转速 $n = (0.98 \sim 0.95)n_1$。因此，交流异步电机的转速特性 $n = f(P_2)$ 是一条略向下倾斜的曲线，如图 4-44 所示。

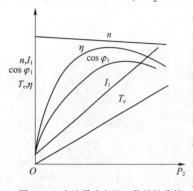

图 4-44　交流异步电机工作特性曲线

2) 定子电流特性

定子电流特性指 $U_1 = U_{1N}$、$f_1 = f_N$ 时，定子电流与输出功率之间的关系，即 $I_1 = f(P_2)$。定子电流可表示为 $\dot{I}_1 = \dot{I}_m - \dot{I}'_2$，其中 $\dot{I}_m$ 为励磁电流。电机理想空载时，$\dot{I}'_2 = 0$，此时 $\dot{I}_1 = \dot{I}_m$。随着负载的增加，转子等效电流 $\dot{I}'_2$ 增大。为保证磁势的平衡，定子电流与定子磁势随之增加，以抵消转子电流产生的磁势。因此，定子电流随 P_2 的增大而增大，$\dot{I}_1 = f(P)_2$ 的变化规律如图 4-44 所示。

3) 功率因数特性

功率因数特性指 $U_1 = U_{1N}$、$f_1 = f_N$ 时，功率因数与输出功率之间的关系，即 $\cos\varphi_1 = f(P_2)$。由于交流异步电机的总阻抗表现为感性，故对电源来说，交流异步电机相当于感性负载，因而其功率因数是滞后的。电机空载运行时，异步电机的定子电流基本上是用来建立磁场的无功磁化电流，功率因数 $\cos\varphi_1$ 很低，通常小于 0.2。随着负载的增加，I'_2 增大。转子电路功率因数 $\cos\varphi_2$ 可表示为：

$$\cos\varphi_2 = \frac{R'_2}{\sqrt{R'^2_2 + (sX'_{2\sigma})^2}} \tag{4-25}$$

式中：$X'_{2\sigma}$——转子等效漏抗。

由于 $\cos\varphi_2$ 较高，故定子电流的有功分量随负载的增加而增大，从而使功率因数 $\cos\varphi_1$ 逐渐上升，并在额定负载附近达到最大值。由于从空载到满载范围内，s 很小且变化较小，故 $\varphi_2 = \arctan(sX'_{2\sigma}/R'_2)$ 基本保持不变，在此范围内 $\cos\varphi_1$ 逐渐上升。当负载增加到一定程度时，转速 n 较低，转差率 s 较大，使 φ_2 增大，$\cos\varphi_2$ 下降较多，导致定子电流中与之平衡的无功分量增大，功率因数 $\cos\varphi_1$ 下降。因此，功率因数 $\cos\varphi_1$ 一般存在最大值，如图 4-44 所示。

4) 转矩特性

转矩特性指 $U_1 = U_{1N}$、$f_1 = f_N$ 时，电磁转矩与输出功率之间的关系，即 $T_e = f(P_2)$。电机稳态运行时，电磁转矩可表示为：

$$T_e = T_2 + T_0 = \frac{P_2}{\Omega} + T_0 \tag{4-26}$$

$$T_2 = P_2/\Omega$$

$$T_0 = (P_{mec} + P_{ad})/\Omega$$

式中：T_2——输出转矩；
T_0——空载转矩；
Ω——机械角速度；
P_2——电机输出轴功率；
P_{mec}——机械损耗；
P_{ad}——杂散损耗。

从空载到满载范围内，转差率 s 很小且变化不大。若忽略转速的变化，且认为 T_0 基本不变，则转矩特性 $T_e = f(P_2)$ 可近似认为是一条斜率为 $1/\Omega$ 的直线，如图4-44所示。

5) 效率特性

效率特性指 $U_1 = U_{1N}$、$f_1 = f_N$ 时，效率与输出功率之间的关系，即 $\eta = f(P_2)$。异步交流电机的效率可表示为：

$$\eta = \frac{P_2}{P_1} = \frac{P_2}{P_2 + P_{Cu1} + P_{Cu2} + P_{Fe} + P_{mec} + P_{ad}} \tag{4-27}$$

式中：P_{Cu1}——定子铜耗；
P_{Cu2}——转子铜耗；
P_{Fe}——定子铁耗。

从空载到满载运行，由于主磁通和转速变化很小，故定子铁耗 P_{Fe} 和机械损耗 P_{mec} 基本不变，可视为不变损耗。而定、转子铜耗和杂散损耗随负载的变化而变化，视为可变损耗。电机空载运行时，$P_2 = 0$，故 $\eta = 0$。当负载逐渐增大时，总损耗 $\sum P = P_{Cu1} + P_{Cu2} + P_{Fe} + P_{mec} + P_{ad}$ 增加较慢，电机效率上升较快。当不变损耗与可变损耗相等时，效率达到最大值。随后负载继续增加时，定、转子铜耗增加较快，效率下降，如图4-44所示。最大效率一般出现在额定负载的70%~100%范围内。

由于交流异步电机的效率和功率因数都在额定负载附近达到最大值，故选用电机时应考虑电机容量与负载之间的合理匹配。若电机选择过小，则可能发生过载，导致定子电流过大，使电机温度升高，影响电机的使用寿命；反之，若电机选择过大，则电机处于轻载运行状态，效率和功率因数都相对较低。因此，需要合理选择电机容量，以保证电机经济、安全、合理运行。

2. 交流异步电机的机械特性

交流异步电机的机械特性指电机在恒定电压和恒定频率下，电磁转矩 T_e 与转子转速 n 之间的关系。由于转差率 s 与转子转速 n 呈线性关系，故机械特性也可表示为电磁转矩 T_e 与转差率 s 之间的关系。机械特性是交流异步电机的重要特性。

交流异步电机只有定子绕组连接交流电源，转子绕组短路。定、转子电路之间只存在磁耦合，而没有电的联系。由于定、转子绕组的频率、相数、匝数和绕组因数各不相同，为建立定、转子之间有电关联的等效电路，通常将转子绕组按照保持电磁效应不变的原则归算到定子电路，由此得到的等效电路如图4-45所示。

交流异步电机机械特性的参数表达式为：

$$T_e = \frac{m_1}{\Omega_1} \cdot \frac{U_1^2 \dfrac{R_2'}{s}}{\left(R_1 + \dfrac{R_2'}{s}\right)^2 + (X_{1\sigma} + X_{2\sigma}')^2} \tag{4-28}$$

式中：m_1——定子相数；
Ω_1——同步角速度；
U_1——定子相电压；
R_1——定子相电阻；
R'_2——转子等效电阻；
$X_{1\sigma}$——定子漏抗；
$X'_{2\sigma}$——转子等效漏抗。

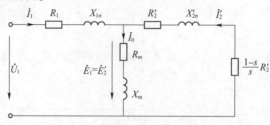

图4-45 交流异步电机的等效电路

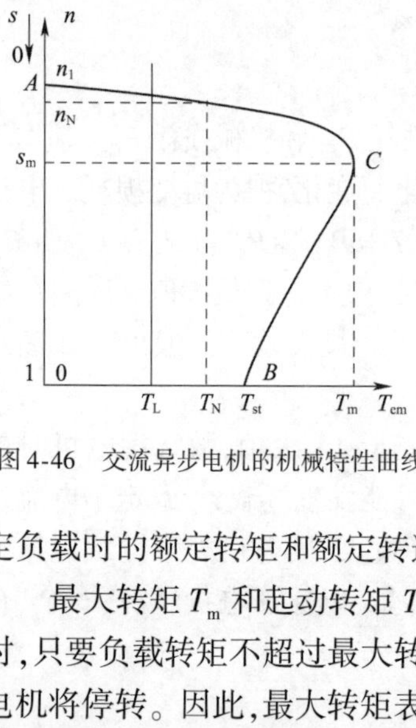

若电机的外加电压、极对数、同步角速度、相数和等效电路参数均已知，则式(4-28)唯一地表示了电磁转矩与转差率之间的函数关系，即电机的机械特性，其曲线如图4-46所示。

机械特性曲线上存在 A、B、C 三个特殊的点。其中，A 点表示同步转速点，此时电机以同步转速 n_1 旋转，即 $n = n_1$ ($s = 0$)，且 $T_{em} = 0$；B 点表示电机的起动点，此时电机处于起动状态，$n = 0$ ($s = 1$)。B 点所对应的转矩 T_{st} 称为起动转矩。C 点为临界点，此时的转差率 s_m 称为临界转差率，电机具有最大转矩 T_m。另外，T_N 和 n_N 分别表示电机带额定负载时的额定转矩和额定转速，T_L 表示负载转矩。

图4-46 交流异步电机的机械特性曲线

最大转矩 T_m 和起动转矩 T_{st} 是表征异步交流电机性能的两个重要指标。电机正常运行时，只要负载转矩不超过最大转矩，电机就可短时过载运行。若负载转矩大于最大转矩，则电机将停转。因此，最大转矩表征了异步交流电机带负载的能力。为保证电机不因短时过载而停转，要求电机具有一定的过载能力。电机的最大转矩越大，短时过载能力越强。将最大转矩与额定转矩之比称为过载倍数，用 K_T 表示为：

$$K_T = \frac{T_m}{T_N} \qquad (4\text{-}29)$$

过载倍数 K_T 表征了电机的过载能力，通常 $K_T = 1 \sim 2.5$。对于起重和冶金用交流异步电机，$K_T = 2.7 \sim 3.7$。

起动转矩 T_{st} 表征了电机的起动能力。通常将起动转矩与额定转矩之比称为起动转矩倍数，用 K_{st} 表示为：

$$K_{st} = \frac{T_{st}}{T_N} \qquad (4\text{-}30)$$

对于一般笼型交流异步电机，K_{st} 为 2 左右；对于起重和冶金用交流异步电机，$K_{st} = 2.8 \sim 4.0$。

当起动转矩 T_{st} 大于负载转矩 T_L 时,电机加速旋转,此时电机转矩 T_{em} 随转速 n 增加而增大,沿图4-46的曲线 BC 段上升,直到达到最大转矩 T_m。随着转速 n 的继续增大,电机转矩 T_{em} 下降,如图4-46的曲线 AC 段。最后,当电机转矩 T_{em} 等于负载转矩 T_L 时,电机将以某一转速稳定运行。电机从起动到稳定运行的过程很短。当电机稳定运行于 AC 段的某一点时,若负载因受扰动而增加,则此时的负载转矩 T_L 大于该点的电机转矩 T_{em},电机转速 n 下降,转矩 T_{em} 随转速 n 的下降而增大,进而与负载达到新的平衡。若负载增加的转矩超过电机的最大转矩 T_m,那么将不存在新的转矩平衡点,电机转速 n 快速下降直至停止,处于堵转状态。此时的电机定子电流很大,电机存在损毁的危险。

由此可见,机械特性曲线的 AC 段为电机的稳定运行区域。电机从空载到满载的转速下降较少,只要负载转矩位于 AC 区间内,电机就能以稳定状态运行。AC 段也称为交流异步电机的硬机械特性,满足大多数电机的拖动要求。

四、交流异步电机的调速方法

交流异步电机正常运行时,其转速略低于同步转速,且转速随负载变化不大,接近于恒速运行,因此其调速性能较直流电机差。如何提高调速性能是交流异步电机所面临的一个重要问题。

交流异步电机的转速可表示为:

$$n = n_1(1-s) = \frac{60f_1}{p}(1-s) \tag{4-31}$$

因此,交流异步电机有以下3种调速方法:
(1)改变定子绕组的极对数 p。
(2)改变供电电源频率 f_1。
(3)改变转差率 s。

1. 变极调速

变极调速是在定子频率一定时,通过改变定子极对数来改变同步转速,从而达到调速的目的。若定子极对数增加一倍,则同步转速下降一半。因此,变极调速只能一级一级地改变电机转速,属有级调速。

变极调速一般适用于笼型感应电机。这是由于笼型转子的极对数能自动随定子极对数的改变而改变,从而保证电机极对数成倍变化,同步转速实现同步改变,电机转速也接近成倍变化。对绕线转子异步电机而言,其转子对数不能自动随定子极对数变化,且同时改变定子和转子绕组极对数比较麻烦,故绕线转子异步电机一般不采用变极调速方法。

极对数取决于定子绕组的结构和接线,通常采用改变定子绕组接线的方法来改变极对数,从而利用一套定子绕组得到两种不同极对数来实现调速。如图4-47所示,以 A 相为例,设其有两组线圈 a_1x_1 和 a_2x_2,若将两线圈顺向串联成如图4-47a)所示,则气隙中形成4极磁场,如图4-47b)所示。若将两线圈采用图4-48a)所示的反向串联或反向并联,则气隙中形成2极磁场,如图4-48b)所示。由此可知,改变定子绕组的接线方式,使每相绕组中有一半绕组反向,即可改变定子极对数。

变极调速的优点是设备简单,操作方便,机械特性较硬,调速能量损耗小,效率高;适用于恒转矩调速和恒功率调速。缺点是有级调速且极数有限,平滑性差;变极绕组需要专门设计,且只适用于笼型转子交流异步电机。

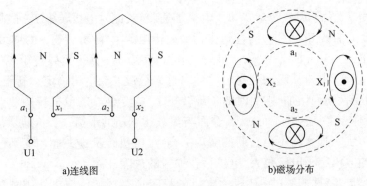

图 4-47 4 极时一相绕组的连接

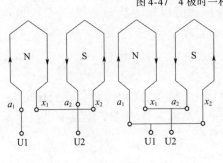

a)连接图　　　　　　　　　　　　b)磁场分布

图 4-48 2 极时一相绕组的连接

2. 变频调速

同步转速 n_1 随频率 f_1 成正比变化，通过改变电源频率 f_1，以使转子转速 n 随之改变。改变电源频率能平滑调节电机转速，实现无级调速，并得到较宽的调速范围，具有良好的调速性能。

三相交流异步电机定子绕组的反电动势 E_1 可表示为：

$$E_1 = 4.44 f_1 N_1 k_{N1} \Phi_m = U_1 + \Delta U \tag{4-32}$$

式中：E_1——气隙磁通在定子每相绕组中的感应电动势有效值；

　　　N_1——定子每相绕组的匝数；

　　　k_{N1}——定子绕组的基波绕组系数，$k_{N1} < 1$；

　　　f_1——定子绕组感应电动势频率，即电源频率；

　　　Φ_m——主磁通；

　　　U_1——定子相电压；

　　　ΔU——漏阻抗压降。

若忽略 ΔU，则 $E_1 \approx U_1 \propto f_1 \Phi_m$。当 $U_1 \approx E_1$ 为常数时，若频率 f_1 减小，则主磁通 Φ_m 增大，会引起磁路过饱和，励磁电流大大增加，导致功率因数降低；若频率 f_1 增大，则主磁通 Φ_m 减小，铁芯利用不充分。在同样的转子电流下，电磁转矩 T_e 减小，导致电机的负载能力下降，电机容量得不到充分利用。因此，当频率 f_1 变化时，为维持电机输出转矩不变，必须保证主磁通 Φ_m 不变。

1）基频以下恒转矩（恒磁通）变频调速

主磁通 $\Phi_m \propto \dfrac{E_1}{f_1} = \dfrac{U_1}{f_1} = C$（$C$ 为常数），为保证 Φ_m 不变，调频时必须同时调节电压，以

保证压频比 U_1/f_1 为一常数。这种调速方法称为 V/F 调速,也称为变压变频(variable voltage variable frequency,VVVF)调速。一般频率从额定频率 f_{1N} 向下调,故需要同时降低电源电压。基频以下的恒转矩变频调速机械特性曲线如图 4-49 所示。由于理想空载转速 $n_1 \propto f_1$,故随着频率 f_1 的不断下降,电机的理想空载转速 n_1 逐渐降低。因电机最大转矩 $T_m \propto (U_1/f_1)^2$,而压频比为常数,故频率 f_1 在额定频率 f_{1N} 附近向下调时,可认为最大转矩 T_m 保持不变。

2) 基频以上恒功率(恒电压)变频调速

基频 f_{1N} 以上变频调速时,电压 $U_1 = U_{1N}$ 保持不变。当频率 f_1 提高时,同步转速 n_1 随之提高,最大转矩 T_m 减小,机械特性上移,如图 4-50 所示。由于频率 f_1 提高且电压 U_1 不变,气隙磁动势减弱,导致电磁转矩 T_e 减小。因转速 n 升高,可认为输出功率 P_e 基本不变。所以,基频以上的变频调速属于弱磁恒功率调速。

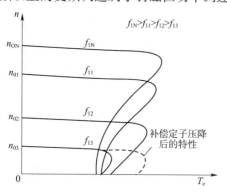

图 4-49 恒转矩变频调速机械特性

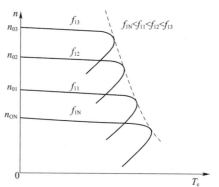

图 4-50 恒功率变频调速机械特性

综上可知,基于 VVVF 调速的电机运行特性如图 4-51 所示:基频以下调速时,电磁转矩 T_e 恒定,电机带负载的能力不变,属于恒转矩调速;基频以上调速时,电机的输出功率恒定,属于恒功率调速。对电动汽车用交流异步电机而言,要求电机恒功率区的调速范围尽可能宽。

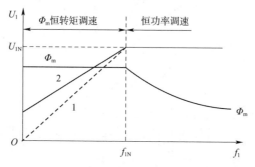

图 4-51 基于 VVVF 调速的异步电机电压-频率关系

3. 改变转差率调速

通过改变转差率实现调速的方法有多种,其中常见的 3 种方法如下。

1) 定子调压调速

由式(4-28)知,电磁转矩 T_e 与定子相电压 U_1 的二次方成正比。可通过改变电压 U_1 进而改变电磁转矩 T_e,来获得一定的调速范围。不同电压时的电磁转矩-转差率曲线如图 4-52 所示。

当改变定子相电压 U_1 时,同步转速不发生变化,临界转差率 s_m 不变。当转差率 $s > s_m$ 时,电机的机械特性较软,一般不能稳定运行,故这种调速方法的调速范围小,转速只能向下调。此外,当负载较轻时,改变电压所得到的转速变化不大,如图中 1、2、3 三点,即电机轻载时几乎没有调速作用。电机在额定负载下降压时,电机电流高于额定电流,导致电机过载运行。因此,定子调压调速方法主要用于拖动风机类负载的小型异步电机。

定子调压调速是一种简单、可靠、价格便宜的调速方法;调压设备可以兼做起动设备。缺点是调速特性较软,低速时转差功率损耗大,效率低,电机不能在低速下长时间运行;对于恒转矩负载,调速范围小,实用价值不大。

2) 转子串电阻调速

转子串电阻调速只适用于中、小容量的绕线转子异步电机,属恒转矩调速方法。图 4-53 所示为改变转子电阻时的电磁转矩 – 转差率曲线。

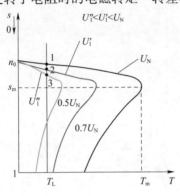

图 4-52 定子调压调速的电磁转矩-转差率曲线

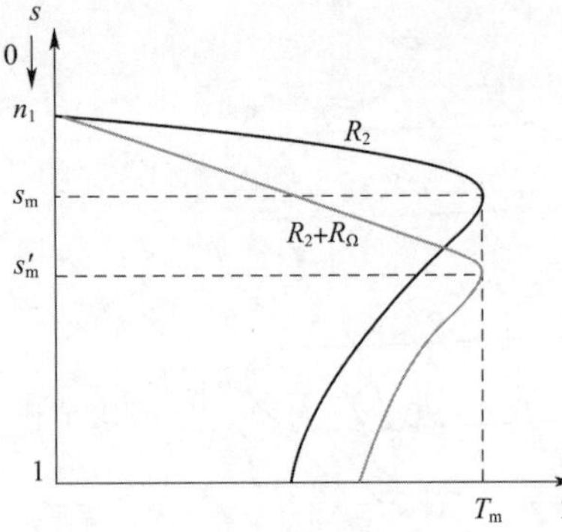

图 4-53 改变转子电阻时的电磁转矩-转差率曲线

可以看出,改变转子电阻能在较宽的范围内进行调速,串联电阻 R_Ω 越大,转速 n 越低。由于电磁转矩正比于电磁功率,若串联电阻前后的负载转矩不变,则由电磁转矩表达式知,R'_2/s 应保持不变,即:

$$\frac{R'_2}{s} = \frac{R'_2 + R'_\Omega}{s_\Omega} \tag{4-33}$$

式中: s ——未串电阻时的转差率;

s_Ω ——串联电阻后的转差率;

R'_Ω ——串接电阻的等效电阻。

转子串电阻调速方法的优点是简单方便、容易实现;起动性能好,调速范围较宽。缺点是低速时转子所串电阻大,导致能量损耗大,效率低;低速时机械特性较软;负载转矩较小时,调速效果不明显;有级调速,平滑性差。

3) 串极调速

为解决转子串电阻调速存在的损耗大、效率低等问题,可在转子回路中接入功率变换装置(而非电阻),引入与转子电动势同频率的附加电动势。通过改变附加电动势的频率和相位实现调速,并将原本消耗在电阻上的电能转化为机械能或回送到电网的电能。这种调速方法称为串极调速。

从能量的角度看,串电阻调速将部分电磁功率消耗在转子电阻上,使电机输出功率减小,进而在一定负载下降低转速。串极调速方法则设法将转差功率回馈到电源或转化为机械功率,从而提高运行效率。

串极调速的优点是效率高,转差功率得到充分利用;机械特性较硬,负载波动时的稳定性较好;可实现无级平滑调速。缺点是低速时的过载能力较低,系统总功率因数降低,设备体积大、成本高。

五、逆变器

作为电动汽车和混合动力汽车的直接动力来源,交流异步电机通常由车载直流电源(蓄电池、燃料电池等)供电。为驱动交流异步电机运转,需要配置电压和频率可变的DC/AC逆变器。

逆变器是将直流变为定频定压或调频调压交流电的转换器,传统方法是利用晶闸管组成的方波逆变电路实现,目前常用方法为PWM控制技术。PWM控制技术通过控制电压脉冲宽度和周期以达到变压目的或通过控制电压脉冲宽度和脉冲列的周期以达到变压变频的目的。其中利用正弦波PWM(SPWM)技术做成的SPWM逆变器能够同时实现调频调压,且在电气传动中能大大降低传动系统的转矩脉冲,扩大调速范围,从而提高系统性能,是交流电机控制中广泛使用的逆变器类型。

通用的DC/AC逆变器由电力电子开关和功率二极管组成,其拓扑结构如图4-54所示。其中三条支路(VT_1和VT_4、VT_2和VT_5、VT_3和VT_6)分别为交流电机的A、B、C相供电,且每个功率开关有一个续流二极管反并联结。若每相只有一个功率开关反复通断,则称为单极性SPWM波形,波形形式如图4-55所示。其中U_t为等腰三角形的载波,U_{ra}和U'_{ra}为正弦调制波,调制波和载波的交点决定了SPWM脉冲序列的宽度和脉冲间的间隔宽度。当A相的$U_{ra} > U_t$时,VT_1导通,输出正弦脉冲电压$U_s/2$。当$U_{ra} < U_t$时,VT_1截止,A相输出电压$U_{a0} = 0$。在U_{ra}负半周,用同样方法控制VT_4,则输出负的脉冲电压序列。改变调制波频率时,输出电压的基波幅值相应发生变化。

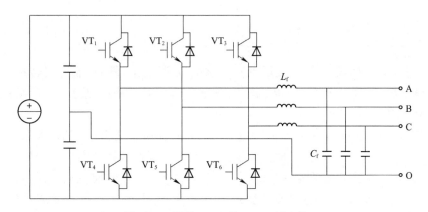

图4-54 正弦波SPWM的DC/AC逆变器

若同一支路上、下两个开关交替地导通与截止,则输出脉冲在"+"和"-"之间变化,由此得到双极式SPWM波形,如图4-56所示。其调制方式与单极式相似,只是输出脉冲电压的极性不同。当A相电压$U_{ra} > U_t$时,VT_1导通,VT_4截止,$U_{A0} = +U_s/2$;当$U_{ra} < U_t$时,VT_1截止,VT_4导通,输出电压$U_{A0} = -U_s/2$。同理,VT_2和VT_5、VT_3和VT_6交替导通得到U_{B0}和U_{C0},如图4-56c)、d)所示。由于$U_{AB} = U_{A0} - U_{B0}$,则可得到逆变器输出的线电压波形U_{AB},如图4-56e)所示。

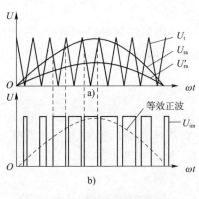
图 4-55 单极式脉宽调制波

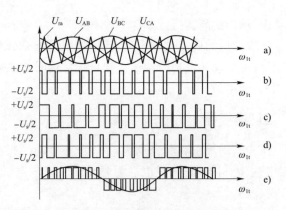
图 4-56 三相双极时 SPWM 波形

电机端电压的基波频率与正弦波基准电压频率相同,因此,可通过改变基准电压频率来改变电机的电压频率。基准电压波 U_{ra} 与三角载波 U_t 的幅值比称为调制指数,即:

$$m = \frac{A}{A_m} \tag{4-34}$$

式中:A——基准正弦波电压 U_A、U_B 或 U_C 的幅值;

A_m——三角载波电压的幅值。

相电压波形的基波分量 U_{AB}、U_{BC} 或 U_{CA} 的有效值为:

$$U_f = \frac{mU_s}{2\sqrt{2}} \tag{4-35}$$

因此,基波电压随 m 线性增长,直至 $m = 1$(即基准电压波幅值与载波幅值相等时)。对于 $m > 1$,U_{A0}、U_{B0} 或 U_{C0} 的脉冲数变少。当调制停止时,波形变为正弦波。

六、交流异步电机的控制

1. 交流异步电机的矢量控制

1) 矢量控制原理

VVVF 基于电机的稳态模型,实际上只控制电机磁通,而没有控制电机转矩,且动态控制性能不够理想。矢量控制方法彻底解决了交流异步电机动态控制性能差的缺点,其控制性能可与直流电机相媲美。

矢量控制(VC)也称为磁场定向控制(FOC),是目前所有交流电机所广泛采用的控制技术,其基本思路是:模拟直流电机的控制方法进行控制,根据线性变换以及变换前后磁势和功率不变的原则,通过正交变换将 A-B-C 三相坐标系下的数学模型变成 α-β 两相静止坐标系(Clarke)下的模型,然后再通过旋转变换将两相静止坐标系下的模型变成两相旋转坐标系(Park)下的模型(d-q)。在 α-β/d-q 变换下,交流异步电机具有与直流电机相似的转矩表达式,并且定子电流实现解耦,被分解为按旋转磁场定向的两个直流分量 i_d、i_q。其中 i_d 用于产生有效磁场,相当于直流电机的励磁电流,称为定子电流的励磁分量;i_q 用于产生转矩,相当于直流电机的电枢电流,称为定子电流的转矩分量。通过分别控制 i_d 和 i_q,可使交流异步电机的调速系统具有与直流电机调速系统相似的动态性能。

要得到 i_A、i_B、i_C 和 i_α、i_β 与 i_d、i_q 之间的等效关系,需要进行坐标变换。三相静止绕组向两相静止绕组及两相静止绕组向三相静止绕组的变换分别称为 3/2 变换和 2/3 变换。设交流异步电机的三相绕组（A-B-C）与两相绕组（α-β）的轴线如图 4-57 所示，且令 A 轴与 α 轴重合。当三相绕组总磁动势与两相绕组总磁动势相等时，变换矩阵表示为：

$$\begin{bmatrix} i_\alpha \\ i_\beta \end{bmatrix} = \sqrt{\frac{2}{3}} \begin{bmatrix} 1 & -\frac{1}{2} & -\frac{1}{2} \\ 0 & \frac{\sqrt{3}}{2} & -\frac{\sqrt{3}}{2} \end{bmatrix} \begin{bmatrix} i_A \\ i_B \\ i_C \end{bmatrix} = C_{3/2} \begin{bmatrix} i_A \\ i_B \\ i_C \end{bmatrix} \tag{4-36}$$

其中 $C_{3/2}$ 表示从三相坐标系变化到两相坐标系的变换矩阵，即：

$$C_{3/2} = \sqrt{\frac{2}{3}} \begin{bmatrix} 1 & -\frac{1}{2} & -\frac{1}{2} \\ 0 & \frac{\sqrt{3}}{2} & -\frac{\sqrt{3}}{2} \end{bmatrix} \tag{4-37}$$

式（4-36）的逆变换公式为：

$$\begin{bmatrix} i_A \\ i_B \\ i_C \end{bmatrix} = \sqrt{\frac{2}{3}} \begin{bmatrix} 1 & 0 \\ -\frac{1}{2} & \frac{\sqrt{3}}{2} \\ -\frac{1}{2} & -\frac{\sqrt{3}}{2} \end{bmatrix} \begin{bmatrix} i_\alpha \\ i_\beta \end{bmatrix} = C_{2/3} \begin{bmatrix} i_\alpha \\ i_\beta \end{bmatrix} \tag{4-38}$$

其中 $C_{2/3}$ 表示从两相坐标系变化到三相坐标系的变换矩阵，即：

$$C_{2/3} = \sqrt{\frac{2}{3}} \begin{bmatrix} 1 & 0 \\ -\frac{1}{2} & \frac{\sqrt{3}}{2} \\ -\frac{1}{2} & -\frac{\sqrt{3}}{2} \end{bmatrix} \tag{4-39}$$

当静止两相绕组和旋转两相绕组所产生的磁动势相同时，认为二者是等效的。旋转两相绕组与静止两相绕组之间的变换称为 2r/2s 变换。设 α-β 为静止两相坐标系，d-q 为以任意角速度 ω 旋转的旋转两相坐标系，坐标轴设定如图 4-58 所示。其中 θ 为 α 轴与 d 轴之间的夹角，d-q 绕组在空间垂直放置，将电流 i_d 和 i_q 分别置于 d 轴和 q 轴上，并让 d-q 坐标以角速度 ω 旋转。则夹角 θ 是一个随负载和转速而变化的变量，在不同时刻有不同的取值。旋转两相坐标系 d-q 与静止两相坐标系 α-β 之间的变换关系为：

$$\begin{bmatrix} i_d \\ i_q \end{bmatrix} = \begin{bmatrix} \cos\theta & \sin\theta \\ -\sin\theta & \cos\theta \end{bmatrix} \begin{bmatrix} i_\alpha \\ i_\beta \end{bmatrix} = C_{2s/2r} \begin{bmatrix} i_\alpha \\ i_\beta \end{bmatrix} \tag{4-40}$$

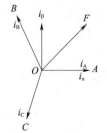
图 4-57 静止三相和两相绕组坐标系

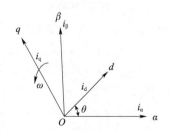
图 4-58 旋转两相和静止两相绕组坐标系

其中 $C_{2s/2r}$ 为两相静止坐标系到两相旋转坐标系的变换矩阵，表示为：

$$C_{2s/2r} = \begin{bmatrix} \cos\theta & \sin\theta \\ -\sin\theta & \cos\theta \end{bmatrix} \quad (4-41)$$

式(4-40)的逆变换矩阵形式为:

$$\begin{bmatrix} i_\alpha \\ i_\beta \end{bmatrix} = \begin{bmatrix} \cos\theta & -\sin\theta \\ \sin\theta & \cos\theta \end{bmatrix} \begin{bmatrix} i_d \\ i_q \end{bmatrix} = C_{2r/2s} \begin{bmatrix} i_d \\ i_q \end{bmatrix} \quad (4-42)$$

其中 $C_{2r/2s}$ 为两相旋转坐标系到两相静止坐标系的变换矩阵,表示为:

$$C_{2r/2s} = \begin{bmatrix} \cos\theta & -\sin\theta \\ \sin\theta & \cos\theta \end{bmatrix} \quad (4-43)$$

前文所述的旋转两相 d-q 坐标系只规定了 d-q 轴随磁场同步旋转,但未限定 d 轴与旋转磁场的相对位置,因此有无数多个 d-q 坐标系可供选择。而一般的旋转两相 d-q 坐标系并不能实现磁场控制与转矩控制的解耦。为实现矢量控制,必须对 d 轴的取向进行限定,即为定向。在交流异步电机的矢量控制中,通常使 d 轴与电机某一旋转磁场的方向相一致,称为磁场定向,故矢量控制也称为磁场定向控制。

矢量控制可按不同的磁场进行定向,若旋转坐标系的 d 轴放在转子磁场上,则称为转子磁场定向控制;若旋转坐标系的 d 轴放在定子磁场上,则称为定子磁场定向控制;若旋转坐标系的 d 轴放在气隙磁场上,则称为气隙磁场定向控制。在上述三种磁场定向控制方法中,后两种控制较难实现,且电机的电磁转矩表达式为非线性,故常采用转子磁场定向控制方法。

当转子磁链 ψ_r 恒定时,基于转子磁场定向控制的交流异步电机的电磁转矩可表示为:

$$T_e = p_n \frac{L_m^2}{L_r} i_d i_q \quad (4-44)$$

式中:L_m——d-q 坐标系中位于同一坐标轴上的定子与转子等效绕组间的互感;

L_r——d-q 坐标系转子等效两相绕组的自感。

由式(4-44)知,当转子磁链 ψ_r 恒定时,交流异步电机的电磁转矩表达式与直流电机电磁转矩方程式相似。但从物理结构上看,直流电机通过换向器和电刷来固定磁场的空间位置关系,而交流异步电机则通过坐标变换或矢量变换使转子磁链 ψ_r 与转矩电流分量 i_q 正交解耦。因此,可通过控制转子磁链 ψ_r 和转矩电流 i_q、或控制励磁电流 i_d 和转矩电流 i_q 来控制交流异步电机的电磁转矩 T_e。在额定转速以下时,保持励磁电流 i_d 为额定值,通过调节转矩电流 i_q 来改变电磁转矩 T_e,实现转矩控制;在额定转速以上时,调节励磁电流 i_d 及转速 ω_r 自动调节,保持 $i_d\omega_r$ 恒定,同时调节转矩电流 i_q,保持 $T_e\omega_r$ 恒定,以实现恒功率控制。

2) 矢量控制驱动系统

如前文所述,转子磁场定向控制是交流异步电机最常用的矢量控制方法。为区别于未定向的旋转两相 d-q 坐标系,将 d 轴定位于转子磁场的方向,并称为 M(Magnetization)轴,相应地将 q 轴称为 T(Torque)轴,由此得到按转子磁场定向的 MT 坐标系。M 绕组相当于直流电机的励磁绕组,i_m 相当于励磁电流;T 绕组相当于伪静止的电枢绕组,i_t 相当于与电磁转矩成正比的电枢电流。

三相交流异步电机经坐标变换可等效成 MT 坐标系下的直流电机。与其他电机的驱动系统结构相似,三相交流异步电机的矢量控制驱动系统主要有 3 个部分:电机、电力电子变换器和控制器,其结构如图 4-59 所示。

控制器根据给定信号和反馈信号产生 MT 坐标系下的定子电流励磁分量 i_{sM}^* 和转矩分

量 i_{sT}^* 的给定值。为获得较好的动态性能，矢量控制系统通常对电流进行闭环控制。电流闭环控制既可以在 MT 坐标系中进行，也可在三相静止坐标系中进行，此处采用后者。为此需将 i_{sM}^* 和 i_{sT}^* 经旋转逆变换 VR^{-1} 转换为 $i_{s\alpha}^*$ 和 $i_{s\beta}^*$，再经 2/3 变换得到三相电流给定值 i_A^*、i_B^* 和 i_C^*，然后通过变频器对电流进行闭环控制。如采用滞环电流控制的 PWM 逆变器，输出为实现矢量控制所需的三相定子电流。

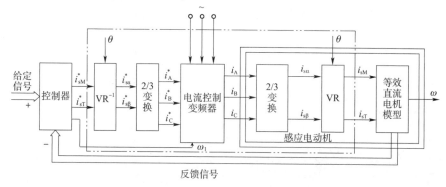

图 4-59　按转子磁场定向的矢量控制驱动系统结构

为更好地理解矢量控制，图 4-59 将交流异步电机用等效直流电机模型和相应的坐标变换进行表示。由图 4-59 可以看出，若忽略变频器可能产生的滞后，则可认为 i_A、i_B、i_C 与 i_A^*、i_B^*、i_C^* 相等，即变频器相当于放大系数为 1 的放大器，从而可将其从原理图中去掉。此时，2/3 变换与电机内部的 3/2 变换环节相抵消，旋转逆变换 VR^{-1} 与电机内部的旋转变换环节 VR 相抵消，则可删去图 4-59 中点画线框内的部分，剩余部分与直流调速系统非常相似。

矢量控制驱动系统的控制器除控制电机转速外，通常还需对磁链进行控制，以使动态过程中的转子磁链 ψ_r 被控制在期望值上。因此，通常设有转速调节器（ASR）和磁链调节器（$A\Psi R$），典型结构如图 4-60 和图 4-61 所示。

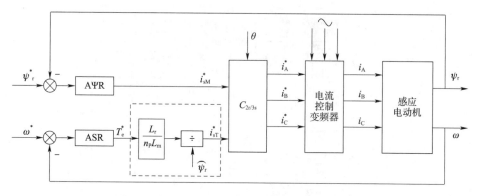

图 4-60　带除法环节的交流异步电机矢量控制驱动系统

图 4-60 中，$A\Psi R$ 的输出作为定子电流励磁分量的给定值 i_{sM}^*，ASR 的输出原则上可作为定子电流转矩分量的给定值 i_{sT}^*（即去除图 4-60 中点画线框内的部分）。但由于交流异步电机内部复杂的耦合关系，动态过程中转子磁链 ψ_r 难免发生波动，若直接以 ASR 的输出作为 i_{sT}^*，可能会因磁链偏差导致动态过程产生的转矩 T_e 与给定值 T_e^* 不一致，从而影响系统的动态响应。为改善动态响应性能，应设法消除或抑制转子磁链 ψ_r 波动对转矩的影响，常用方法有两种：

(1) 在 ASR 的输出增加除法环节,如图 4-60 点画线框所示。ASR 输出为转矩给定值 T_e^*,按照式(4-44)除以转子磁链和相应系数,得到定子电流转矩分量的给定值 i_{sT}^*。这样当转子磁链 ψ_r 减少或增大时,通过除法环节使 i_{sT}^* 相应的增大或减少,从而抵消转子磁链 ψ_r 对电磁转矩的影响。

(2) 在 ASR 滞后增设转矩调节器(ATR),如图 4-61 所示。当转子磁链 ψ_r 发生波动时,通过 ATR 及时调整定子电流转矩分量的给定值 i_{sT}^*,以抵消转子磁链 ψ_r 对电磁转矩的影响。

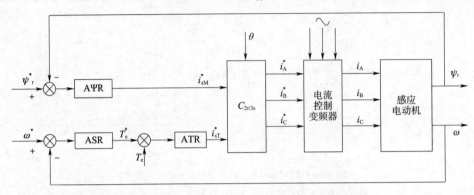

图 4-61 转矩闭环控制的交流异步电机矢量控制驱动系统

2. 交流异步电机的直接转矩控制

直接转矩控制(DTC)是继矢量控制技术之后发展起来的一种高动态性能的交流电机变压变频调速技术。DTC 技术首先应用于异步电机的控制,后来逐步推广到弱磁控制和同步电机控制。

不同于矢量控制技术,直接转矩控制不需要复杂的坐标变换,而是通过转矩闭环来直接控制电机的电磁转矩,从而省略矢量控制中的磁场定向、矢量变换和电流控制过程,能够进一步提高控制系统的动态响应性能。经典的直接转矩控制驱动系统结构如图 4-62 所示。

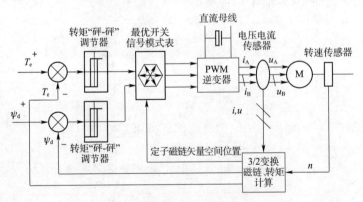

图 4-62 直接转矩控制驱动系统

转子磁场定向控制是尽量保持转子磁场的恒定,而直接转矩控制则是尽量维持定子磁场的恒定。如图 4-62 所示,直接转矩控制能够在定子静止坐标系中对定子磁链和电磁转矩进行独立控制。通过检测定子电压、电流,同时借助空间矢量理论(3/2 变换原理)来计算电机的磁链和转矩。转矩和磁链的调节器不再选用 PI 调节器,而采用具有继电器特性的"砰-砰"调节器,将转矩和磁链的脉动控制在预先设定的一定容差范围内。同时应注意,定子磁链幅值的细小波动是驱动直接转矩控制产生 PWM 信号的动力。"砰-砰"调节器是进行比较和量化的环节,然后根据定子磁链幅值与电机转矩的滞环式"砰-砰"调节器输出量、定子磁链矢量空间位置形成查表所需的信息,从最优开关信号模式表中直接查出应施加的电压矢量所对应的开关信号,进而对逆变器进行控制。

直接转矩控制和矢量控制都可对交流异步电机进行高性能的动态控制,是目前交流异步电机的两种最典型的控制技术。表4-3对比了两种控制技术的性能和特点。

直接转矩控制与矢量控制的性能和特点对比 表4-3

性能、特点	直接转矩控制	矢量控制
转矩控制	转矩直接闭环控制	无转矩的直接闭环控制
磁链控制	需要定子磁链大致位置,定子磁链幅值闭环可能控制	需要转子磁链精确定向,转子磁链可开环或闭环控制
电流控制	无电流的闭环控制	有定子电流的闭环控制
坐标变换	静止坐标变换	旋转坐标变换
闭环控制调节器	砰-砰滞环调节器,典型的非线性环节	传统PI线性调节器
转子参数影响	无	有
转矩动态响应	更快	快
转矩脉动	脉动较大	较平滑
调速范围	不够宽	较宽

3. 交流异步电机的无传感器控制

高性能的交流调速系统一般需要在电机转子轴上安装机械式传感器以测量转子转速和位置。这些机械式传感器通常是光电编码器、旋转变压器和测速发电机。传感器能够提供电机控制所需的转子信号,但同时也为传动系统带来一系列问题:

(1)机械式传感器增加了电机转轴上的转动惯量,加大了电机的空间尺寸和体积。采用机械式传感器检测转子转速和位置时,需要增加电机与控制系统之间的连接线和接口电路,导致控制系统易受干扰,降低系统的可靠性。

(2)受机械式传感器使用条件(如温度、湿度和振动)的限制,传动系统不能广泛适用于任何场合。

(3)机械式传感器及其辅助电路增加了传动系统成本。

为克服使用机械式传感器给传动系统带来的缺陷,许多学者展开了无传感器控制技术的研究。所谓无传感器控制即利用电机绕组的各种电信号(电压、电流等),通过适当方法来估计转子转速和位置,从而取代机械式传感器,实现交流传动系统速度的闭环控制。

交流异步电机无传感器控制的一种常见形式是测量定子电流和电压,然后根据测量数据以及电机相关参数来计算转差,从励磁频率中减去转差频率即可得到转子转速。这种方法虽然理论上可行,但却需要纯净的转子感应电压。而转子感应电压易含有直流偏量,会影响积分器的输出。若采用状态观测器来估算转子磁通,则又会受到定子电流和转子磁通跟踪误差的干扰。一些研究者试图通过减少定子电流微分来降低对转子磁通和电机转速的估算影响,而这一想法也受到了研究人员的追捧。Khalil等人指出,通过估算交流电流及其衍生电流,就可计算转子磁通和转速。该方法使用滑膜控制器来获取交流异步电机的电压参考信号,同时以高增益观测器对定子q轴电流进行微分,其原理图如图4-63所示。

图4-63所示的控制器不仅能估算转子转速,同时还能跟踪车辆高级控制器所发出的磁

通和转矩指令。将定子电流先转换到 d-q 坐标系,然后利用高增益观测器进行处理,即可降低微分器的噪声影响。

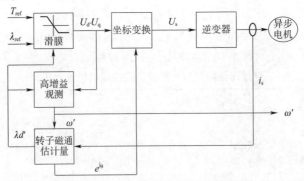

图 4-63　无传感器的非线性控制器

七、交流异步电机的特点

交流异步电机的优点如下:

(1)结构简单、体积小、质量轻。在相同功率条件下,交流异步电机的质量约为直流电机的一半。

(2)由于没有电刷和换向器装置,不存在换向的电火花问题,故交流异步电机运行可靠、维护方便、使用寿命长。

(3)效率高于有刷直流电机。

(4)技术成熟,应用广泛,成本较低。

交流异步电机的缺点如下:

(1)调速性能较差,在要求有较宽广的平滑调速范围的应用场合时,不如直流电机经济、方便。

(2)电机运行时从电力系统吸收无功功率以建立旋转磁场,功率因数较低。

(3)交流异步电机为多变量非线性系统,控制复杂。

第四节　永磁电机驱动系统

永磁电机具有效率高、结构紧凑、低转速时转矩大,以及易于再生制动控制等优点,被广泛用于电动汽车和混合动力汽车的动力系统,如丰田汽车公司的 Prius 混合动力汽车就搭载了 21kW/288V 的交流永磁电机。永磁电机在混合动力系统中,正常行驶时作为驱动电机使用,减速制动时则作为发电机使用。此外,具有高功率密度的永磁电机也越来越多的应用于飞机、船舶、海军等领域。

一、永磁电机的分类

永磁(Permanent Magnet,PM)电机利用永磁体产生气隙磁通,代替了直流电机的励磁线圈或交流电机定子的励磁体,取消了转子的导体铜耗和励磁电路。永磁电机有多种分类方法,根据输入电机接线端的电流种类可分为永磁直流电机和永磁交流电机。由于永磁交流电机没有电刷、换向器或集电环等装置,因此也称为永磁无刷电机。

根据输入电机接线端的交流波形,永磁无刷电机可分为永磁同步电机和永磁无刷直流电机。永磁同步电机输入的是交流正弦波或近似正弦波,并采用连续转子位置的反馈信号来控制换向;永磁无刷直流电机输入的是交流方波,采用离散转子位置的反馈信号来控制换向。

永磁同步电机是市面上主流的驱动电机,较其他电机而言,其具有功率密度大、效率高、体积小、质量轻、结构多样化以及应用范围广等优点。相关数据表明,2017 年 1—10 月我国新能源汽车在乘用车领域,永磁同步电机占比 78.1%;客车领域,永磁同步电机占比 94.6%;专用汽车领域,永磁同步电机占比 78.6%。故下面将重点介绍永磁同步电机。

二、永磁同步电机结构及工作原理

永磁同步电机主要由定子和转子两大部分组成,如图 4-64 所示。定子与普通交流电机基本相同,由电枢铁芯和电枢绕组组成。电枢铁芯一般采用 0.5mm 厚的硅钢片叠压而成。对于具有高效率指标或频率较高的电动机,为减少铁耗,可使用 0.35mm 的低损耗冷轧无取向硅钢片。电枢绕组可采用集中绕组或分布短距绕组。对于极数较多的电机,还可采用分数槽绕组。

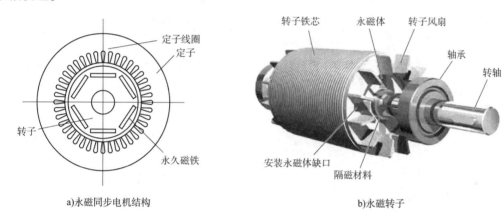

图 4-64 永磁同步电机

永磁同步电机的转子主要由永磁体、转子铁芯和转轴组成。转子结构的选择,要兼顾低速恒转矩控制运行的出力和高速恒功率区域的弱磁扩速性能,尽量提高直轴电枢反应电感和凸极率,增大弱磁性能和磁阻转矩分量,提高电机与逆变器容量的利用率。同时,还应避免转子中永磁体的不可逆退磁,确保转子有足够的机械强度,以保证电机最高转速下的安全可靠运行。

永磁同步电机的转子永磁体主要采用铁氧体永磁材料和钕铁硼永磁材料;转子铁芯可根据磁极结构的不同,选用实心钢或采用钢板或硅钢片冲制后叠压而成。此外,永磁同步电机还需装有转子位置检测器,用来检测转子位置,并以此控制电枢电流,达到对永磁同步电机驱动控制的目的。

根据永磁体在转子中的形状和位置,永磁同步电机可进行如下分类:①表面固定型;②嵌入型;③内置型,具体结构如图 4-65 所示。表面固定型和嵌入型统称为表面式永磁同步电机,但二者主要区别在于:嵌入型的永磁体嵌入转子表面,但仍有部分磁体裸露在气隙中;表面固定型永磁同步电机的永磁体采用环氧黏结剂或楔形块固定在圆柱形转子表面。用无磁性的不锈钢或碳纤维套筒包裹永磁体。该类型转子的机械强度取决于环氧黏结剂的强度,但制造工艺相对简单。

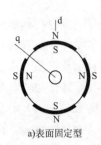 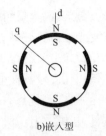 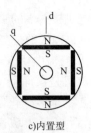

a) 表面固定型　　　　b) 嵌入型　　　　c) 内置型

图 4-65　永磁同步电机转子类型

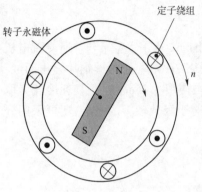

图 4-66　永磁同步电机模型

内置型永磁同步电机的永磁体安放在转子内部,永磁体外表面与定子铁芯内圆之间有铁磁物质制成的极靴,极靴中可放置铸铝笼或铜条笼,起阻尼或起动作用,广泛用于要求有异步起动能力或动态性能较高的永磁同步电机。内置式转子内的永磁体受极靴保护,转子磁路结构的不对称性所产生的磁阻转矩有助于提高电机的过载能力或功率密度,且易于弱磁扩速。但内置型永磁电机转子的制造工艺相对复杂,且成本较高。

永磁同步电机的工作原理如图 4-66 所示。定子三相对称绕组通入三相对称交流电,产生旋转磁场,用 N、S 极来表示。该旋转磁场与转子永磁体相互作用,使转子产生电磁转矩,从而拖动永磁转子随旋转磁场同步旋转。旋转速度可表示:

$$n = n_1 = \frac{60f_1}{p_n} \tag{4-45}$$

式中：n——转子转速;

n_1——同步转速;

f_1——电源频率;

p_n——电机极对数。

三、永磁同步电机驱动系统

为提高永磁同步电机的控制系统性能,使其具有更快的响应速度和更高的转速控制精度以及更宽的调速范围,提出了各种不同的控制策略,如恒压频比开环控制、矢量控制、直接转矩控制等。典型的永磁同步电机驱动系统包含永磁同步电机、三相桥式逆变器、门极驱动器、位置传感器、电流或电压传感器、微处理器或数字信号处理器,以及相应的接口电路,驱动系统结构如图 4-67 所示。

系统控制器设置参考信号或控制信号,该信号可为位置信号、转速信号、电流信号或转矩信号。传感器电路为控制器提供相应的反馈信号。信号参考值与实际值之间的误差信号被转换为门极控制信号并传给逆变器开关。开关接受门极信号指令,并将期望的定子电流输入三相转子绕组来降低信号误差。

1. 矢量控制

矢量控制是高性能永磁同步电机最常用的控制算法。由于永磁同步电机转速与电源频率严格同步,转子转速等于旋转磁场转速,转差率恒为零,不存在转差功率。因此,永磁同步电机的矢量控制比异步电机的矢量控制更为简单,也更容易实现。

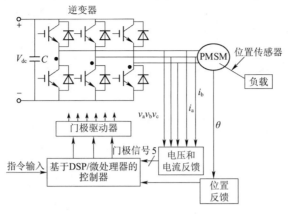

图 4-67 典型的永磁同步电机驱动系统结构

在矢量控制算法中,将同步旋转磁场坐标系的 d 轴放在转子磁链上,在转子参考坐标系下,d、q 轴上的电压方程表示为:

$$\begin{cases} u_q = R_s i_q + L_q p i_q + \omega_r L_d i_d + \omega_r \psi_f \\ u_d = R_s i_d + L_d p i_d - \omega_r L_q i_q \end{cases} \quad (4\text{-}46)$$

磁链方程为:

$$\begin{cases} \psi_q = L_q i_q \\ \psi_d = L_d i_d + \psi_f \end{cases} \quad (4\text{-}47)$$

电磁转矩表示为:

$$T_e = p_n [\psi_f i_q - (L_d - L_q) i_d i_q] \quad (4\text{-}48)$$

式中:u_d、u_q——d、q 轴绕组电压;
$\quad\quad i_d$、i_q——d、q 轴绕组电流;
$\quad\quad L_d$、L_q——d、q 轴绕组电感;
$\quad\quad R_s$——定子相电阻;
$\quad\quad \omega_r$——转子角速度;
$\quad\quad \psi_f$——永磁体基波励磁磁场链过定子绕组的磁链;
$\quad\quad p_n$——电机极对数;
$\quad\quad p$——微分算子。

电磁转矩方程式表明,若 d 轴电流 i_d 保持恒定,则电磁转矩 T_e 与 q 轴电流 i_q 成正比。当 $i_d = 0$ 时,电磁转矩完全正比于 q 轴电流。此时只需控制定子电流大小就可很好的控制永磁同步电机的输出转矩。

图 4-68 所示为永磁同步电机的矢量控制结构框图。通过分别比较并控制永磁同步电机的电流实际值 i_d、i_q 与给定值 i_d^*、i_q^*,实现转矩与转速控制。此外,i_d 和 i_q 可分别独立进行控制。

2. 直接转矩控制

永磁同步电机的直接转矩控制驱动系统结构如图 4-69 所示,其与交流异步电机的直接转矩控制系统结构相似。开关信号由转矩和定子磁链的给定值与反馈值之间的偏差经滞环比较得到,而转矩和定子磁链的给定值由电磁转矩和定子磁链的估计模型经计算得到。

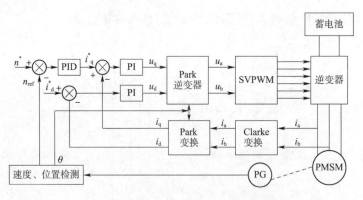

图 4-68 永磁同步电机的矢量控制结构框图

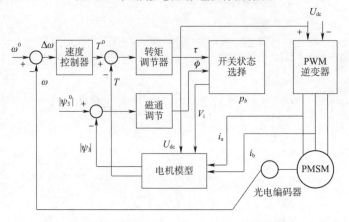

图 4-69 永磁同步电机的直接转矩控制驱动系统结构

永磁同步电机直接转矩控制的具体过程表述为：逆变器输出的三相电流 i_A、i_B、i_C 通过 3/2 变换得到 i_α 和 i_β；根据逆变器电压状态与逆变器开关状态以及直流电压 U_{dc} 之间的关系，可得到 u_α 和 u_β。根据磁链模型得到磁链在 $\alpha\beta$ 坐标系上的分量 Ψ_α 和 Ψ_β，再由 Ψ_α、Ψ_β、i_α、i_β 通过转矩模型得到电磁转矩 T，并与经 PI 速度调节器输出的转矩 T^* 进行滞环比较，输出结果用来决定开关状态。把 Ψ_α、Ψ_β 求平方和，得到的 $|\Psi_s|$ 与磁链给定值 Ψ_s^* 进行比较，结果由滞环比较器输出。同时利用 Ψ_α、Ψ_β 判断磁链所在区域，确定 θ 值。结合调节器的输出以及 θ 值，合理选择开关矢量并确定逆变器的开关状态。

四、永磁同步电机的特点

永磁同步电机具有如下优点：

(1) 采用永磁体取代电枢绕组，并省去了集电环和电刷等装置，结构更为简单，运行可靠。

(2) 转子无绕组，无铜损，定子电流和铜损较小，电机效率高。

(3) 电机转速与旋转磁场转速同步，控制电源频率即可控制电机转速，电机调速范围宽。

(4) 具有较硬的机械特性，对于因负载变化而引起的电机转矩扰动具有较强的承受能力，适用于负载转矩变化较大的场合。

(5) 与同功率的感应电机相比，永磁同步电机的体积更小，质量更轻，而功率密度更大。

(6) 结构多样化，应用范围广。

目前,永磁同步电机的主要缺点是永磁体价格昂贵且对温度敏感,磁铁芯片易损等。永磁同步电机的转矩/惯量比大、过载能力强、低转速时的输出转矩大,适用于电动汽车的起步加速,在电动汽车上的应用日益广泛,也是纯电动汽车动力驱动电机的最佳选择。

第五节 开关磁阻电机驱动系统

开关磁阻电机的发展历程较短,研发于20世纪80年代,是一种新型的调速电机。开关磁阻电机调速系统兼具直流、交流两类调速系统的优点,是继变频调速系统、无刷直流电机调速系统的最新一代无级调速系统。开关磁阻电机结构简单、坚固、维护方便甚至免维护,起动及低速时转矩大、电流小,在较宽转速和功率范围内具有高输出和高效率,且容错能力好,被认为是变速电机驱动中的最优选择。开关磁阻电机适用于电动汽车、电牵引应用、机动车、飞机起动机/发电机系统、采矿驱动等领域。

一、开关磁阻电机结构

开关磁阻电机是一种新型电机,由双凸极的定子和转子组成,其定子和转子的凸极均由普通硅钢片叠压而成。开关磁阻电机结构如图4-70所示。定子上绕有集中绕组,径向两个绕组串联组成一个两极磁极,构成一相绕组;转子上既无绕组也无永磁体。

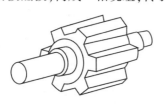 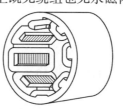

图4-70 开关磁阻电机的基本结构

开关磁阻电机可设计成多种不同的相数结构,且定子、转子的极数有多种不同搭配,如可设计为单相、两相、三相、四相及多相等不同相数结构,但低于三相的开关磁阻电机一般没有自起动能力。相数多,有利于减小转矩波动,但同时也导致电机结构更为复杂,主开关器件多、成本增加。目前应用较多的是三相6/4极结构和四相8/6极结构。常见的定、转子极数组合方案见表4-4,同时图4-71给出了几种常见的开关磁阻电机结构。

常见的定、转子极数组合　　　　　　表4-4

相数	3	4	5	6	7	8	9
定子极数	6	8	10	12	14	16	18
转子极数	4	6	8	10	12	14	16
步进角(°)	30	15	9	6	4.28	3.21	2.5

定子和转子的凸极数不相等,但应尽量接近。原因是当定子和转子极数相近时,可能会加大定子相绕组电感随转角的平均变化率,这是提高电机出力的重要途径。转子凸极数一般比定子少两个。

二、开关磁阻电机的工作原理

开关磁阻电机的运行遵循"磁阻最小原理",即磁通总是沿着磁阻最小的路径闭合。当某相的转子和定子凸极完全对齐时,此时产生的磁阻最小,称为该相的对准位置;当转子凸极与定子凸极不重合时,称为非对准位置。在非对准位置时,磁场的磁力线是扭曲的,此时磁阻不是最小,形成磁阻转矩。该转矩试图使相近的转子凸极旋转到对准位置,即磁阻最小位置。

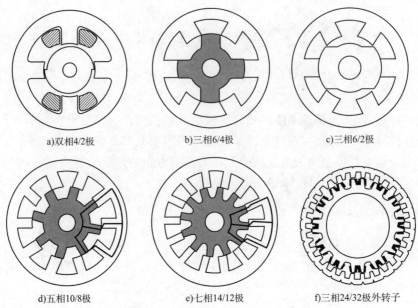

图 4-71　开关磁阻电机结构示意图

图 4-72 所示为四相 8/6 极开关磁阻电机原理图。定子上有 8 个凸极,对应为 A、B、C、D 四对磁极,分别绕有 A、B、C、D 四相绕组;转子上有 6 个凸极;S_1、S_2 为电子开关,VD_1、VD_2 为二极管,U 为直流电压。

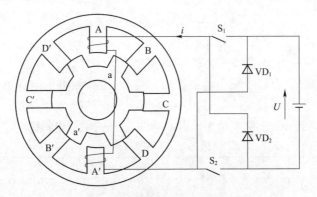

图 4-72　四相 8/6 极开关磁阻电机原理图

当 A 相绕组电流控制开关 S_1、S_2 闭合时,A 相励磁,所产生的磁场力力求使磁路的磁阻最小,即磁力线力图通过最小磁阻路径,转子将受到磁阻转矩的作用,旋转到转子极轴线 aa′ 与定子极轴线 AA′ 重合位置。

顺时针给 A→B→C→D 相绕组通电(B、C、D 相绕组未画出),则 A、B、C、D 四对磁极依次产生磁场并吸引转子转动,此时转子将逆时针方向旋转;反之,若依次给 A→D→C→B 相绕组通电,则转子将沿顺时针方向连续转动。当 A、B、C、D 四相定子绕组轮流通电一次时,转子将转过一个转子极距。因此,开关磁阻电机的转向与相绕组的电流方向无关,仅取决于相绕组导通顺序。

设定子绕组为 m 相,定子凸极数 $N_s = 2m$,转子齿极数为 N_r。当定子绕组切换通电一次时,转子转过一个凸极齿距。定子相绕组需通电 N_r 次,转子才旋转一周。则每相绕组通、断电一次转子转过的角度,即步距角为:

$$\theta_b = \frac{360°}{N_r m K} \tag{4-49}$$

式中:K——与通电方式有关的系数,四相单四拍通电时,$K = 1$。

开关磁阻电机转速 $n(\text{r/min})$ 与相绕组开关频率 f 之间的关系为:

$$n = 60\frac{f}{N_r} \tag{4-50}$$

给定子相绕组供电的功率变换器输出的电流脉动频率 f_D 为:

$$f_D = \frac{m N_r n}{60} \tag{4-51}$$

三、开关磁阻电机的运行特性

1. 开关磁阻电机的基本方程

1) 开关磁阻电机的电压方程

开关磁阻电机依靠转子的凸极效应来产生电磁转矩,其机理可利用相绕组电感随转子的位置关系进行说明。若忽略磁路饱和的影响,则相绕组电感与电流大小无关。如若不计磁场边缘扩散效应,则相绕组电感 L 与转子位置 θ 的变化关系近似为一梯形波,如图 4-73 所示。

图 4-73 中,θ_1 为转子凸极前沿与定子凸极后沿对准处;θ_2 为转子凸极前沿与定子凸极前沿对准处;θ_3 为转子凸极后沿与定子凸极后沿对准处;$\theta_4(\theta_{-1})$ 为转子凸极后沿与定子凸极前沿对准处。

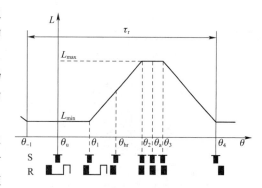

图 4-73 定子绕组电感与转子转角的变化关系

在 $\theta_{-1} \sim \theta_1$ 之间,定子凸极与转子槽相对,此时磁阻最大,相电感保持最小值 $L_{\min}$ 不变。

在 $\theta_1 \sim \theta_2$ 之间,从转子凸极前沿与定子凸极后沿对准开始,随着转子转动,两者重叠面增加,磁阻逐渐减小,相电感逐渐增加,直到全部重叠,磁阻最小,相电感达到最大值 $L_{\max}$。

在 $\theta_2 \sim \theta_3$ 之间,定子与转子凸极全部重叠,相应的定子、转子凸极之间的磁阻恒为最小值,相电感保持最大值不变。

在 $\theta_3 \sim \theta_4$ 之间,从转子凸极后沿与定子凸极后沿对准开始,随着转子转动,二者重叠面减小,磁阻逐渐增大,直到二者无重叠区。此时磁阻最大,相电感达到最小值 $L_{\min}$。

开关磁阻电机的电压方程可表示为:

$$u = L(\theta)\frac{di}{dt} + Ri + i\omega\frac{dL(\theta)}{d\theta} \tag{4-52}$$

式中,等号右边第一项为平衡绕组中变压器电动势的压降;第二项为电阻压降;第三项为旋转电动势所引起的压降,只在电感随转子位置变化时才存在,方向与电感随 θ 的变化率有关。当电感随 θ 增大而增大时为正,随 θ 增大而减小时为负。

2）开关磁阻电机的相电流

开关磁阻电机的相电流表示为：

$$i = \frac{u}{\omega}f(\theta) \tag{4-53}$$

式中：$f(\theta)$——与电机结构参数、转子位置、触发角和关断角有关的函数。

3）开关磁阻电机的电磁转矩

若不考虑磁路饱和，电感与绕组电流的大小无关，电磁转矩表示为：

$$T(\theta,i) = \left.\frac{\partial W'(\theta,i)}{\partial \theta}\right|_{i=const} = \frac{1}{2}i^2\frac{dL(\theta)}{d\theta} \tag{4-54}$$

由式(4-54)知：

(1) 当定子电流恒定时，转矩方向与定子电流方向无关，仅取决于电感随转角的变化情况。

(2) 在电感上升期，即 $\frac{dL(\theta)}{d\theta} > 0$ 时，转矩为正，处于电动机状态。

(3) 在电感下降期，即 $\frac{dL(\theta)}{d\theta} < 0$ 时，转矩为负，处于发电机状态。

(4) 通过控制定子电流的导通时刻、相电流脉冲幅值和宽度，即可控制开关磁阻电机的转矩大小和方向，从而实现电机的调速控制。

m 相电机的平均电磁转矩可表示为：

$$T_{em} = \frac{m}{\theta_{rr}}\int_0^{\theta_{rr}}\frac{1}{2}i^2\frac{\partial L(\theta)}{\partial \theta}d\theta = \frac{mu^2}{\theta_{rr}\omega^2}\int_0^{\theta_{rr}}\frac{1}{2}f^2(\theta)\frac{\partial L(\theta)}{\partial \theta}d\theta \tag{4-55}$$

式中：θ_{rr}——转子极距角。

若给定开关磁阻电机的相电压、触发角和关断角，则平均电磁转矩可表示为：

$$T_{av} = \frac{C}{\omega^2} \tag{4-56}$$

由式(4-56)可以看出，开关磁阻电机的转矩与转速的二次方成反比，这与串励直流电机的特性相似。

2. 开关磁阻电机的机械特性

开关磁阻电机的机械特性可分为三个区域：恒转矩区、恒功率区和自然特性区（串励特性区），如图4-74所示。n_1 是开关磁阻电机开始运行于恒功率区的临界转速，称为额定转速，又称第一临界转速，其对应的功率为额定功率；n_2 是能得到额定功率的最高转速，即维持恒功率区的转速上限。在转速 n_2 时，各种可控条件都达到了上限，当转速再增加时，输出功率下降，故 n_2 又称第二临界转速。

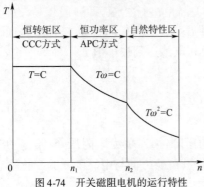

图4-74 开关磁阻电机的运行特性

在恒转矩区，即 $0 < n < n_1$，由于转速较低，电机感应电动势较弱。电机起动后，电流瞬间增长，通过整流器设定电流大小。随着电机转速的增加，电机感应电动势迅速变大。为输出最大转矩，通过PWM控制或电

流斩波控制,持续对电机输入最大电流。在转子转至对准位置之前应关闭该相的励磁脉冲,续流电流衰减,以防止产生制动转矩。

在恒功率区,即 $n_1 < n < n_2$,由于感应电动势增大,当感应电动势超过直流总线电压时,一旦极重叠,PWM 控制或电流斩波控制将失效,电流开始减小。由于电磁转矩与电流二次方成正比,故通过调节主开关的触发角和关断角可得到恒功率特性,称为角度控制方式。电机在恒功率区运行时,中速范围较宽,也可实现最高转速。

在自然特性区,电源电压、触发角和关断角均达到极限值,开关磁阻电机将不再保持恒功率特性,转矩和功率迅速下降。由于开关磁阻电机的自然特性与串励直流电机的特性相似,故自然特性区又称串励特性区。

四、开关磁阻电机的驱动系统

常规的开关磁阻电机驱动系统包含开关磁阻电机、功率逆变器、检测器(如电压、电流和位置检测器),以及控制电路(如 DSP 控制器及其外围设备),如图 4-75 所示。通过采用相应的控制策略(如角度位置控制、电流斩波控制、无传感器控制等),可获得高性能的开关磁阻电机驱动系统。

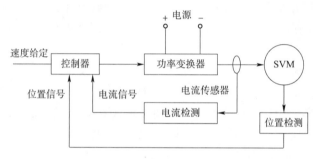

图 4-75 开关磁阻电机驱动系统

1. 电流斩波控制

由式(4-52)知,在电机低速运行,特别是起动过程中,旋转电动势所引起的压降很小,相电流上升快。为避免过大的电流脉冲对功率开关器件和电机造成损伤,需要限定绕组的电流峰值。通常采用斩波控制,称为电流斩波控制(CCC)。常见的电流斩波控制有如下两种方法:

(1)控制绕组相电流的上限值和下限值。
(2)控制绕组电流的上限值和关断时间。

在电流斩波控制中,一般不对绕组电流的导通角和关断角进行控制,即一般保持二者不变。

在对相电流上、下限值进行控制时,开关器件在 $\theta = \theta_{on}$ 时导通,绕组相电流从零开始上升。当电流增大到上限值时,切断绕组电流。绕组承受反压,相电流迅速下降。当电流下降到斩波电流的下限值时,绕组导通。重复上述过程,形成斩波电流,直至 $\theta = \theta_{off}$ 时实现相关断。第二种方案与前者的区别在于,当相绕组电流达到最大限定值时,主开关将关断一个固定时间,然后再重新导通。此时,电流下降幅值主要取决于电感、电感变化率以及转速等因素。该方案的关键在于合理选取开关的关断时间长度。

电流斩波控制适用于电机低速和制动工况,可有效限制电流峰值,使电机具有恒转矩输出特性；电流的斩波波形呈较宽的平顶状，电机转矩较平稳，转矩波动较其他控制方式小。但由于电流峰值受到限制，当负载发生扰动时，电流峰值无法自适应变化，使系统特性较软，负载扰动下的动态响应缓慢。

2. 电压斩波控制

电压斩波控制是在保持开关器件导通角 θ_{on} 和关断角 θ_{off} 固定不变的情况下，使功率开关以斩波方式导通和切断。通过调节 PWM 波形的占空比，来调节绕组两端的电压平均值，进而改变绕组电流大小，实现对转速和转矩的调节控制。

电压斩波控制的特点是可控性好，可控制斩波频率和导通占空比两个参数。适用于电机的高、低速工况。但该方法调速范围小，且转矩脉动大。

3. 角度位置控制

由式(4-52)知，当电机转速较高时，旋转电动势增大，此时电机的供电电压对绕组相电流的控制能力下降，难以再根据电流斩波方式对电机进行有效控制。又因开关器件的导通角和关断角对电机转矩具有一定影响，因此，可通过控制开关器件的导通角和关断角来对电机进行转矩调节。该方式又称角度位置控制(APC)。

角度位置控制即在绕组相电压一定的情况下，通过调节绕组上开关器件的导通角 θ_{on} 和关断角 θ_{off}，来改变绕组的通、断电时刻，进而改变绕组的相电流波形，实现对电磁转矩的闭环控制。

由于开关器件的导通角 θ_{on} 和关断角 θ_{off} 均可调节，故角度位置控制分为调节导通角 θ_{on}、调节关断角 θ_{off} 和同时调节导通角 θ_{on}、关断角 θ_{off} 三种。调节导通角 θ_{on} 可改变相电流的波形宽度、峰值、有效值以及电流波形与电感波形的相对位置，从而改变电机的转速和转矩。而关断角 θ_{off} 一般不影响电流峰值，但能改变电流波形宽度以及电流与电感的相对位置，从而改变电流有效值，实现对转矩的有效调节。在实际应用中，一般采用固定关断角 θ_{off}，改变导通角 θ_{on} 的控制方式。

角度位置控制的特点是转矩调节范围大，能够实现多相通电；适用于电机转速较高、旋转电动势较大、绕组相电流较小的场合，但不适用于低速场合。通过对开关器件角度进行优化，可实现电机效率或转矩的最优控制。

图 4-76 所示为开关磁阻电机的典型驱动控制系统。其中，开关磁阻电机实现电能与机械能的相互转换，并通过功率变换器与外电源相连。功率变换器的主电路结构与电源电压、电机相数及功率开关器件的种类有关。控制器为核心控制部件，根据位置传感器、电流传感器所提供的转子位置、电流信息以及外部输入信息，通过分析来选择合适的电机运行模式，

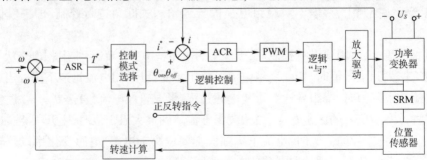

图 4-76 开关磁阻电机的典型驱动系统

向功率变换器发出一系列的开关信号来控制功率变换器的主开关关断情况,从而实现对开关磁阻电机的有效控制。控制模式选择单元即根据电机的实际运行情况来选择不同的控制模式,即选择电流斩波控制、电压斩波控制或角度位置控制。

五、开关磁阻电机的特点

开关磁阻电机具有如下优点:

(1)由于没有永磁体和转子绕组,开关磁阻电机的结构简单,且成本低。因转子仅由硅钢片叠压而成,故可工作于极高转速;定子线圈为集中绕组,绕组嵌放容易,端部短而牢固,工作可靠,能适用于各种恶劣、高温甚至强振动环境。

(2)损耗主要发生在定子上,散热容易;转子无永磁体,具有耐高温性能。

(3)转矩方向与相电流无关,可减少功率变换器的开关器件数量。此外,由于每相绕组均串联在逆变器上,可避免驱动逆变器出线直通短路故障,从而降低功率变换装置的成本,提高系统的安全可靠性。

(4)起动转矩大,低速性能好。起动过程中电机电流小,电机和控制器发热比连续额定运行时还小,故适用于频繁起停、正反换向运行的场合。

(5)可控参数多,调速性能好,易于实现各种特殊要求的转矩—转速特性。

(6)恒功率区域广,可作为驱动电机使用,且具有较强的容错能力。

开关磁阻电机目前还存在以下不足:

(1)转矩脉动。从工作原理可知,开关磁阻电机转子上产生的转矩由一系列脉冲转矩叠加而成,由于双凸极结构和磁路饱和非线性的影响,合成转矩不是恒定转矩,而具有一定的谐波分量,影响电机的低速运行性能。

(2)传动系统的噪声与振动比一般电机大。

(3)电机的出线头较多,如三相开关磁阻电机至少有四根出线头,四相开关磁阻电机至少有五根出线头,而且还有位置检测器出线端。对于整体的线路布局有影响。

(4)控制部分相对复杂,一定程度上提高了整体成本。

对一般用途电机(ISG、混合动力汽车或纯电动汽车)而言,出于成本原因,开关磁阻电机比同步或异步电机更为适用。这不仅是因为开关磁阻电机的生产成本较低,且开关磁阻电机对功率电子元件的要求也相对较低。随着技术的不断发展,开关磁阻电机的生产成本预计可降低10%,而功率控制元件的成本则预计可降低25%左右。

第六节 轮毂电机驱动系统

目前,集中电机驱动是电动汽车的主要驱动形式。虽然集中电机驱动具有驱动系统布置容易、控制系统相对简单的优点,但也存在一些问题。由于集中电机驱动保留了传统的机械传动系统,故底盘结构相对复杂、车内空间狭小,且机械传动系统在动力传递过程中存在能量损失,能量利用效率降低。此外,集中电机驱动的传动系统在电动汽车行驶时会产生较大噪声,影响汽车的驾驶舒适性。

轮毂电机很好地解决了以上问题。除使车辆结构简化外,采用轮毂电机驱动的车辆能够获得更好的空间利用率,同时可提高传动效率。目前,轮毂电机驱动技术已经在部分电动汽车上得以应用并取得了较好效果。

一、轮毂电机的驱动方式

轮毂电机是将轮毂和驱动装置直接合并为一体的电机,即将电机、传动和制动装置都整合到轮毂中。因此,轮毂电机又称车轮内装电机、轮式电机、车轮电机。轮毂电机按驱动方式的不同可分为减速驱动和直接驱动两种,如图4-77所示。

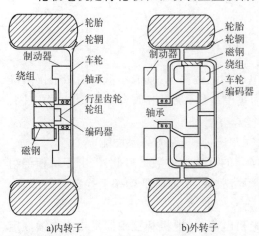

图4-77 轮毂电机结构形式

1. 减速驱动

减速驱动方式一般采用高速内转子电机,适合现代高性能电动汽车的运行要求。典型内转子轮毂电机结构如图4-78所示,电机安装在电动轮附近,并通过固定速比减速器与电动轮连接。为获得较高的功率密度,内转子电机的最高转速可达 10000r/min。减速机构布置在电机和车轮之间,起到减速、增矩的作用,以保证车辆在低速运行时能获得足够大的转矩。电机输出轴通过减速机构与车轮驱动轴相连,故电机轴承不直接承受车轮和路面的载荷作用,从而改善轴承的工作环境。高速内转子电机一般配备行星齿轮减速机构,使系统具有较大的调速范围和输出转矩,充分发挥驱动电机的调速特性,消除了电机输出转矩和功率受车轮尺寸的影响。图4-79所示为减速驱动方式电动轮示意图。电机输出转矩经行星齿轮减速机构的减速增矩后驱动轮毂转动,进而使车辆前行。

图4-78 典型的内转子轮毂电机结构　　　　图4-79 减速驱动式电动轮

轮毂电机减速驱动方式具有较高的比功率和效率,且体积小,质量轻;经减速机构增矩后,能获得较大的输出转矩,爬坡性能好;同时可保证车辆低速运行时具有较大的平稳转矩。但减速驱动方式难以实现润滑,会造成行星齿轮减速机构齿轮磨损加快,使用寿命变短,不易散热,且噪声较大。

2. 直接驱动

直接驱动式电动汽车一般采用低速外转子电机,电动轮与车轮组成一个完整的部件总成,采用电子差速控制方式。电机布置在驱动轮内,电机外转子直接与轮毂机构连接,没有减速装置。由于电机转子与车轮轮辋固定或集成为一体,故车轮转速与电机相同,一般为 1000～1500r/min。

直接驱动方式的主要特点是电机体积小、质量轻和成本低,驱动轮轴向尺寸较小,传递效率更高,可控性好。既有利于整车结构布置和车身设计,也便于进行改型设计。然而电动汽车起步时需要较大转矩,即安装在直接驱动型电动轮中的电机必须能在低速时提供大转矩。这需要提供大电流,容易损坏电池和永磁体。电机效率峰值区域小,负载电流超过一定值后效率下降很快。由于电机工作产生一定的冲击和振动,要求车轮轮辋和车轮支承必须坚固、可靠,同时由于非簧载质量大,为保证车辆的舒适性,要求对悬架系统弹性元件和阻尼元件进行优化设计,且电机输出转矩和功率也受车轮尺寸的限制,系统成本较高。

二、轮毂电机工作原理

与电机集中驱动方式相比,轮毂电机驱动系统将总动力分布到多个轮毂电机中。各轮毂电机可进行独立驱动,控制方便,布置灵活。永磁轮毂电机是一种结构特殊的永磁电机,基本原理与永磁电机相同,主要功能是:根据车辆运行工况和负载情况,电子控制器提供控制信号,由功率变换器为各轮毂电机分配所需的电压和电流,从而控制各轮毂电机的运行状态,实现能量变换。轮毂电机驱动系统工作原理如图 4-80 所示。

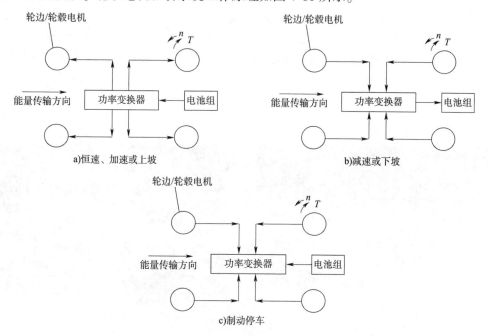

图 4-80 轮毂电机驱动系统工作原理能量传输方向

当车辆恒速、加速或上坡运行时,电池组给功率变换器提供直流电,功率变换器根据电子控制器的控制指令将直流电转换为四个轮毂电机所需的电压和电流,从而控制各轮毂电机的转速和转矩,以满足车辆运行状况的要求。此时电机运行于电动状态,如图 4-80a)所示。

当车辆滑行减速或下坡时,若车辆惯性力克服车轮与地面阻力及空气阻力后还有剩余,则剩余动力将带动电机旋转,此时电机感应电动势大于电源电压,车轮剩余动能或势能转化为电能,而后通过功率变换器回馈给电源,实现能量回收,达到节约能源与提高续驶里程的目的。此时电机处于制动回馈状态,如图4-80b)所示。

当车辆停车制动时,由功率变换器供电给各电机所产生的电磁转矩与电动轮运行方向相反,表现为制动转矩,起到电磁制动的效果。较好的电磁制动可减小机械制动的运行频率,避免机械制动所固有的热衰退现象,提高机械制动机构的使用寿命,同时也提高车辆的安全运行能力。车辆停车制动时的能量传递如图4-80c)所示。

在频繁起动与制动工况中,制动能量约占总驱动能量的50%。通过制动能量回收可有效提高能量效率,使车辆一次充电后的续驶里程延长10%~30%。

三、典型轮毂电机驱动系统

轮毂电机并非新生事物。早在1900年,保时捷就首先制造出了前轮装备轮毂电机的电动汽车。20世纪70年代,这一技术在矿山运输车等领域得到应用。目前对轮毂式电动汽车的研究主要以日本为主,主要应用于一些概念车上。日本庆应大学清水皓教授领导的电动汽车研究小组在过去十几年中,研制的IZA、ECO、KAZ等电动汽车均采用了轮毂电机驱动技术。2001年,该小组推出了以锂电池为动力源,采用8个大功率交流同步轮毂电机独立驱动的电动轿车KAZ,如图4-81所示。该车充分利用轮毂驱动系统布置灵活的特点,安装了8个车轮,最高车速可达311km/h。KAZ轮毂系统采用了高转速、高性能的内转子轮毂电机,峰值功率达55kW,使车辆0~100km/h的加速时间仅为8s。为使轮毂电机输出转速符合车轮的实际转速要求,KAZ轮毂电机系统配备了传动比4.588的行星齿轮减速机构。KAZ前、后轮采用不同形式的制动器,其中前轮采用盘式制动器,后轮采用鼓式制动器。图4-82所示为KAZ纯电动汽车的分解结构图,图4-83所示为KAZ前、后轮毂电机系统结构图。KAZ经典的结构与卓越的性能使其至今仍是轮毂驱动电动汽车开发的典范。

图4-81 KAZ纯电动汽车

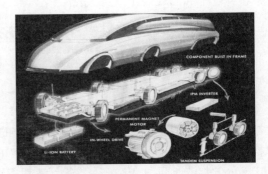

图4-82 KAZ纯电动汽车结构分解图

图4-84所示为法国TM4公司设计制造的一体化轮毂电机结构。其采用了外转子式轮毂电机,轮毂电机转子外壳直接与轮辋固联,将轮毂电机外壳视为车轮轮辋的组成部分,而轮毂电机转子与鼓式制动器的制动鼓集成为一体,从而实现轮毂电机转子、轮辋及制动器三个回转运动体的集成,大大降低了轮毂电机的系统质量,提高了集成化程度。该一体化轮毂电机驱动系统采用永磁无刷直流电机,额定功率为18.5kW,峰值功率为80kW,额定转速为950r/min,最高转速为1385r/min,额定工况下的平均效率可达96.3%。

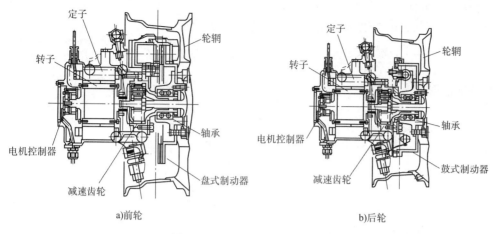

图 4-83 KAZ 前、后轮毂电机系统

a)轮毂电机

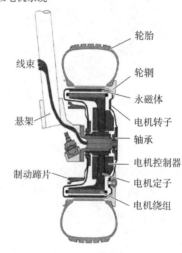

b)轮毂电机结构图

图 4-84 TM4 一体化轮毂电机驱动系统

  米其林研发的轮毂电机将电机和电子主动悬架都整合到车轮内,其结构如图 4-85 所示。每个米其林轮毂电机重 42kg,包含一个功率 30kW 的驱动电机。该电机拥有一套完整的水冷系统并被连接到传统的起动机上。轮毂电机由一个单一的低控制臂式悬架连接到整车底盘上。

  Hy-light 是基于米其林轮毂电机而研发的概念车,如图 4-86 所示。该车采用了铝制结构,整车自重仅 850kg。由两个功率 30kW 的轮毂电机驱动,最高车速为 130km/h,0～100km/h 加速时间仅为 12s,一次性续驶里程可达 400km,约为普通氢能源汽车续驶里程的 2 倍。车轮内部的电机不仅提供车辆行驶所需动能,同时可回收制动能量并反馈到超级电容中。这部分能量可在短时释放,使车辆的瞬时输出功率提高到 75kW。

  英国 Protean Electrics 是一家专门生产轮毂电机的厂商,被称为全球轮毂电机研发和商业化的领导者,其生产的 Protean Drive TM 轮毂电机如图 4-87 所示,功率和转矩分别为 81kW 和 800N·m,而质量仅为 34kg,可安装在直径 18～24in(英寸)的常规车轮中,且每个电机都集成了逆变器以及电子控制单元。该轮毂电机还有杰出的再生制动性能,制动过程中可回收 85% 的可用动能。Protean Electrics 公司与多家整车制造商合作研发了多款装置轮毂电机的样车和改装车型，如福特 F150-EV、Volvo、C30 Series HEV、广汽传祺 Trumpchi EV 以及基于奔驰 E 级的巴博斯纯电动与混合动力车型等。

图 4-85 米其林轮毂电机结构

图 4-86 基于米其林轮毂电机开发的 Hy-light

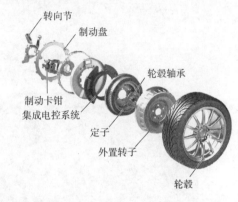

图 4-87 Protean Drive TM 轮毂电机结构

目前国内对轮毂电机驱动技术研究比较深入的企业主要有广州汽车集团和奇瑞汽车股份有限公司。广州汽车集团在 2010 年 12 月的广州车展上展出了基于阿尔法罗密欧 166 底盘打造的传祺纯电动汽车，两个后轮采用了 Protean Electrics 公司的轮毂电机。奇瑞汽车公司在 2011 年的上海车展上展示了 336V 轮毂电机的瑞麒 X1-EV 纯电动汽车。该电动汽车的 4 个车轮均采用轮毂电机，每个车轮的驱动力可单独调节。该电动汽车采用电机制动，有效提高了能源利用率。与传统的集中电机电动汽车相比，在相同行驶里程的情况下，大约可节约 30% 的车载蓄电池电量，且车内空间得到很大提升。

目前国际上知名的轮毂电机生产厂商有英国 Protean Electrics 公司、加拿大 TM4 公司，著名的轮胎生产商米其林公司和日本的普利司通公司等。表 4-5 列出了主要电动汽车轮毂电机的应用情况。

表 4-5 电动汽车轮毂电机应用

车型	年份	来源	动力类型	电驱动形式
IZA	1991	日本 TEPCO	纯电动	轮毂电机四轮驱动
Eco	1996	日本 NIES	纯电动	轮毂电机后轮驱动
Luciole	1997	日本 NIES	纯电动	轮毂电机后轮驱动
KAZ	2001	日本庆应大学	纯电动	轮毂电机八轮驱动
Eliica	2000	日本庆应大学	纯电动	轮毂电机八轮驱动
Autonomy	2002	通用	燃料电池	轮毂电机四轮驱动
S-10 改装	2004	雪佛兰	混合动力	轮毂电机后轮驱动
Quark	2004	标致	燃料电池	轮毂电机四轮驱动

续上表

车型	年份	来源	动力类型	电驱动形式
Squel	2006	通用	燃料电池	轮毂电机后轮驱动 中心电机前轮驱动
Colt	2005	三菱	纯电动	轮毂电机后轮驱动
Lancer Evolut MIEV	2005	三菱	纯电动	轮毂电机四轮驱动
FCX Concept	2005	本田	燃料电池	轮毂电机后轮驱动 中心电机前轮驱动
CT-MIEV	2006	三菱	混合动力	轮毂电机四轮驱动

四、轮毂电机特点

轮毂电机驱动系统作为一种新兴的电机驱动方式,其布置灵活,可根据车辆驱动方式分别布置在电动汽车的两前轮、两后轮或四个车轮的轮毂中。与内燃机汽车和其他形式的电动汽车相比,采用轮毂电机驱动方式的电动汽车在动力源配置、底盘结构等方面具有其独特的技术特征和优势,具体体现在如下几个方面:

(1)动力控制由硬链接改为软连接,利用电子线控技术,实现各电动轮从零到最大速度的无级变速以及各电动轮之间的差速控制。

(2)由于省略了离合器、变速器、传动轴、差速器等大量机械部件,使得车辆结构大大简化,车辆噪声极低,整车质量减轻,不仅提高了能源利用率、增大车内空间、降低整车成本,同时也为实现底盘系统的电子化和智能化提供保证。

(3)良好的动态性能。轮毂电机驱动系统转矩响应快,瞬时动力性能更为优越,可显著提高恶劣路面条件下的行驶能力,同时还可提高车辆的离地间隙,进而提高车辆的通过性能。

(4)容易实现各车轮的电气制动、机电复合制动和制动能量回馈,还可对整车能源的高效利用进行最优控制和管理,节约能源。

(5)采用轮毂电机驱动系统的 4 轮电动汽车上,各驱动轮可独立控制。若进一步采用线控四轮转向技术,则可实现车辆转向行驶的高性能化,减小转向半径,甚至实现零半径转向,大大提高车辆的转向灵活性。

(6)轮毂电机可以匹配包括纯电动、混合动力和燃料电池电动汽车等多种新能源车型,如图 4-88 所示。此外,轮毂电机还可与传统动力并联使用,这对混合动力车型很有意义。

但轮毂电机的普及应用还需克服如下技术难点:

(1)轮毂电机大幅度地增大了簧下质量,同时也增加了轮毂的转动惯量,这不利于车辆的操控性能。主要体现在:颠簸路况时悬架的响应变慢,且轮毂转动惯量的增加使加速响应速度变慢。

(2)由于轮毂电机系统的电制动容量较小,不能满足整车制动性能的要求,需要附加机械制动系统。附加机械制动系统也意味着更大的能量消耗,将影响车辆的续驶里程。

(3)由于电机内置在轮毂里,工作环境恶劣,而电机本身比较贵重,所以对防水防尘防振设计要求苛刻。同时电机在工作过程中产生热量的冷却和散热也是当前尚需解决的技术难点。

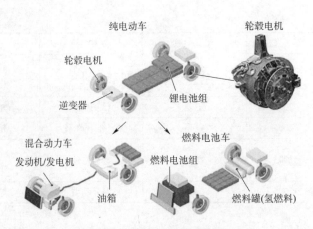

图 4-88 搭载轮毂电机的多种新能源汽车

第七节 电动汽车的再生制动能量回收技术

续驶里程是制约电动汽车发展的关键因素,而再生制动能量回收技术是提高电动汽车续驶里程的有效手段。再生制动又称再生回馈制动,即在车辆减速或制动时,通过制动装置将动能转化为电能储存在动力蓄电池、超级电容等储能装置中,然后在车辆起步或加速时释放所存储的能量,以达到延长电动汽车续驶里程的目的,同时还可起到减少制动器工作强度、延长机械制动系统寿命的作用。相关研究表明,当车辆在频繁起停的城市工况下运行时,通过有效回收制动能量,电动汽车大约可降低15%的能量消耗,续驶里程可延长10%~30%。因此,再生制动能量回收技术已成为电动汽车节能减排的主要技术之一,对提高电动汽车的能量利用率具有重要意义。

一、电动汽车再生制动系统原理及结构

一般而言,再生制动只在电机转速高于同步转速时产生,但无法限制电机转速小于同步转速,更不能使电机转速降为零,即无法通过再生制动使车辆停车。故再生制动只能作为辅助制动,并以机械制动为主制动,来满足不同工况下的制动要求。电动汽车的再生制动系统主要包括电机再生制动和传统液压摩擦制动,属于机电复合制动系统。

根据车辆的行驶特点,制动或减速可分为以下五种工况。不同运行工况下,机械制动和电机制动采取相应的工作模式。

(1) 紧急制动:制动减速度往往大于 $3m/s^2$。某些情况下,制动减速度甚至达到 $7~8m/s^2$。此时应以机械制动为主,电机制动同时作用。但由于紧急制动过程短暂,因此能够回收的动能较少。

(2) 中度制动:即一般制动,指制动减速度小于 $3m/s^2$,且大于滑行减速度(根据车辆的不同计算方法获得),如式(4-57)时,可分为减速过程和停车过程。再生制动负责减速过程,机械制动完成停车过程。

(3) 汽车下坡时制动:此时对制动力要求不大,由再生制动负责全过程。

(4) 滑行减速:滑行减速指汽车切断动力后依靠惯性滑行的减速模式,其制动减速度就是滑行减速度。该过程中消耗的能量无法回收利用。滑行减速度可由下式计算:

$$a_0 = \frac{\left| mgf + \dfrac{C_D A v^2}{21.25} \right|}{\delta_m} = \frac{f}{\delta}g + \frac{C_D A v^2}{21.25\delta_m} \tag{4-57}$$

式中：a_0——滑行减速度，m/s²；
v——车速，m/s；
δ——旋转质量系数；
f——滚动阻力系数；
C_D——空气阻力系数；
A——迎风面积，m²。

(5)缓慢制动：缓慢制动过程指车辆以小于滑行减速度的减速度缓慢减速的运行情况，此时仍需动力装置输出少量的动力。该过程中消耗的能量也无法回收利用。

图 4-89 所示为再生能量制动系统工作原理。其中电机前置，通过传动系统与驱动轮连接，故再生制动仅在前轮起作用，且再生制动过程由电机控制器进行控制。机械制动为双管路(前后布置)四通道四传感器液压 ABS 制动系统，前轴制动力由机械制动和再生制动共同提供。

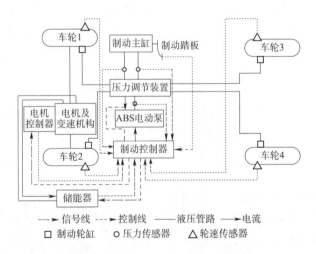

图 4-89 再生制动系统原理图

车辆制动时，制动控制器读取储能器的状态信号，并对轮速、车速、制动踏板信号、管路压力信号等进行综合处理，从而确定车辆的制动模式。然后根据相应的制动控制策略对电机制动和机械制动进行控制，以实现机械制动与再生制动之间的协调运行。

当车辆采用四个轮毂电机驱动时，其制动能量回收系统结构如图 4-90 所示，车辆的制动过程同样由液压制动和电机制动协调作用完成。再生制动系统主要由轮毂电机、电机控制器、逆变器、制动控制器和动力电池等部件组成。车辆制动时，制动控制器根据不同的制动模式发送制动指令，通过电机控制器控制轮毂电机，进而实现再生制动。

二、电动汽车再生制动控制策略

电动汽车再生制动系统的加入，增加了制动系统的复杂性，主要表现为两方面问题：一是如何在再生制动和机械制动之间分配所需的总制动力，以尽可能多的回收制动能量；二是如何在前后轮轴上分配总制动力，以实现稳定的制动状态。通常，再生制动只对驱动轴有效。为回收尽可能多的动能,必须控制电机产生特定的制动力,同时,还应控制机械制动系统以满足驾驶员所给出的制动力指令。为获得良好的制动效果并保证车辆的制动安全性,需要重新分配车辆的前后轴制动力。目前,带有再生制动系统的电动汽车的制动力控制策略主要有如下三种:前后轴制动力比例分配控制策略、前后轴制动力理想分配控制策略和最优能量回收控制策略。

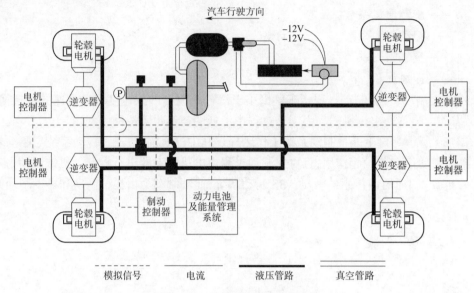

图4-90 四轮毂电机车辆制动系统

1. 前后轴制动力比例分配控制策略

图4-91所示为采用比例分配控制策略时,前、后轴制动力分布示意图,具体表示如下:

(1)当制动强度$z<0.1$时,机械制动不工作,仅电机制动单独工作,前、后轴制动力分配如图4-91线段OA所示。

(2)当制动强度$0.1<z<0.7$时,电机制动和机械制动联合工作,制动力分配如图4-91线段ABC所示,其中前轮制动力由电机制动和机械制动共同提供,且随着制动减速度的不断增大,电机制动比例逐渐减小。

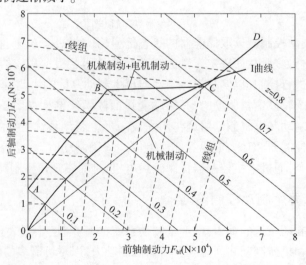

图4-91 制动力在前轴和后轴上的分配示意图

(3)当制动强度 $z > 0.7$ 时,车辆为紧急制动,此时仅机械制动系统工作,前、后轴制动力分配如图 4-91 线段 CD 所示。

前后轴制动力比例分配控制策略只对电机制动力进行控制,而不控制机械制动力,故控制参数少、要求精度低、控制易实现,且整个制动系统可靠度较高。在城市小制动强度工况下可以回收部分制动能量,适用于纯电动客车再生制动系统。表 4-6 所示为采用该制动力控制策略时,车辆运行于标准市区工况所能回收的制动能量比例。

可用于回收的总制动能量百分数(%) 表 4-6

FTP75 市区	LA92	US06	纽约市区	ECE-15
89.69	82.92	86.55	76.16	95.75

2. 前后轴制动力理想分配控制策略

由于常规电动汽车为前轮驱动形式,故再生制动力仅发生在前轮。该控制策略的目标是在保证车辆具有最佳前后制动力分配(最佳制动性能)的前提下,尽可能多的回收制动能量,前、后轴制动力分配关系如图 4-92 所示,具体控制过程如下:

(1)当制动强度 $z < 0.1$ 时,仅再生制动系统工作,前、后轴制动力分配如图 4-92 线段 OA 所示。

(2)当制动强度 $z > 0.1$ 时,前后轴制动力被控制在 I 曲线上,前、后轴制动力分配如图 4-92 曲线 BC 所示,其中前轴制动力为再生制动力和机械制动力的综合。

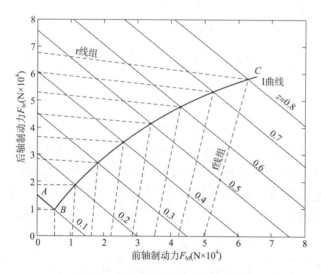

图 4-92 前后轴制动力理想分配示意图

控制系统根据电机特性和车载电池 SOC 值决定驱动轴制动力是由再生制动系统单独提供还是由机械制动系统和再生制动系统共同提供。前后轴制动力理想分配控制策略能够充分利用地面附着条件,制动距离短,制动时汽车稳定性好,且能量回收率较高;但该策略需要精确检测前、后轴的法向载荷,同时控制系统较为复杂。

3. 最优制动能量回收控制策略

最优制动能量回收控制策略的思想是在制动力分配允许的范围内,尽量增大电机制动的比例,以达到多回收制动能量的目的。采用最优制动能量回收控制策略时的制动力分配如图 4-93 所示,具体控制策略如下:

(1) 当制动强度小于路面附着系数时,即 $z<\varphi$(假设 $\varphi=0.8,z=0.6$),只要满足 $F_{br}+F_{bf}=m\dfrac{dv}{dt}$,则前、后轴制动力可以在一定范围内变动,如图4-93中线段 AB 所示。

① 当可获得的再生制动力(制动电机的最大制动力)满足前轴制动要求时,如图中 G 点,此时前轴制动力全部由再生制动系统提供,并将后轴制动力控制在相应的 H 点。

② 当可获得的再生制动力小于 A 点对应的前轴制动力时,如图4-93中 J 点,控制电机工作在最大值,同时前轴机械制动系统提供部分制动力。为了将整车制动力控制在 I 曲线上的 C 点,相应的将后轴摩擦制动力控制在 L 点。

③ 当需要较小的制动减速度时,如果再生制动系统可单独提供制动力需求,则再生制动系统单独作用,如图4-93中 K 点。

(2) 当制动强度大于路面附着系数时,即 $z>\varphi$(假设 $\varphi=0.4,z=0.6$),为了尽量满足制动强度的要求,缩短制动距离,制动力将被控制在 I 曲线上,如图4-93中 F 点。

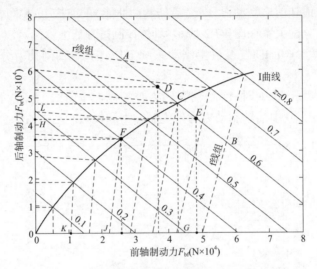

图4-93 最优制动能量回收控制策略前、后轴制动力分配

最大制动能量回收控制策略可以最大限度的回收制动能量,但存在如下问题:控制系统复杂,需要同时对电机制动力和机械制动力进行精确控制,制动稳定性不高。在路面附着系数变化时,可能发生单个车轮先抱死的情况,且技术难度大,开发成本高。表4-7对三种制动控制策略进行了比较。

三种常见的制动控制策略　　　　　　表4-7

控 制 策 略	硬件组成复杂度	制动稳定性	制动能量回收效率
前后轴制动力比例分配控制策略	较复杂,需要专门的制动力控制系统	较高	较高
前后轴制动力理想分配控制策略	一般,系统改动小	中等	中等
最优制动能量回收控制策略	较复杂,需要专门的制动力控制系统	较低	最高

目前,市场上一些典型车型的再生制动系统都采用了较先进的控制策略,如丰田 Prius 采用了 ECB 制动系统,能够实现四轮的单独控制、车辆的常规制动、紧急制动、制动能量回收以及防加速打滑等;本田 Insight 所采用的 ESP 系统集成了多种控制技术,可实现制动能量回收、车轮防抱死和防加速打滑等功能;ESx3 采用的制动系统兼容了制动能量回收和 ABS 两种功能,被称为能量可回收式 ABS;福特 Prodigy、日产 Tino 以及通用 Precept 等混合

动力电动汽车的制动系统也都集成了多种功能,如制动能量回收和车轮防抱死控制等。

三、电动汽车再生制动系统的特点

再生制动系统发展至今已经取得了很大成果,系统结构和控制策略都得到较大程度的完善,但在实车运用中还存在一些缺陷,需要在未来不断进行改善。

电动汽车再生制动系统具有如下优点:

(1)再生制动是提高电动汽车能量利用率的重要途径之一。特别是在频繁起停的城市工况下,可使电动汽车的续驶里程延长 10%~30%。

(2)再生制动起辅助制动作用,尤其是电动汽车以恒速下长坡时,为保持恒定的制动强度,延长制动系统工作寿命,可采用再生制动系统单独作用或与机械制动系统共同作用来控制车速。

(3)再生制动可提高电动汽车的主动安全性。

①电动汽车在低附着系数路面上进行再生制动时,通过控制再生制动力以使驱动轮获得最佳滑移率,缩短制动距离。其区别于传统机械 ABS 电磁制动系统,不仅可保持滑移率最优,同时还可回收制动能量,即具有再生 ABS 功能。

②利用再生制动产生横摆力矩来提高电动汽车的转弯操纵稳定性。

(4)再生制动反应速度快,控制精度高。电动汽车的再生制动性质上属于电制动,而电机时间常数一般为 1ms,有利于实现制动力矩的快速、精确控制。

但再生制动系统所能提供的制动功率和制动力有限,这主要受车载电池最大充电电流和充电功率的限制。如锂电池一般只能进行 $3C$ 充电,且允许充电的时间有限,不能长时间大电流连续充电,否则会损伤电池或烧坏电池保险系统。对应的功率仅为 20~30kW,且实际合适的充电电流还要更小。因此,再生制动的制动力矩和功率比机械制动小得多。另外,再生制动性能受多种因素的影响,如车速、电池荷电状态、电池温度、电机温度以及电机效率等,均会导致再生制动系统性能的动态变化。

再生制动随着电动汽车的发展得到了越来越广泛的应用,并逐渐走向成熟。今后再生制动系统的研究工作主要包括:

(1)改进再生制动系统结构,集成到整车,精简结构,降低成本。

(2)优化控制策略,综合考虑能量回收、制动稳定性等因素,提高制动效率,提高能量回收利用率。

(3)深入对电动汽车储能装置的研究,完善能量管理策略,以达到能量综合利用的目标。

第五章 电动汽车辅助电气系统

第一节 电动汽车动力转向系统

转向性能是汽车的主要性能之一,直接影响汽车的操纵稳定性,对确保车辆的安全行驶、减少交通事故以及保护驾驶员的人身安全、改善驾驶员的工作条件均具有重要作用。传统的液压助力转向系统(Hydraulic power steering,HPS)存在能源消耗多及污染环境等问题,已无法满足现代汽车的发展要求。近年来,随着电子控制技术的成熟及其生产成本的降低,汽车电动助力转向(Electric power steering,EPS)系统越来越受到人们的重视,并迅速迈向应用领域,部分取代了传统 HPS 系统。此外,线控转向(Steering-By-Wire,SBW)系统由于取消了转向盘与转向轮之间的机械连接,摆脱了传统转向系统的固有弊端,已成为目前汽车转向系统的研究热点和未来发展趋势。

一、电动助力转向系统

电动助力转向(EPS)系统是在机械转向系统的基础上,增加了传感器装置、电子控制装置和转向助力机构等。EPS 以电动机为动力,以转向盘转速和转矩及车速为输入信号,通过电子控制单元(Electrical Control Unit,ECU)使电机产生相应大小和方向的辅助动力,协助人力进行转向,并获得最佳的转向力特性。1990 年,日本本田汽车公司在运动型轿车 NSX 上采用了自主研发的齿条助力式 EPS 系统(图 5-1),开启了 EPS 在汽车上的应用历史,目前 EPS 已广泛应用于各类汽车中。

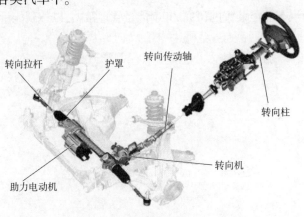

图 5-1 NSX 齿条助力式 EPS 结构

1. EPS 的结构

EPS 主要包括助力电动机、减速机构、转角传感器、转矩传感器、车速传感器和电控单元（ECU）等，如图 5-2 所示。

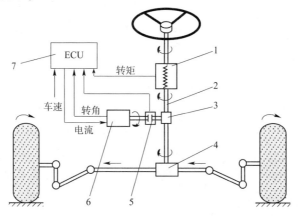

图 5-2　EPS 结构示意图

1-转矩传感器；2-转向轴；3-减速机构；4-齿轮齿条式转向器；5-离合器；6-电动机；7-电控单元（ECU）

1）助力电动机

电动机是 EPS 的动力源，对 EPS 性能有很大影响，其功能是根据 ECU 指令产生相应的输出转矩。由于控制系统需要根据不同工况产生不同的助力转矩，并且助力转矩应具有良好的动态特性且容易控制，这要求助力电动机应具有线性的机械特性和调速特性。此外，助力电动机还应具有低速大转矩、波动小、转动惯量小、尺寸小、质量轻、可靠性高、抗干扰能力强等特点。目前 EPS 系统常采用的助力电动机有直流电动机、无刷直流电动机、有刷直流电动机和开关磁阻（SR）电动机等。

转向助力用的电动机需要进行正反转控制，一种比较简单适用的电动机正反转控制电路如图 5-3 所示。a_1、a_2 端为触发信号，从微机系统的 D/A 转换器得到的直流信号输入到 a_1 或 a_2 端，用以触发电动机进行正反转。当 a_1 端得到输入信号时，晶体管 VT_3 导通，VT_2 得到基极电流而导通，使得电流经 VT_2、电动机 M、VT_3 和搭铁（地线）构成回路，电动机正转；当 a_2 端得到输入信号时，晶体管 VT_4 导通，VT_1 得到基极电流而导通，使得电流经 VT_1、电动机 M、VT_4 和搭铁而构成回路，电动机因电流反向而反转。通过控制触发信号端电流的大小，就可以控制通过电动机电流的大小。

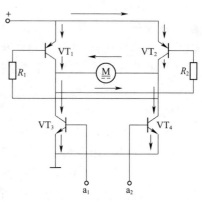

图 5-3　电动机正反转控制电路

2）转矩传感器、转角传感器

转角传感器用于检测转向盘的转动方向以及转向盘的位置，转矩传感器用于检测转向盘的转矩大小及方向，并将信号输送到 ECU。

精确、可靠、低成本的转矩传感器是决定 EPS 能否占领市场的关键因素。转矩传感器主要有接触式和非接触式两种。常用的接触式（主要是电位计式）传感器有摆臂式、双排行星齿轮式和扭杆式三种类型，非接触式转矩传感器主要有光电式和磁电式两种。接触式传感器成本低，但受温度与磨损影响易发生漂移、使用寿命较低，需要对制造精度和扭杆刚度进行折中,难以实现对绝对转角和角速度的测量。非接触式传感器体积小,精度高,抗干扰能力强、刚度相对较高,易实现绝对转角和角速度的测量,但成本较高。因此,应根据 EPS 的性能要求综合考虑转矩传感器类型。

扭杆式电位计传感器是目前 EPS 采用较多的转矩传感器,它是在转向轴位置处加一根扭杆,通过扭杆检测输入轴与输出轴的相对扭杆位移从而得到转矩,其基本原理如图 5-4 所示。在线圈 U、T 两端施加连续的电压信号 U_i,当转向杆转矩为零时,V、W 两端的电位差 $U_0 = 0$。当转向杆存在转矩时,定子与转子的相对转角不为零,此时转子与定子间产生的角位移为 θ。各个极靴的磁通产生差异,电桥失去平衡,在 V、W 之间出现电位差。该电位差与转向杆的扭转角 θ 和输入电压 U_i 成比例。若比例系数为 k,则有:

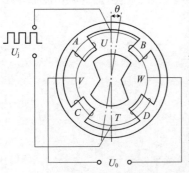

图 5-4 转矩传感器基本原理

$$U_0 = kU_i\theta \tag{5-1}$$

根据 V、W 两端的电位差 U_0 就可知道转向杆的扭转角,从而可获得转向杆的转矩。

3) 电磁离合器

电磁离合器能够保证电动助力转向只在预定的范围内起作用。当车速、电流超过最大限定值或转向系统发生故障时,离合器自动切断电动机的电源,恢复手动控制转向。此外,在不助力的情况下,离合器还能消除电动机的惯性对转向的影响。为了减少与不加转向助力时驾驶车辆感觉的差别,离合器不仅需具有滞后输出特性,同时还应具有半离合器状态区域。

4) 减速机构

减速机构的主要作用是增大电动机传递给转向器的助力转矩。开发 EPS 系统时,要合理设计减速机构,保证其与助力电动机之间的匹配,否则将无法满足转向要求。目前减速机构主要有两种形式:双行星齿轮减速机构和蜗轮蜗杆减速机构。由于减速机构对 EPS 性能的影响较大,因此在降低噪声、提高效率以及左右转向操作的对称性方面对减速机构提出了较高要求。

5) 车速传感器

车速传感器用来测量车辆的行驶速度。汽车上应用最多的车速传感器包括磁电式传感器、光电式传感器和霍尔式传感器。为消除电子设备产生的电磁及射频干扰,防止驾驶性能变差,车速传感器通常安装在驱动桥壳或变速器壳内屏蔽的外套内。

6) ECU

ECU 作为 EPS 的核心部件,主要由微处理器(CPU)、接口电路、微处理器内置的模数转换器(A/D)、脉宽调制器(PWM)、监测电路、电动机驱动电路和放大驱动电路等组成。

ECU 工作时,CPU 按照已设定的控制程序和控制策略根据转矩和车速等信号计算出最优的助力转矩,然后将其输入到电流控制电路。电流控制电路把这些信号与电动机的实际电流进行比较,将产生的差值信号送到驱动电路,以驱动动力装置并向电动机提供控制电流。CPU 同时还会给电动机驱动电路一个决定电动机转向的信号。另外,ECU 还具有安全保护和自我诊断功能。

2. EPS 分类

图 5-1 所示结构中，电动机和减速机构安装在转向轴上。实际中，电动机和转向机构还可安装在其他部位。根据助力电动机和减速机构布置位置的不同，EPS 系统可分为转向柱式助力（C-EPS）、小齿轮式助力（P-EPS）和齿轮齿条式助力（R-EPS）三种基本结构。

C-EPS 的助力电动机安装在转向轴侧面，通过电磁离合器和减速机构与转向轴相连，直接驱动转向轴进行转向，结构如图 5-5a) 所示，其中电动机助力转矩和驾驶员操纵力矩一同经过中间转向轴作用于转向小齿轮。该结构的最大优点是电动机、ECU 和减速机构都安装在驾驶舱内，电动机和 ECU 的工作环境较好。缺点是所有助力都通过转向柱传递到转向小齿轮和齿条，转向柱受力较大，故转向助力大小受到限制；同时，由于电动机和减速机构安装于驾驶舱内，容易引起驾驶室内的振动和噪声，影响驾驶和乘坐舒适性。C-EPS 是小型车的主流配置，也可用于轴荷较轻的紧凑型轿车。

P-EPS 的转矩传感器、助力电动机、减速机构以及离合器集成在一起，安装在转向齿轮的小齿轮附近，结构如图 5-5b) 所示。助力电动机输出转矩经离合器、蜗轮蜗杆减速机构直接驱动小齿轮进行助力，能获得较大的转向力。P-EPS 安装在发动机舱底部，靠近排气管，故要求其材料和结构必须耐热、防水。P-EPS 系统的 ECU 可安装在车厢或发动机舱内，目前多安装在车厢内。这会消耗较长的线束，同时会影响收音机效果。如果将 ECU 安装在发动机舱内，则需要安装辅助隔热装置。P-EPS 的主要特点是助力直接作用在转向齿轮上，转向管柱、输入轴和万向节只承受驾驶员施加在转向盘上的转向力矩，提高了转向器的安全性。与 C-EPS 相比，P-EPS 可以提供更高的转向助力，主要应用于需要较大助力、布置相对方便的中级轿车上。

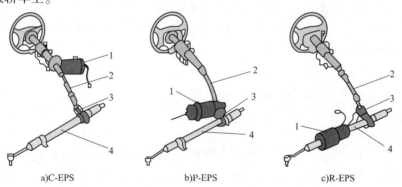

图 5-5　三种 EPS 类型结构
1-电动机；2-转向轴；3-转向齿轮；4-转向齿条

R-EPS 的转矩传感器单独安装在转向小齿轮附近，助力电动机和减速机构集成在一起安装在齿条上，助力电动机输出转矩通过循环球减速机构传递到齿条上，结构如图 5-5c) 所示。根据助力电动机与转向齿条的相对位置关系，R-EPS 可分为平行布置式、交叉布置式和同轴布置式。当电动机与转向齿条平行布置时，电动机通过皮带减速器和滚珠丝杠两级减速来驱动齿条进行助力；当电动机与转向齿条交叉布置时，电动机通过锥齿轮和滚珠丝杠两级减速来驱动齿条进行助力；当电动机与转向齿条同轴时，电机通过滚珠丝杠与齿条相连，直接驱动齿条进行助力。R-EPS 的特点是助力机构可以布置在齿条周向和轴向的任意位置上，保证了转向器空间布置的弹性。R-EPS 的系统刚度好，传动能力大，适用于前轴负荷较大的汽车。

表 5-1 对比了三种不同 EPS 系统的主要性能。

三种 EPS 系统的性能比较　　　　　　表 5-1

类　　型	C-EPS	P-EPS	R-EPS
噪声、振动	大	中	小
转矩、波动	中	中	中
低速时转矩变动	小	小	小
转矩不足	中	中	中
惯性矩	中	中	中
温度(耐热性)	小	大	大
防水性	小	大	大
相应功率输出	小	中	大

3. EPS 的工作原理

EPS 的基本工作原理是：如图 5-2 所示，当操纵转向盘转向时，安装在转向轴上的转矩传感器 1 不断检测转向轴上的转矩信号，该信号与车速信号同时输入到电控单元 7。电控单元 7 根据转矩信号、车速信号、轴重信号等进行计算，确定助力转矩的大小和方向，即确定助力电动机 6 的电流大小和方向，进而调整转向辅助动力的大小。助力电动机的输出转矩由电磁离合器 5 通过减速机构 3 减速增矩后，施加到车辆的转向机构，使之得到一个与车辆行驶工况相适应的转向作用力。EPS 能够根据车辆行驶工况提供不同的助力效果，保证汽车在低速转向时轻便灵活，高速转向时稳定可靠。

EPS 的电流控制过程为：控制器根据转向盘转矩传感器的输出 T_h 和车速传感器的输出 v，由助力特性确定助力电动机的目标电流 I_{m0}，然后电流控制器控制助力电动机的电流 I_m，使助力电动机输出目标转矩。因此 EPS 的控制需要解决两个问题：1 确定助力特性；2 跟踪助力特性。整个控制器可分为上、下两层，上层控制器根据基本助力特性及其补偿调节，决策助力电动机的目标电流；下层控制器通过控制助力电动机的电枢两端电压，跟踪目标电流。

1) 助力控制

助力控制是在转向过程(转向角增大)中为减轻转向盘的操纵力，通过减速机构把电动机转矩作用到机械转向系统(转向轴、齿轮、齿条)的一种基本控制模式。其基本控制过程是根据车速传感器测得的车速信号以及转向盘转矩传感器测得的转向盘力矩大小和方向，根据助力特性得到助力电动机的目标电流，再由电流控制器控制助力电动机的输出力矩。

控制过程中，根据助力特性曲线确定系统的控制目标，并决定 EPS 系统的性能。EPS 的助力特性曲线属于车速感应型，在同一转向盘力矩输入下，助力电动机的目标电流随车速的增加而降低，以较好地兼顾转向轻便性和路感要求。

2) 回正控制

当车辆以一定速度行驶时，由于转向轮主销后倾角和主销内倾角的存在，使得转向轮具有自动回正的作用。随着车速提高，回正转矩增大，而轮胎与地面的侧向附着系数减小，在二者综合作用下使得车辆的回正性能提高。驾驶员松开转向盘后，随着作用在转向盘上的力矩减小，转向盘将在回正力矩的作用下回正。在转向盘回正过程中，需要考虑两种情况：①回正力矩过大，引起转向盘位置超调；②回正力矩过小，转向盘不能回到中间位置。对于前一种情况,可利用助力电动机的阻尼来防止超调;后一种情况需要对助力进行补偿,以提高转向盘的回正能力。

3)阻尼控制

阻尼控制是针对汽车高速直线行驶稳定性和快速转向收敛性而提出的。汽车高速直线行驶时,如果转向过于灵敏、轻便,驾驶员会产生"飘"的感觉,这给驾驶带来很大危险。为提高汽车高速行驶时的驾驶稳定性,在死区范围内进行阻尼控制,适当加重转向盘的阻力,最终体现在高速行驶时的手感"稳重"。

汽车高速行驶时,因路面偶然因素的干扰所引起的侧向加速度较大,传到转向盘的力矩比低速行驶时大。为了抑制这种横摆振动,必须采用阻尼控制。此外,转向盘转向后回到中间位置时,由于助力电动机存在惯性,在不加其他控制的情况下,助力系统的惯性比机械转向系统的惯性大,转向回正时不容易收敛,此时也需进行阻尼控制。采用阻尼控制时,只需将助力电动机输出为制动状态,就可使电动机产生阻尼效果。

4. EPS 的特点

与 HPS 相比,EPS 具有以下优点:

(1)技术复杂程度低。EPS 的控制系统和助力系统都采用相对易于控制的电流实现,大大降低了技术的复杂程度。

(2)高效率、低能耗。HPS 在不转向时也需要不断地提供液压油,最高能消耗发动机 5% 的功率。与之相比,EPS 只在车辆转向时才提供助力,可节能 80% ~ 90%(每百公里可减少汽油消耗量 0.2 ~ 0.3L)。

(3)减轻整车质量。EPS 取消了 HPS 的油泵、皮带、密封件、液压软管、液压油及密封件等,使得转向系统质量大大减轻,结构更为紧凑,在安装位置选择方面也更加方便,并且可以降低噪声。

(4)通用性好。HPS 的参数一经确定,转向系统的性能也随之确定,很难改正。而 EPS 可以通过改变和设置不同的程序来改变转向特性,装配自动化程度更高,能与不同车型快速匹配,缩短生产和开发时间,提高效率。

(5)转向舒适、精确。EPS 能在各种行驶工况下根据车速、转向角、转向转矩和转向速度提供合理的转向助力。减轻汽车低速转向时的转向操纵力,提高汽车高速转向时的转向稳定性,进而提高车辆安全性。同时 EPS 的阻尼特性具有可编程性,保证了路面冲击能够被很好地吸收,降低了因路面不平而引起的转向系统扰动,改善了车辆的转向特性。

(6)安装方便、使用可靠。与 HPS 相比,EPS 不存在渗漏问题,能够减少对环境的污染。

EPS 主要存在以下缺点:

(1)不适用于大型车辆。由于车用电源的电压较低(一般为 12V 或 42V),使得 EPS 能够提供的辅助动力较小,难以用于大型车辆。

(2)匹配较难。减速机构、助力电动机等部件的摩擦力和惯性力会影响转向特性(如产生过多转向等),或改变转向盘的自动回正能力及其阻尼特性,因此正确匹配整车性能至关重要。

由此可见,EPS 适用于对空间、质量要求更高的使用小排量发动机的微型汽车上,尤其适用于电动汽车。

5. EPS 的关键技术及发展趋势

EPS 在操作轻便、节能等方面具有优越性,但仍有一些问题需要解决:

(1)助力电动机性能及其与EPS的匹配是影响控制系统性能、转向操纵力、转向路感等问题的主要因素。因此,改善助力电动机性能及其与整个EPS的匹配是关键问题。

(2)助力特性的好坏取决于转向轻便性和路感。但目前国内对于路感问题尚没有成熟的理论研究结果,研究手段还以试验为主,因此需要确定合理的助力特性。

(3)EPS除应具有良好的硬件保证外,还需有良好的软件控制。EPS一般安装在发动机附近,不可避免地会受到热辐射与电磁干扰的影响,因此对EPS的控制策略提出了较高要求。

二、电子控制四轮转向系统

四轮转向(four Wheel Steering,4WS)指汽车转向时,后轮也可相对车身主动转向,使车辆的四个车轮都具有转向作用。采用四轮转向方式,后轮与前轮转向相同时称为同相位转向,方向相反时称为逆相位转向。四轮转向的优点在于低速行驶时依靠逆相位转向改善汽车的操作性,获得较小的转向半径;中高速行驶时依靠同相位转向减小汽车的横摆运动,提高车辆变更车道和曲线行驶时的操纵稳定性。

四轮转向汽车按结构和执行机构的不同可分为机械式、液压式、电控机械式、电控液压式和电控电动式等,此处主要介绍电子控制电动式四轮转向系统。

1.电控电动四轮转向系统的结构

典型的电控电动式4WS系统主要由传感器(主、副前轮转角传感器;主、副后轮转角传感器;后轮转速传感器和车速传感器)、ECU、后轮转向执行器等组成,结构如图5-6所示。

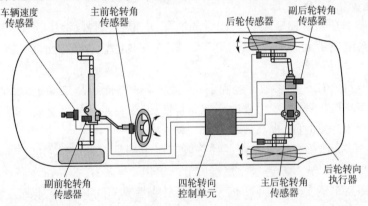

图5-6 电控电动4WS系统结构

1)主后轮转角传感器

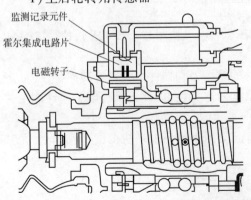

图5-7 安装在后轮转向执行器上的主后轮转角传感器

主后轮转角传感器位于后轮转向执行器的左侧。该传感器含有一个随循环球螺杆旋转的脉冲环,将电子传感器直接安装在脉冲环上部(图5-7)。当循环球螺杆与脉冲环旋转时,主轮转角传感器向控制单元发出数字电压信号,显示后轮转角。

2)副后轮转角传感器

副后轮转角传感器安装在后轮转向执行器上与主后轮转角传感器相反的一端。副后轮转角传感器含有一只连接在齿条轴上的锥形轴

(图5-8),该锥形轴与齿条一同水平移动。一根在副后轮转角传感器上的插棒与锥形轴锥面接触。锥形轴水平移动时,锥面使传感器插棒来回运动。插棒的运动使副后轮转角传感器产生模拟电压信号,将转角信息传送到控制单元。

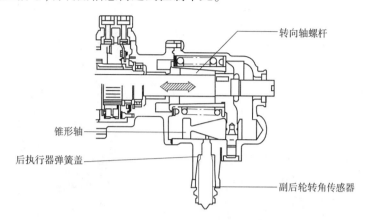

图5-8 安装在后轮转向执行器上的副后轮转角传感器

3)主转向角度传感器

主转向角度传感器又称转向盘转动传感器,安装在组合开关下方的转向柱上。在主转向角度传感器内安装有转动速度传感器和转向盘方向传感器。转动角度传感器包含一排在传感器下方转动的、变换极性的磁铁(图5-9)。当转向盘转动时,转动速度传感器向控制单元发送与转向盘转速和前轮转角相关的信号。转动方向传感器包含一只绕转向柱的环形磁铁。该磁铁有一个北极,也有一小部分南极。控制单元利用转动方向传感器传来的信号确定转向盘的转动方向。

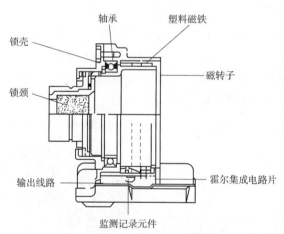

图5-9 含有转动速度传感器和方向传感器的主转向角度传感器

4)副前轮转角传感器

副前轮转角传感器安装在前齿轮齿条转向器内。该传感器含有一个与副后轮角度传感器相似的锥形轴。副前轮转向传感器向控制单元发送与前轮转向角相关的信号。

5)后轮速度传感器

后轮速度传感器安装在每个后轮上,与防抱死制动系统(ABS)控制单元以及四轮转向控制系统相连。每个后轮毂上均安有一只带槽的环,轮速传感器直接安装在这些带槽的环的上方。后轮速度传感器包括一个绕有线圈的永久磁铁,如图5-10所示。后轮转动时,带槽的环上的齿经过后轮速度传感器,在传感器内产生电压,以 Hz 为单位的电压频率经计算机处理后确定轮速。

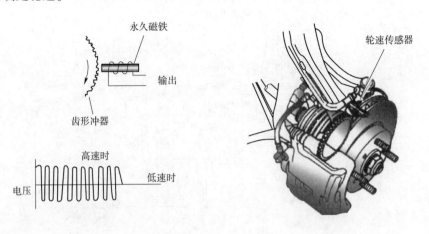

图 5-10　从后轮速度传感器发出的与轮速成正比的电压频率信号

6)车辆速度传感器

车辆速度传感器将与车辆速度相关的电压信号送到四轮转向系统的控制单元和自动变速器控制单元。

7)四轮转向控制单元(ECU)

ECU 是 4WS 系统的核心,其功能是根据制订的控制方案,按照编制的程序对各种传感器输入信号进行分析、计算和处理,输出一定的控制指令,驱动电动机动作。为保证控制系统的可靠运行,ECU 还应具有有效的抗干扰措施和故障自诊断处理功能。

8)后轮转向执行器

后轮转向执行器结构如图 5-11 所示,其包含一个通过循环球螺杆驱动转向齿条的电动机。常规的转向横拉杆从转向执行器连接到后轮转向臂和转向节处。执行器内的复位弹簧在点火开关关闭或四轮转向失效时将后轮推向直线行驶位置。后轮转角传感器和副后轮转角传感器均安装在后轮转向执行器的顶端。

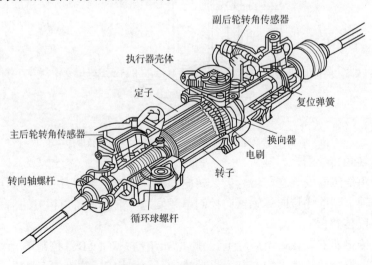

图 5-11　后轮转向执行器结构

2. 电控电动 4WS 的工作原理

发动机工作时,ECU 不断从所有输入传感器接收信息。当转向盘发生转动时,ECU 对车辆速度传感器,主转向盘角度传感器,副前轮转角传感器,主、副后轮转角传感器,以及后轮速度传感器传来的信息进行分析,计算后轮转向角,然后将电池电压输到后轮转向执行电动机以驱动后轮转向。前轮转向器与后轮转向执行器之间没有任何机械连接装置,后轮转向完全靠 ECU 驱动电动机控制。

电池电压通过两只大功率晶体管输送到后轮转向执行器的电动机。其中一只晶体管在右转弯时导通而另一只在左转弯时导通。主、副后轮角度传感器将反馈信号送到 ECU 以显示后轮转角已被执行。

3. 电控电动 4WS 的工作特性

1) 逆相位转向

在车辆低速行驶或转向盘转角较大时,前、后轮进行逆相位转向,如图 5-12a) 所示,即后轮偏转方向与前轮偏转方向相反,且偏转角度随转向盘转角增大而在一定范围内增大(后轮最大转向角一般为 5°左右)。这种转向方式能改善汽车低速时的操纵轻便性,减小汽车的转弯半径,提高机动性。

2) 同相位转向

在车辆中高速行驶或转向盘转角较小时,前、后轮进行同相位转向,如图 5-12b) 所示,即后轮偏转方向与前轮偏转方向相同(后轮最大转向角一般为 1°左右)。这种转向方式可减小汽车车身的横摆角速度,降低车身发生动态侧偏的倾向,保证汽车在高速超车、进出高速公路、高架引桥和立交桥时,处于不足转向状态。

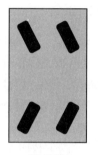

a) 逆相位转向　　b) 同相位转向

图 5-12　4WS 汽车的后轮偏转规律

电控电动 4WS 的工作特性如图 5-13 所示,具体可表述为:当车速低于 29km/h 转向时,后轮与前轮偏转方向相反。车速为零时,后轮最大转角为 6°。后轮转向角减小的程度随车速变化,29km/h 时的后轮转向角几乎为零。当车速大于 29km/h 时,转向盘在最初 200°转角内后轮转向与前轮一致;当转向盘转角大于 200°时,后轮开始向前轮相反的方向偏转。当车速提高到 96km/h 且转向盘转角是 100°时,后轮将向与前轮相同的方向转动大约 1°;在这一车速下,若转向盘转动 500°,则后轮向与前轮相反的方向转动大约 1°。

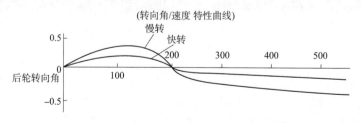

图 5-13　由车速和转向盘转角所确定的后轮转向角

4. 电控电动 4WS 的特点

与普通前轮转向汽车相比,四轮转向汽车具有以下优点:

(1) 转向操作的响应加快,准确性提高。

（2）转向操作的机动性和行驶稳定性提高。

（3）抗侧向干扰的效果好。

（4）超车时，变换车道更容易，减小了汽车产生摆尾和侧滑的可能性。

与电控液压式4WS系统相比，电控电动式4WS系统具有如下特点：

（1）结构紧凑、体积小、质量轻、装配布置方便。

（2）系统刚性大，有较高的惯性力矩，抗外界干扰能力强。

（3）采用电动机作为后轮转向系统的驱动执行元件，动态响应快，能够改善瞬态转向灵敏度，有效降低了电控液压式转向系统的转向滞后特性。

（4）利用蓄电池为电动机供电，发动机动力消耗和燃油消耗低。

（5）没有液压系统装置，系统调整和检测方便，装配自动化程度高，能够缩短产品的生产和开发周期。

三、线控转向系统

线控技术(X-By-Wire)是从应用于航空驾驶上的"Fly-By-Wire"发展而来，即由导线或者电信号实现传递控制，从而取代机械连接装置。线控转向系统(SBW)颠覆了传统的机械转向设计理念，取消了转向盘与转向轮之间的机械连接，取而代之的是电子线路控制，将驾驶员动作转化为电信号，由此传递指令操纵汽车转向。SBW摆脱了传统转向系统固有的弊端，更利于与其他系统集成并进行统一的协调与控制。随着电子技术和控制理论的迅速发展，SBW已成为当今汽车转向系统的研究热点和未来的发展趋势。

在量产车领域，英菲尼迪Q50率先使用了SBW（图5-14），标志着SBW技术走向了实用化。Q50的SBW构成与传统转向系统结构相似，由转向盘、转向柱和转向机等组成。不同之处在于多了3组电子控制单元(ECU)、转向盘后的转向动作回馈器和离合器，如图5-15所示。这套转向系统具有反应速度快、舒适性好、可选择驾驶感受及扩展功能等优点。

图5-14 英菲尼迪Q50

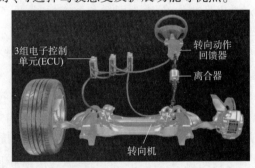

图5-15 SBW

1. SBW结构

汽车SBW主要由转向盘总成、转向执行总成和主控制器(ECU)三个主要部分以及自动防故障系统、电源等辅助系统组成，如图5-16所示。

1）转向盘总成

转向盘总成包括转向盘、转向盘转角传感器、力矩传感器和转向盘回正力矩电动机。转向盘总成的主要功能是将驾驶员的转向意图(通过测量转向盘转角)转换成数字信号，并传递给主控制器(ECU)；同时接受ECU传送的力矩信号，产生转向盘回正力矩，以提供给驾驶员相应的路感信息。

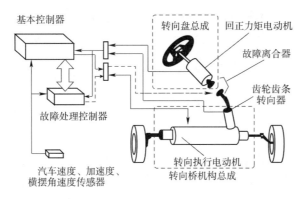

图 5-16　SBW 系统结构

2）转向执行总成

转向执行总成主要由前轮转角传感器、转向执行电动机、转向电动机控制器和前轮转向组件等组成。转向执行总成的功能是转角传感器将测得的车轮转角信号反馈给 ECU，并接受 ECU 指令，通过转向电动机控制器控制转向车轮转动，从而实现驾驶员的转向意图。

3）主控制器（ECU）

ECU 的主要功能是采集信号，对信号进行分析处理，判别车辆的运动状态；向转向盘回正力矩电动机和转向执行电动机发送控制指令，控制两个电动机的协调工作，保证汽车在各种工况下都具有理想的动态响应，减轻驾驶员的负担。同时，ECU 还可对驾驶员的操作进行实时监控，识别驾驶员操作指令，判定在当前状态下驾驶员的转向操作是否合理。当汽车处于非稳定状态或驾驶员发出错误指令时，SBW 系统会屏蔽驾驶员的错误转向操作，自动进行稳定控制，使汽车尽快恢复到稳定状态，最终达到汽车智能化控制的目的。

4）自动防故障系统

自动防故障系统是 SBW 的重要模块，它包括一系列的监控和实施算法，针对不同的故障形式和故障等级，运用故障检测和处理逻辑做出相应的处理，以最大限度地保证车辆正常行驶，使车辆的安全性能得到最大程度的提高。

5）电源系统

电源系统承担着控制器、两个执行电动机以及其他车用电器的供电任务。为保证电源总线在大负荷下稳定工作，电源性能十分重要。

2. SBW 的工作原理

汽车的主动安全性很大程度上取决于转向系统。SBW 不同于传统的机械转向系统，它取消了转向盘与转向轮之间的机械连接，利用通信网络连接信号以实现转向。SBW 利用软件设定转向盘转角与转向轮转角之间的传动比，并通过转向盘回正力矩电动机向驾驶员反馈车辆的转向信息。SBW 能够实现主动控制，占据空间小，给汽车转向特性的优化设计带来便利，在一定程度上改善了车辆的操纵稳定性和驾驶安全性。

SBW 的工作原理如图 5-17 所示：转向盘转角传感器将检测到的转向数据信号以及汽车运动中的各种信息通过数据总线传递给 ECU，ECU 对这些信息进行综合分析，根据其内部的控制策略，向转向执行系统发出指令，进行转向操作。同时，ECU 通过分析转向盘转角、车轮转角等信号，控制转向盘回正力矩电动机，从而模拟出相应的"路感"。由于转向系统完全在转向控制系统的控制下运动，几乎可以在任意位置实现任意转向传动比，ECU 作出综合判断后，再控制前轴的转向角度。紧急情况下，为避免驾驶员的错误判断，SBW 还会主动忽略驾驶员的错误转向输入,使汽车保持在最安全状态。

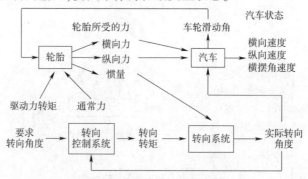

图 5-17 SBW 的工作原理图

车辆在颠簸路面行驶时,传统机械转向会直接将路面对轮胎施加的力矩传递到转向盘,在驾驶员不干预的情况下,甚至会对转向产生反向力矩。SBW 采用了间接物理连接,化解了这种不良路面的"转向打手"现象。在 ACC 巡航模式下,配合车道偏离计算机,SBW 可以智能干预驾驶路线,从而提升主动安全性。

3. SBW 的性能特点

SBW 的特殊结构决定了其具有很多传统转向系统所不具有的性能特点,同时也为其提供了更广泛的应用空间。SBW 相对于传统转向系统的优势如下:

(1)转动效率高,响应时间短。控制单元通过数据总线接收各种数据,在瞬时转向条件下,SBW 能够立刻提供转向动力以转动车轮,大大缩短了系统的响应时间,提高了转动效率。

(2)改善驾驶特性,提高汽车的操纵稳定性。操纵稳定性是判断转向系统优劣的第一要素。SBW 具有变传动比,能根据车速、发动机转速及其他相关参数的变化不断调整传动比:汽车低速行驶时,调低传动比以减少转向或停车时转向盘转动的角度;汽车高速行驶时,调高传动比以防止转向盘过于灵敏。

(3)增强车辆的被动安全性。汽车发生碰撞时,转向柱、转向盘会给驾驶员的胸腔和头部造成极大的冲击,直接威胁驾驶员的生命安全。SBW 取消了转向盘、转向柱等机械机构,改用操纵杆控制,使驾驶室有更大的空间用于布置被动安全部件,加强对驾驶员的保护。即使保留有转向盘,由于 SBW 取消了转向柱,使得转向系统的强度降低,有利于保护驾驶员的安全。

(4)有利于整合底盘技术。采用 SBW 有利于整合底盘技术,综合利用主动悬架、ASR、DYC 或 ESP 等系统的传感器,实现数据共享。同时对于控制软件方面,可综合考虑车辆弯道行驶和车身横向稳定性控制,进一步提高车辆的操纵稳定性和安全性。

(5)降低底盘的综合开发成本。采用 SBW 可不必考虑驾驶员右侧或左侧驾驶车辆的区别,从而大大降低汽车底盘的开发成本。通过修改 SBW 的部分参数就可使其适用于其他车型,为新车型的设计开发节省了大量时间。

(6)有利于环境保护。SBW 仅在需要转向时电动机才有功率输出,并省去了传递效率极低的皮带传动,减少了燃油消耗,节省了能源,减少废气排放。此外,SBW 还取消了液压助力,从而避免了液压油泄漏、液压油管、油封等废弃物对环境产生的污染。

4. SBW 的关键技术

1)可靠性技术

可靠性问题是 SBW 发展过程中的最大困扰。由于转向盘与转向轮之间没有直接的机械连接,SBW 完全依靠电子和电气元件工作。当电控系统出现故障时,车辆将无法保证转向功能,处于失控状态。但随着电控系统的可靠性不断提高,在系统设计中大量引入了"冗余设计"的理念,如传感器冗余、电动机冗余、车载电源系统冗余等,使 SBW 的可靠性得到了显著提高。

2) 模拟"路感"

"路感"可理解为驾驶员手上的力与汽车运动状态之间的一种对应关系。驾驶员可以通过转向盘反馈的路感信息来感知车辆的运动状态(包括行驶状态和道路状况等)。在转向系统里,转向力与"路感"彼此制约。由于 SBW 的转向盘与转向轮之间无机械连接,驾驶员的"路感"必须完全通过模拟生成。

在 SBW 的转向盘路感设计中,可忽略系统的干摩擦,通过建立基于经验的汽车转向系统回正力矩算法模型,利用驾驶员主观评价方法确定经验模型的参数。该方法简单实用,被大多数 SBW 所采用。但汽车转向轻便性与路感相互矛盾,如何提供令驾驶员舒适而又能真实反映轮胎与路面附着特性的路感模拟算法仍然是一个重要课题。

3) 总线技术

随着汽车总线技术的发展,目前存在多种汽车总线标准,未来将会使用具有高速实时传输特性的总线标准和协议。这类总线标准主要有 TTP、Bytef-light 和 FlexRay。TTP(时间触发协议)是一个应用于分布式实时控制系统的完整的通信协议,支持多种容错策略,具有节点恢复和整合功能;Byte-light 可用于汽车线控系统的通信网络,其特点是既能满足某些高优先级消息需要时间触发,以保证确定延迟的要求,又能满足某些消息需要事件触发,需要中断处理的要求;FlexRay 是特别适合下一代汽车应用的网络通信系统,具有容错功能和确定的消息传输时间,能满足汽车控制系统的高速率通信要求。从当前发展来看,由于 FlexRay 是基于时间和事件的触发协议,其优先于 TTP。

4) 动力电源

动力电源承担着 SBW 中控制器、执行电动机及其他车用电器的供电,其中转向电动机的最大功率为 500~800W,转向盘回正力矩电机功率为 50~80W,加上其他电子设备,使得电源负荷相当沉重。因此,为保证整个系统的稳定工作,动力电源的性能至关重要。

随着电子元件及高功耗零部件的不断增加,使得汽车负荷越来越大。若继续维持 12V 供电系统,就必须提高电流来获得更大功率。但电流过高会给整个系统带来安全隐患,热能损耗大大增加,所以汽车供电系统必须提高电压以满足现代汽车电气系统负荷日益增长的需要。于是,42V 供电系统应运而生。42V 电源的采用为 SBW 的发展创造了条件:电动机的质量减轻了 20%;减小了线束直径,降低了设计与使用成本,方便安装;降低了负载电流;提高了电子元件的集成度等。这些优点对 SBW 开发具有决定性影响,必将大大推动 SBW 电动机以及相关部件的发展。

综上所述,与传统转向系统相比,SBW 大大提高了汽车的操纵稳定性、安全性和舒适性,是未来汽车转向系统的发展趋势。随着电子元件成本的降低、42V 电源技术的应用以及可靠性和控制算法的提高,线控转向技术以及其他线控技术会在不久的将来全面替代传统的机械结构系统。线控技术将通过整合动力、转向、制动、悬架等系统,对汽车进行集成优化控制,大幅提高整车性能,最终实现无人驾驶。

第二节　电动汽车制动助力系统

制动性能是汽车安全性的一个重要评价指标,直接影响车辆的行驶安全。传统制动系统虽能满足现有制动法规的要求,但存在制动效能低、响应速度慢、制动管路布置复杂、装配维修困难、制动液污染环境等不足。线控制动系统(Brake by Wire,BBW)是一种新型的机电一体化系统,也是未来汽车制动系统的发展趋势。

BBW 是一系列智能制动控制系统的集成,能够提供诸如 ABS、车辆稳定性控制、牵引力控制等功能。BBW 利用电子制动器和电子控制单元取代传统机械制动,以达到良好的制动效果,提高车辆的制动安全性。目前,根据制动供能装置的不同,BBW 可分为电控液压制动系统(Electro-Hydraulic Brake System,EHB)和电控机械制动系统(Electro-Mechanical Brake System,EMB)两类。

一、EHB

EHB 是基于传统液压制动系统而发展起来的电控制动系统。EHB 将电子技术和液压系统相结合,由电子系统提供柔性控制,液压系统提供制动动力,是从传统制动系统到电子制动系统的过渡。为了提高制动可靠性,EHB 具有传统的液压制动备份系统。一旦电子控制失败,驾驶员可以通过备份的液压制动系统直接对汽车进行有限的制动控制。

1. EHB 构成

EHB 主要由高压油产生部分、电子踏板、电子控制单元(ECU)、液压执行元件和一系列传感器组成,结构如图 5-18 所示。

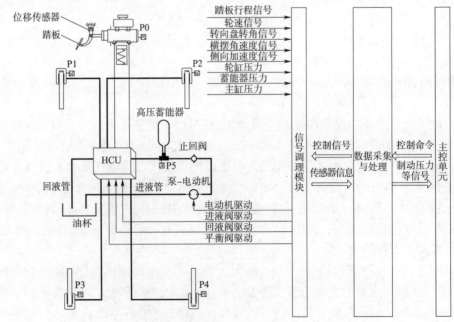

图 5-18　EHB 结构

(1)高压油产生部分:高压油产生部分主要由高压蓄能器、液压泵、电动机和止回阀组成。

(2)踏板位移传感器:识别驾驶员的制动意图,检测踏板位移并将位移信号转换为电信号传输给 ECU。踏板位移和力可按比例控制,以实现 EHB 的制动随动作用。

(3)电子控制单元(ECU):ECU 是 EHB 的核心,用于接收各种电信号,识别车辆运行状态,进而控制各车轮的制动力,实现制动过程的精确控制。

(4)轮速、压力传感器:及时、准确、可靠地获得车轮转速和制动油压大小。

(5)电源:为整个制动系统的正常运转提供稳定、可靠的能量来源。

2. EHB 工作原理

EHB 采用电子踏板取代传统制动系统的制动踏板,用来反映驾驶员的制动意图,产生制动信号并将其传递给电控单元。电控单元向液压执行元件发出制动指令,同时将制动强度信息反馈给驾驶员,保证驾驶员有足够的踏板感。

车辆制动时,电子踏板中集成的位移传感器感应驾驶员施加在踏板上的行程速度及力的大小,识别驾驶员的制动意图;ECU 根据系统电气线路传来的相关信号计算各车轮的制动力,同时向执行器的高压蓄能器发送控制指令;高压蓄能器快速、精确地提供轮缸所需的制动压力,使车辆更快速、稳定地制动或减速。此外,ECU 还可对轮速传感器、压力传感器等其他信号进行分析,实现 ABS、ASR 等功能。为保证车辆制动系统的安全性,EHB 设计有后备的冗余液压系统,以保证电控系统失灵时,车辆仍能够有制动能力,从而保证车辆的行车安全。

图 5-19 所示为 Bosch 公司开发的典型 EHB。以车辆左前轮为对象进行分析,液压泵、高压蓄能器、泄压阀和止回阀等液压元件组成了 EHB 的高压源。高压蓄能器为制动系统提供连续稳定的制动压力,从而减少制动管路中的液压波动。为了提高制动时的车辆稳定性,在车辆前轮设置了平衡阀和高速开关电磁阀,以使同轴的左、右两车轮具有相同的轮缸制动力,防止车辆制动跑偏。两后轮之间仅设一个高速开关电磁阀来平衡左、右轮缸的制动力。此外,为防止 EHB 制动失效,汽车保留了传统的液压制动系统结构。当 EHB 失效时,制动力会按照传统制动方式对汽车前轮进行制动。EHB 正常工作时可分为增压、保压和减压三个基本制动过程,制动压力由高压源提供,高速开关电磁阀 S1 和 S2 为常闭电磁阀。

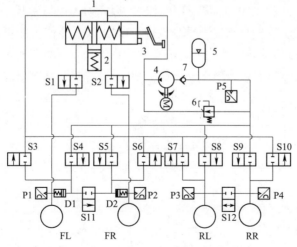

图 5-19 Bosch EHB 系统工作原理图

1-主缸液压罐;2-踏板力模拟器;3-踏板位置传感器;4-液压泵;5-高压储能器;6-泄压阀;7-止回阀;S1~S12-高速电磁阀 P1~P5、压力传感器 D1~D2、平衡阀

1）增压过程

当驾驶员踩下制动踏板时，ECU 根据接收到的制动踏板位移信息确定目标制动压力的大小，同时控制相应的电磁阀动作，建立轮缸制动压力。此时，常闭增压电磁阀 S4 开启，常闭减压电磁阀 S3 保持关闭状态。

2）保压过程

当 ECU 决策出制动系统需要保压时，常闭增压阀 S4 和常闭减压阀 S3 均断电保持闭合状态，此时轮缸内的制动液处于封闭环境，轮缸制动压力保持不变。

3）减压过程

当松开制动踏板或需要降低轮缸制动压力时，ECU 控制常闭降压电磁阀开启，制动液流回主缸储液罐，轮缸制动压力降低，完成减压过程。在此过程中，常闭增压电磁阀 S4 始终保持关闭状态。

3. EHB 的优点

与传统制动系统相比，EHB 具有以下优点：

（1）EHB 取消了部分液压部件，且不需要真空助力装置，使得制动系统结构更为紧凑，整车质量较小，提高了车辆的碰撞安全性。同时，改善了发动机性能，提高了车辆的燃油经济性。

（2）EHB 采用踏板模拟器，不仅改善了踏板特性，而且有效缩短了制动响应时间，提高了制动灵敏度和制动安全性。

（3）EHB 不仅能缩短制动距离，还能保持车辆的行驶稳定性。此外，EHB 能够弱化因制动器摩擦片磨损等原因造成的制动效果下降，提高制动效能。

（4）EHB 所需的制动踏板力小，踏板没有脉冲回振，提高了驾驶员的驾乘舒适性。

（5）EHB 使车辆停车过程更为平顺柔和，大大提高了车辆的制动舒适性。

二、EMB

EMB 最早应用于飞机领域，从 20 世纪 90 年代起，一些汽车电子零配件生产厂商开始了对 EMB 进行研究，并将 EMB 逐步应用于汽车领域。EMB 与常规液压制动系统截然不同，其供能、执行和控制机构全部需要重新设计。EMB 以电能作为能量来源，由中心控制模块控制，由电动机经过传动装置产生动力驱动制动钳。整个系统没有液压管路，完全由导线传递能量，由数据线传递信号。EMB 是一种全新的制动理念，能够极大程度的提高车辆的制动安全性。

1. EMB 构成

EMB 由 6 基本部分组成：安装在 4 个车轮上的独立电控制动器，制动踏板模拟器，中心控制模块，电控制动器的控制单元，电源系统以及轮速传感器等各种传感器，具体结构如图 5-20 所示。

1）电控制动器

电控制动器是 EMB 的制动执行机构，也是 EMB 的核心部件，其性能好坏直接影响车辆的制动效果。EMB 有 4 套电控制动器，每一套电控制动器都包括电源、电动机、运动转换装置和制动钳，如图 5-21 所示。EMB 中的电动机经减速装置减速增扭后，由运动转换装置将旋转运动转换为直线运动，再驱动制动钳对制动盘进行制动，电动机的运动由

EMB 控制器控制。

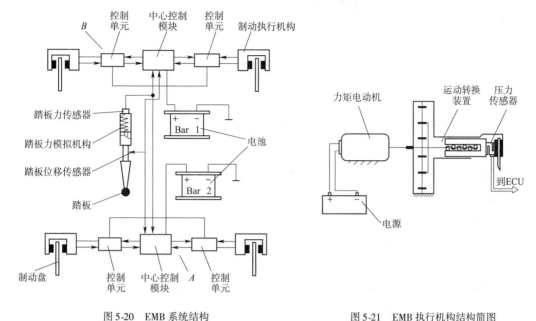

图 5-20 EMB 系统结构　　　图 5-21 EMB 执行机构结构简图

2）中央控制模块（ECU）

ECU 接收各传感器传来的信号，为电控执行器的控制单元提供控制信号（如制动执行机构所需产生的力矩）。

3）制动踏板模拟器

由于 EMB 使用电动机产生制动力矩，对长期习惯使用传统制动器的驾驶员来说，需要一个制动踏板模拟器来模拟传统制动器的驾驶感受。踏板模拟器必须满足如下条件：能够辨识驾驶员踩踏制动踏板的程度，从而产生相应大小的制动力矩；把路面状况反馈给驾驶员，便于车辆操纵，模拟传统制动器踏板特性以适应驾驶员的驾驶习惯。

4）电源系统

EMB 工作时的峰值功率可达 2kW，再加上其他附件（如空调等）工作时的峰值功率，使得总功率可达 12.3kW。而目前汽车上的 12V 电源只能提供 3kW 左右的能量，仅勉强满足汽车必要部件的工作要求。若要兼顾乘坐舒适性，就必须安装能够提供更高能量的 42V 电源。

5）电动机

电动机是 EMB 执行机构的核心部件，因此其选型设计至关重要。EMB 的最大优势在于制动响应快，所以要求电动机必须响应迅速。同时，考虑到汽车系统的能源供应，要求电动机功耗小、输出力矩大。另外在制动过程中，制动器会产生大量热量，电动机将在"堵转"和高温的恶劣环境下工作，因此要求电动机具有高可靠性。最后，由于制动器安装空间的限制，电动机必须结构小巧紧凑、便于安装。

由于汽车使用的是直流电源，考虑到制造成本和空间限制，目前采用较多的是永磁直流无刷电动机。但传统的永磁直流电动机有其自身缺点，也有研究人员提出将开关磁阻电动机作为 EMB 的驱动电动机。

2. EMB 的工作原理

车辆制动时，中心控制模块 ECU 根据踏板模拟器传来的信号，识别驾驶员的制动意图；

再根据轮速传感器等多种传感器获得整车的运行状态,综合处理各种信息后,ECU 发出相应的制动信号给 4 个电控制动器的控制单元;4 个独立的控制单元得到信号后,控制 4 台电动机分别对 4 个车轮进行独立制动;通过传感器再将每个制动器的实际制动力矩等信息反馈给 ECU,从而形成闭环控制,以保证最佳的制动效果。电控制动器的制动力和制动时间均由 ECU 控制,所以只需把 ABS、TCS、ESP 等功能的程序写入 ECU,在不另加硬件设备的条件下,便可集中实现各种制动安全控制的功能。这也体现了线控系统模块化、集成化的优越性。

由于没有备用的机械或液压制动系统,EMB 的可靠性至关重要,要求 EMB 有备用电源和冗余的通信设备。EMB 的控制器采用高可靠度的总线协议,控制系统采用冗余设计。为减小空间,可将电子元件安装在 EMB 调节器内。

3. 典型的 EMB 执行机构

EMB 的结构形式可大致分为两类:一种是电动机带动机械执行机构将力直接作用在制动盘上,其典型结构有 Continental Teves 公司研制的带有两级减速机构的 EMB 执行机构(图 5-22),以及德国 Bosch 公司的 Electro-Magnetic Wheel Brake Device(图 5-23);另一种是电动机通过一个自增力机构,将力间接作用在制动盘上,如德国 Siemens 公司的 EMB 执行机构。

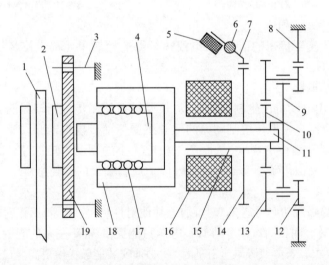

图 5-22 Continental Teves 公司的电子机械制动器结构简图

1-制动盘;2-制动钳摩擦块;3-销杆;4-螺旋心轴;5-电磁铁;6-销钉;7-棘轮;8-齿圈;9-行星轮架;10、14-齿轮;11-螺母轴颈;12、13-行星轮;15-转子;16-定子;17-钢珠;18-螺旋螺母;19-压盘

1) Continental Teves 的 EMB 结构及原理

图 5-22 所示为 Continental Teves 公司研制的带有两级减速机构的 EMB 执行机构,其采用了电动机内置结构。该 EMB 执行机构的典型特点是模块化,整个机构分为 3 个独立的模块,分别为驱动模块、一级丝杠螺母减速模块和二级减速齿轮模块。

驱动模块包含一个力矩电动机,15、16 分别表示电机的转子和定子。一级丝杠螺母减速模块由螺旋螺母 18、螺旋心轴 4 和大量钢珠 17 组成,这 3 者构成了一个球螺旋机构。二级减速齿轮模块是由齿圈 8、行星轮架 9、行星轮 12 和 13 组成的行星轮系。当电动机转子 15 转动时,其上的齿轮 10 带动二级减速齿轮模块的行星轮 13 转动,同时另一侧的齿轮 12

与齿圈 8 相啮合,这样力矩便通过旋转的行星轮架 9 传递给了一级减速模块中的螺母轴颈 11。当螺旋螺母 18 由二级减速齿轮驱动旋转时,通过球螺旋副螺旋心轴 4 产生向左的平动,推动压盘 19 和制动钳摩擦块 2 与制动盘 1 接触,从而产生制动力矩。驱动模块中还有一个棘轮机构 5、6、7,用于实现驻车功能。通过电磁铁 5 的通断电,可以使棘爪 7 绕销钉 6 转动,进而控制电动机转子 15 的旋转。当电动机转子 15 不转动时,能够保持住制动力,从而达到驻车目的。

2) Bosch 公司的 EMB 结构及原理

图 5-23 所示为 Bosch 公司的 EMB 结构简图,其主要特点是采用了两个电磁离合器。工作时,动力由电动机输入轴 5 输入给内部的两个行星轮系 10 和 12,然后传递给螺纹心轴 19,再经螺纹心轴 19、螺母 17 和螺纹滚柱 18 组成的类似行星齿轮机构转化为螺母 17 的直线运动。螺母 17 推动制动钳摩擦块 22,将制动力施加到制动盘 21 上。摩擦盘 8 与行星轮系 12 的太阳轮 15 通过一个杯形弹簧 16 固接在一起,摩擦盘 2 与行星轮系 12 的行星齿圈 26 以同样的方式固接。在两个行星轮系 10 和 12 之间有两套电磁离合器 7 和 11。当两个电磁离合器通电时,摩擦盘 2 和 8 分别与母体 11 和 7 接合同步运动。不通电时,摩擦盘受制动环限制无法转动。

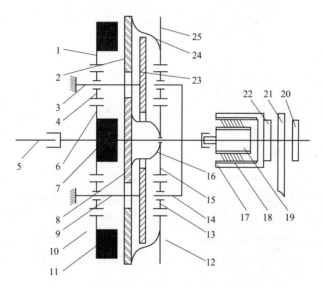

图 5-23 Bosch 公司的电子机械制动器结构简图

1、25-齿圈;2、8-摩擦盘;3、9-销钉;4、13-行星轮;5-电动机输入轴;6、15-太阳轮;7、11-电磁离合器;10、12-行星轮系;14-行星轮架;16、24-杯形弹簧;17-螺母;18-螺纹滚柱;19-螺纹心轴;20、22-制动钳摩擦块;21-制动盘;23-制动环

通过控制电磁离合器的通断电,该 EMB 执行机构能实现 4 种工作方式:

(1)电磁离合器 7 通电,11 不通电。此时太阳轮 6 和 15 接合同步转动,齿圈 26 在制动盘 24 的作用下静止,两个太阳轮 6 和 15 旋转方向相同,传动比大,能迅速克服制动钳摩擦块 22 和制动盘 21 之间的间隙。

(2)两个电磁离合器都通电。此时太阳轮 6 和 15、齿圈 1 和 26 都同步转动。由于太阳轮 6 和 15 的转动半径相同,齿圈 1 和 26 的转动半径也相同,而行星轮 4 的转动半径大于行星轮 13,故行星轮架 14 的转动方向仍与太阳轮 15 相同,实现了减速增扭的功能。

(3)电磁离合器 7 不通电,11 通电。此时齿圈 1 和 26 接合同步转动,太阳轮 15 在制动环 24 的作用下静止。此时行星轮架 14 和齿圈 26 的旋转方向相反,在不需电动机反转的情况下,可使制动钳摩擦块 22 和制动盘 21 分离。此功能可用来调整制动间隙。

(4)两个电磁离合器都不通电。此时太阳轮 15 和齿圈 26 在制动环 24 的作用下都不转动,行星轮架 14 也无法转动,因此制动力矩始终施加在制动摩擦 22 上,实现制动力保持。此工作方式可用于驻车功能。

3)Siemens 公司的 EMB 结构及原理

图 5-24 所示为 Siemens 公司研制的一种典型的带有机械磨损后,可自动补偿制动盘和制动钳摩擦块间隙的 EMB 执行机构。

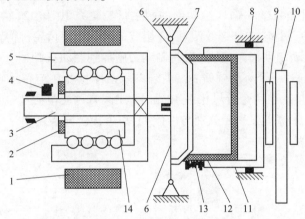

图 5-24　Siemens 公司的电子机械制动器结构简图

1-定子;2-压电式力传感器;3-心轴;4-位移传感器;5-螺母;6-增力杠杆;7-压力盘;8-橡胶密封环;9-制动钳摩擦块;10-制动盘;11-制动活塞;12-传动套筒;13-弹簧;14-转子

该 EMB 执行机构的力矩电动机内置,转子与螺母相啮合,螺母和心轴固结在一起。电动机工作时转子转动,使螺母和心轴作轴向运动,从而把圆周运动转化为直线运动。心轴轴向推动增力杠杆和压力盘。杠杆末端插在制动器缸内的凹槽内,能够绕凹槽转动。压力盘再把力传递给传动套筒,套筒和制动活塞之间通过螺纹传动,该螺纹传动副不具有自锁功能。制动活塞推动浮动制动钳摩擦块产生制动力矩。橡胶密封环和弹簧的主要作用是使制动活塞等零件在制动结束后回位。活塞向右移动时,活塞使橡胶环产生弹性变形,进而产生了作用在制动活塞上的回位力。制动结束后,在橡胶环的弹性形变下,传动套筒和制动活塞被推回到制动前的位置上。

Siemens 公司的 EMB 还具备间隙自动调整功能。当制动钳摩擦块磨损比较严重,制动活塞行程超出橡胶环形变量时,二者发生相对滑动。制动卸载时,橡胶环带动活塞回位。由于活塞与橡胶环之间发生相对运动,故活塞的返回行程小于制动前走过的行程,于是传动套筒和压力盘之间出现空隙。传动套筒从制动活塞的内腔中被弹簧推出,直到与压力盘再次接触,退出的行程也就恰好等于磨损掉的厚度。

这三大厂商的 EMB 执行机构各具代表性,但也各有利弊:

(1)从力矩电动机的放置位置看,Bosch 公司采用了电动机外置结构,而 Siemens 和 Continental Teves 公司均采用了电动机内置结构。电动机外置会占用较大空间,而电动机内置将电动机定子和转子及其他零件接合在一起,虽能使结构紧凑,体积小巧,但却增加了结构的复杂性。

(2)从是否安装电磁离合器来看,Bosch 公司采用了双电磁离合器,大大简化了对电动机的控制；同时还能使 EMB 的工作方式更加清晰，功能更加多样。但该系统对电磁离合器过于依赖，降低了系统可靠性。

(3) 从是否采用增力结构来看，Siemens 公司的 EMB 采用了增力杠杆结构，能够有效节省能源。EMB 对力矩电动机的力矩输出要求降低，故能够减小力矩电动机的设计尺寸。

另外，这三家公司的 EMB 都采用了不同的间隙磨损调整方式：Continental Teves 公司采用了一种智能控制方式，性能最为可靠；Siemens 公司采用了完全的机械调整机构，可靠性次之；Bosch 公司的 EMB 需要手动调整制动盘与制动摩擦块的间隙，与前两种智能化或自动化调整方式相比，可靠性稍显逊色。

4. EMB 的优点

与传统制动系统相比，EMB 具有以下优点：

(1) 机械连接少，没有制动管路，结构简洁、体积小。
(2) 载荷传递平稳、柔和，制动性能稳定。
(3) 采用机械和电气连接，信号传递迅速，反应灵敏，"路感"好。
(4) 传动效率高、安全可靠。
(5) 电子智能控制功能强大，可通过修改 ECU 中的软件，配置相关参数来改进制动性能，易于实现 ABS、TCS、ESP 等功能。
(6) 模块化结构更加整体化，装配简单，维修方便。
(7) 没有液压制动管路和制动液，不存在液压油泄漏问题，EMB 中几乎没有不可回收的部件，对环境几乎没有污染。

与 EHB 相比，EMB 使用电动机作为动力源，系统响应更快；且 EMB 完全取消了液压管路，摒弃了制动液，在提高制动响应的同时，更加经济环保。

现代汽车的发展方向是模块化、集成化、机电一体化，最终实现整车线控，而 EMB 正是这一发展方向的体现。随着电机控制技术和电子技术的快速发展，尤其是大功率电子器件的小型化和大容量化以及集成电路技术的应用，必将进一步扩大 EMB 的应用范围，使其成为线控制动系统的最终发展方向。

第三节　采暖及空调系统

与传统汽车空调系统相比，电动汽车空调系统由于能源供应方式不同而存在结构设计上的差别。传统燃油汽车的空调系统主要采用发动机驱动的蒸汽压缩式制冷系统进行制冷，利用燃油发动机的余热进行制热。而电动汽车大多采用电池发电驱动电动机的能源系统，可直接输出电能驱动压缩机。目前电动汽车的空调系统主要包括两种类型，一是直接利用电能的热泵式空调系统，另一种是采用电池发热来驱动吸收式制冷系统的空调系统。

一、电动热泵式空调系统

图 5-25 所示为日本电装（DENSO）公司开发的采用 R134a 制冷剂的电动汽车热泵式空调系统结构，在风道中采用了 2 个换热器，并采用了车内冷凝器和蒸发器结构。

电动压缩机的驱动方式可分为独立式和非独立式。独立式压缩机与传统压缩机的主要区别如下：

(1) 传统压缩机采用主机作为动力，电动式压缩机直接通过电动机驱动。

(2)传统压缩机转速受主机转速限制,且调速范围较小;电动式压缩机由电动机单独驱动,调速范围较宽。

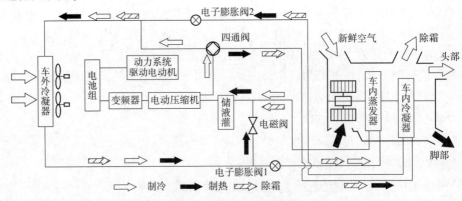

图 5-25 热泵式空调系统结构

非独立式压缩机与传统压缩机的主要区别是:传统压缩机由发动机通过传动带带动,而电动式压缩机由驱动电动机通过传动带带动。

图 5-25 所示的热泵式空调系统采用独立式电动压缩机驱动,即压缩机由单独的电动机驱动。电池组分别向动力系统驱动电动机和电动压缩机供电,因此空调系统的工作情况不受整车运行工况的影响。

该热泵式空调系统为双路空气流动方式,风道由隔板隔开,新鲜空气从上部进入经加热后从风窗玻璃内部表面吹出除霜,内部循环空气则由下部风道导入经加热向乘客脚部吹出。系统处于除霜/除湿模式时,空气流经内部蒸发器完成除湿,并将空气冷却到除霜需要的温度,之后再通过内部冷凝器,把风送到车厢内部。这样在满足供暖需求的同时避免了汽车风窗玻璃结雾,消除了行车的安全隐患。在除霜模式下,采用由受外部信号控制的步进电动机驱动的电子膨胀阀。通过调节阀门开度对制冷剂流量进行线性控制,以有效控制空气出口温度。上述热泵空调系统的性能参数见表 5-2,该系统在 -10~40℃均有良好的工作性能。

DENSO 电动汽车热泵式空调系统性能　　　　表 5-2

项　目	环　境　条　件	系　统　性　能
制冷	环境温度 40℃,车室温度 27℃,相对湿度 50%	1kW 能耗获得 2.9kW 制冷量
制热	环境温度 -10℃,车室温度 25℃	1kW 能耗获得 2.3kW 制热量

该热泵空调系统在冬季低温工况时,可采用 PTC 热敏电阻辅助加热,其作用有两个:一是加快冬季汽车空调的制热速度;二是在环境低温高湿条件下,采用电加热系统对蒸发器除霜。PTC 加热套件所需的直流电来自车载蓄电池。在 PTC 加热套件处安装轴流式或离心式风机,通过配合良好的风道设计,使作用在整个 PTC 发热器迎风面上的风速更为均匀,以充分发挥 PTC 元件的发热能力。PTC 发热器的消耗功率与出口风温和风速密切相关,风速增加,发热量增大。PTC 辅助电加热系统的供热效率低,对电能消耗大,故不适合长期使用。

二、燃料电池余热利用空调系统

燃料电池电动汽车以燃料电池为动力源,实际能源利用效率可达普通内燃机的 2~3 倍。燃料电池过热,会导致其工作效率降低、性能恶化,因此采用燃料电池本身的余热给车辆供暖,将大大提高车辆的经济性和能量利用效率。目前燃料电池电动汽车普遍采用质子交换膜燃料电池,其工作电流大($1\sim 4A/cm^2$,0.6V)、比功率高($0.1\sim 0.2kW/kg$)、比能量大、能量效率高、冷起动时间短(可在数秒内实现冷起动)、正常工作温度($60\sim 100℃$),下具有80%的额定功率,排出的废热约为80℃。

燃料电池电动汽车可采用吸收式制冷空调系统,利用燃料电池的冷却水作为热源来驱动热泵。所以吸收式热泵不像传统汽车的压缩式空调系统需要耗费发动机输出功,只有溶液泵消耗少量电能,其总需求电能约为压缩式热泵的3%。

以一台小型电动汽车空调系统为例,汽车电池总功率为65kW,电池转化效率为50%,故产生的电能为32.5kW,剩余蒸汽、温水、废热等为32.5kW。利用直接接触式热交换器可回收70%的热能,按最大回收率计算可回收热能22.75kW。利用这些热能驱动溴化锂吸收式制冷系统,则制冷量约为13.6kW。一般小型汽车所需制冷量为5kW,故所获得的制冷量远大于所需制冷量,因此采用吸收式制冷系统能满足燃料电池电动汽车的制冷要求。

图5-26所示为同济大学设计的燃料电池汽车的吸收式制冷空调系统,其中水作为制冷剂,溴化锂作为吸收剂。燃料电池热管理系统的主换热器与吸收式制冷系统的发生器直接进行热交换,以作为驱动吸收式制冷系统的热动力;同时主换热器上部接一个带有变频水泵的旁通支路,当燃料电池的热量多于吸收式制冷系统所需热量时,通过旁通支路从辅助换热器排出,从而确保燃料电池工作在允许的温度范围内。该系统的冷凝器、吸收器和燃料电池的辅助换热器共用一套冷却系统通至车外的风冷式换热器中。

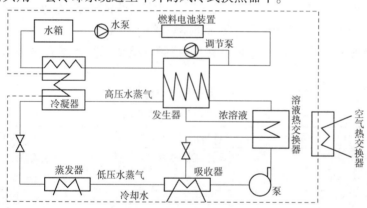

图5-26 燃料电池吸收式空调系统

图5-27所示为燃料电池的余热供暖系统,其工作过程为:打开截止阀,当起动燃料电池发动机时,通过控制三通阀旁通燃料电池散热器,冷却液经中间换热器从燃料电池发动机出口到进口,通过中间换热器获得的热量通过供暖管路向车厢供暖,其中供暖回路的水泵和风扇采用手动开关控制。当三通阀处的冷却液温度升高到设定值1(该设定值1是燃料电池对冷却液温度的限定值)时,控制三通阀让冷却液流经燃料电池发动机散热器,同时开启燃料电池散热器冷却风扇。当三通阀处的冷却液温度低于设定值2时,控制三通阀旁通燃料电池发动机散热器。设定值2是为避免三通阀频繁开启而设定的比设定值1略小的值。

该系统充分利用了燃料电池的能量,并能为汽车空调系统提供相当的热量。燃料电池余热利用空调系统体积大、且系统复杂,对汽车整体要求较高,目前技术尚不成熟。但随着技术的快速发展,由于吸收式空调系统具有能量利用率高、节能环保等优点,必将具有良好的发展前景。

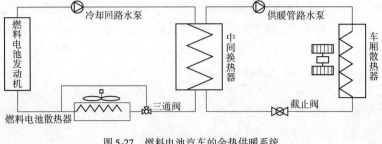

图 5-27 燃料电池汽车的余热供暖系统

三、电动空调系统的特点

相比于传统汽车的空调系统,电动空气调节系统在环境保护、结构布置以及乘坐舒适性等各项指标上均处于优势,主要优点如下:

(1)电动压缩机空调系统可采用全封闭的 HFC134a(目前主要汽车空调用制冷剂)系统及制冷剂回收技术,整体密封性高,可减小正常运行及修理维护时制冷剂的泄漏损失,降低对环境的污染。

(2)利用电动机驱动空调压缩机,通过变频控制可有效降低空调系统能耗,提高整车经济性。此外,电动压缩机比传统机械式压缩机的效率高,也可减少能量消耗。

(3)采用电驱动形式,噪声较低、可靠性高、使用寿命长、故障率低。

(4)一体式电动压缩机取消了发动机与压缩机之间的传动带,没有了张紧件的质量,相对于传统结构可减小整车结构的复杂性,同时降低整车质量。

(5)制冷量不受车辆行驶速度的影响,可精确调节空气温度等各种参数,提高乘坐舒适性。

表 5-3 对比了电动汽车空调系统和传统汽车空调系统。

电动汽车空调与传统汽车空调对比　　　　　　表 5-3

项　　目	传统汽车空调	电动汽车空调
压缩机类型	斜盘式、摇摆式、往复式	涡旋式、旋叶式、往复式
压缩机结构形式	开启式	全封闭式、半封闭式
制冷系统形式	蒸汽压缩式	蒸汽压缩式、吸收式
制热系统形式	发动机冷却液	热泵式、电加热、燃料电池余热供暖
蒸发器	管片式、管带式、层叠式	管片式、管带式、层叠式
冷凝器	管片式、管带式、鳍片式、平行流	管片式、管带式、鳍片式、平行流

四、电动汽车空调系统发展应注意的问题

电动汽车空调技术目前尚处于发展阶段,其面临的主要问题包括:

(1)电池造价高、循环寿命短、能量密度低、设计工艺水平低。电动汽车空调系统耗电量较大,汽车上其他装置同样也需要电力供应,就有可能发生车辆起动后空调系统无法正常运行等类似的技术问题。这要求在设计空调系统时充分考虑电动汽车的电池容量和空调系统的最大制冷、制热量,做好电池的防泄漏工作,并努力使电池具有较低的生产成本和较长的使用周期。

(2)车辆运行期间,电池会产生一定热量。电池过热必然会对空调系统造成影响,这要

求电池冷却系统能够始终使电池工作在最佳工况。

(3) 汽车高速行驶时,空调系统会承受剧烈且频繁的振动和冲击。因此,要求电动汽车空调装置中的各零部件都具有足够的强度和气密性能。

第四节　电动汽车总线系统

电动汽车由于储能设备容量有限,在运行过程中对能源的管理十分严格。电动汽车电子控制系统的动态信息必须具有实时性,各子系统应实时共享车辆的公共数据,如电机转速、车轮转速、加速踏板位置和制动踏板位置等。但不同控制单元的控制周期不同,数据转换速度、各控制命令的优先级也不尽相同,因此需要一种具有优先权竞争模式的数据交换网络,并且网络本身应具有极高的通信速率、较强的容错能力和快速处理能力。

控制器局域网(Controller Area Network,CAN)是国际上应用最广泛的现场总线之一。CAN 总线是德国 Bosch 公司在 1986 年为解决汽车中众多测量元件与执行器之间的数据交换而开发的一种现场总线,是一种有效支持分布式控制或实时控制的串行通信网络。CAN 总线在各车载电子控制器 ECU 之间交换信息,从而形成汽车电子控制网络。CAN 总线是汽车电子控制系统中应用最为广泛的网络技术。

一、CAN 总线的组成

CAN 总线由一个控制器、一个收发器、两个数据传输终端以及两条数据传输线组成,结构如图 5-28 所示。除数据传输线外,其他元件都置于控制单元内部,控制单元功能不变。

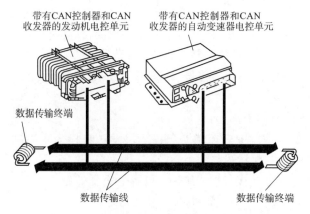

图 5-28　CAN 总线结构

1. CAN 控制器

CAN 控制器用来接收控制单元中微处理器传来的数据,对这些数据进行处理并将其发往 CAN 收发器。同样,CAN 控制器也接收由 CAN 收发器传来的数据,对这些数据进行处理后发往控制单元中的微型计算机。

2. CAN 收发器

CAN 收发器又称 CAN 总线驱动器,安装在 CAN 控制器和数据总线之间。CAN 收发器提供了 CAN 控制器与物理总线之间的接口,是影响 CAN 纵向传输性能的主要因素。CAN

收发器的功能是将 CAN 控制器传来的数据转化为电信号并送入数据传输线,同时接收数据总线信号并转发给 CAN 控制器。

3. 数据传输终端

数据传输终端实质上是一个电阻器,又称终端电阻,其作用是保证传输信号不发生变形,保证通信的顺利进行。终端电阻的大小与数据传输线有关。

4. 数据传输线

数据传输线对数据进行双向传输。CAN 总线将两条线缠绕在一起,形成如图 5-29 所示的双绞线形式。两条传输线分别称为 CAN 高线和 CAN 低线。这两条线的电位相反,如一条是 1V,则另一条是 -1V。CAN 双绞线的绞距一般为 20mm,截面积通常为 $0.35mm^2$ 或 $0.5mm^2$(图 5-30)。通过采用双绞线形式,CAN 总线能够免受外界的电磁干扰,同时 CAN 产生的电磁辐射波也可相互抵消。

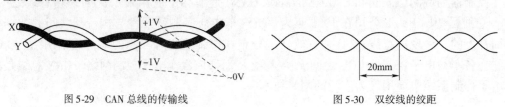

图 5-29 CAN 总线的传输线　　　　图 5-30 双绞线的绞距

二、CAN 总线的传输原理及过程

1. CAN 总线的传输原理

图 5-31 所示为电动轿车的 CAN 总线系统原理图,主要由中央控制器、电池管理系统、电机控制系统、制动控制系统、仪表控制系统等组成。各控制器之间通过 CAN 总线进行通信,以实现传感器测量数据的共享、控制指令的发送和接收等,提高各控制器的控制性能,从而提高系统的总体控制性能。各控制器之间的通信与信息类型可分为信息类和命令类:信息类主要是发送一些信息,如传感器信号、诊断信息、系统状态等;命令类则主要是发送给其他执行器的命令。

CAN 总线通信主要有以下内容:

(1)车辆起动时的自检。中央控制器向各模块发送自检命令,并收集各模块的返回信息。通过分析处理,及时发现问题并解决问题。

(2)加速过程通信。加速操作时,中央控制器采集加速踏板信号。根据相应的控制策略,通过 CAN 总线设置电机转速、电池管理系统参数等。

(3)制动过程通信。车辆制动时,制动踏板信号直接下传到 ABS 控制器,同时通过 CAN 总线上传到中央控制器。中央控制器根据控制规划,通过 CAN 总线设置电机转速以及电池管理系统参数等。

(4)周期性数据刷新通信。电机控制器采集电机的电枢电流、电机转速,判断是否缺相,接收设定转速;电池管理控制器采集电池温度、荷电状态,接收是否充电指令、充电门限系数;制动控制器采集车轮转速,接收执行制动指令;仪表控制器采集并显示电机转速、车速、电池的荷电状态值等信息。

(5)运行过程中监控。在车辆运行过程中,检测总线上数据帧的收发情况,及时发现总线异常,自动进行紧急处理,甚至向驾驶员发出警报。

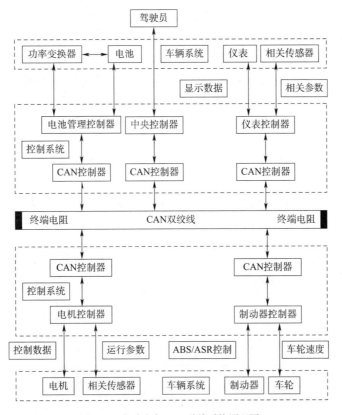

图 5-31 电动汽车 CAN 总线系统原理图

2. CAN 总线的数据传输过程

CAN 总线的数据传输过程如图 5-32 所示,具体概述如下:

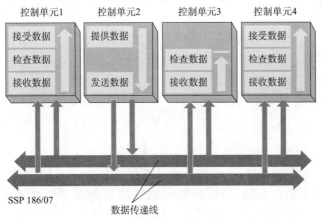

图 5-32 CAN 总线数据的传输过程

1) 提供数据

控制单元向 CAN 控制器提供需要发送的数据。

2) 发送数据

CAN 收发器接收由 CAN 控制器传来的数据,并将其转为电信号发出。CAN 总线数据以数据列的形式传输。数据列由一串二进制数字组成,包括开始域、状态域、检查域、数据域、安全域、确认域和结束域,如图 5-33 所示。各域的作用如下:

(1)开始域:标志数据列的开始。带有大约5V电压(由系统决定)的1位被送入CAN高线,带有大约0V电压的1位被送入CAN低线。

(2)状态域:判断数据列的优先权。如果两个或多个控制单元同时发送各自的数据,则具有较高优先权的控制单元优先发送。如CAN驱动装置数据总线系统优先级依次为ABS/EDL控制单元、发动机控制单元、自动变速器控制单元。

(3)检查域:显示数据列中所包含的信息项目数。该区域允许任何接收器检查是否已经接收到所传递过来的所有信息。

(4)数据域:传给其他控制单元的信息,其大小由总线宽度决定。

(5)安全域:检测传递数据的错误。

(6)确认域:是接收者发给发送者的信息,用来告知接收器已经收到正确数据列。若检查到有错误,则接收器立即通知发送器,然后发送器再次发送该数据列。

(7)结束域:数据列的结束标志,这是显示错误并重复发送数据的最后一次机会。

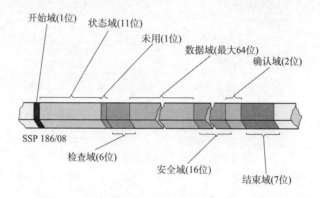

图 5-33 CAN 总线的数据列构成

3)接收数据

CAN 总线系统中,所有控制单元转为接收器接收数据。

4)检查数据

控制单元检查并判断所接收的数据是否为所需要的数据。

5)接收数据

如果接收器所接收的数据是重要的,它将被接受并进行处理,否则将其忽略。

3. 与 CAN 总线系统相关的 ECU 工作状态

连接在 CAN 总线上的 ECU 工作状态很大程度上决定了 CAN 总线的使用情况,并且 ECU 工作状态之间的切换涉及信息列表中各信息的优先级设置、总线的唤醒策略和故障排除及自修复等问题。ECU 的工作状态可分为以下 6 种:

(1)上电诊断状态。ECU 上电后,应有一个初始化过程。在完成本模块的初始化后,应发送网络初始化信息,同时监听其他节点的网络初始化信息。通过网络初始化信息的交换,ECU 判断整个网络是否完成初始化过程,是否能够进入正常工作状态。

(2)正常工作状态。在正常工作状态下,ECU 之间通过 CAN 总线进行通信,以实现传感器测量数据的共享、控制指令的发送和接收等。当满足休眠条件时,ECU 从正常工作状态转入休眠状态;当 CAN 模块故障计数器的计数值为 255 时,ECU 从正常工作状态转入总线关闭状态。

(3)休眠状态。该状态下,ECU 及其模块处于低功耗模式。一旦接收到本地唤醒信号(本地触发信号)或远程唤醒信号(CAN 总线激活信号),ECU 从休眠状态转入正常工作状态,其间需要使用网络初始化信息。

(4)总线关闭状态。处于总线关闭状态的 ECU 延迟一段时间后,复位 CAN 模块,然后重新建立与 CAN 总线的连接;若连续几次都无法正常通信,则 ECU 尝试将通信转移到备用总线上。若转移成功,则发送主总线故障信息。

(5)掉电状态。关闭电源时,ECU 所处的状态。

(6)调试及编程状态。该状态用于调试及系统软件升级。

三、汽车网络的传输介质

CAN 总线的传输介质主要有双绞线、同轴电缆、光纤和无线电等。

1. 双绞线

双绞线由两根具有绝缘保护层的铜导线按一定密度互相绞在一起,这样可降低信号的干扰程度,每一根导线在传输中辐射的电波都会被另一根导线上发出的电波所抵消。双绞线既可用于传输模拟信号,也可用于传输数字信号。根据是否具有屏蔽性,双绞线可分为非屏蔽双绞线(UTP)和屏蔽双绞线(STP)。STP 在 UTP 外面加一层由金属丝纺织而成的屏蔽层,以提高其抗电磁干扰的能力。因此,STP 的抗外界干扰性能优于 UTP,但价格也高于 UTP。相互扭绞的一对双绞线作为一条信息通路。汽车网络中普遍使用专用的双绞线,图 5-34 所示为不同 CAN 总线系统中所使用的双绞线。

a)驱动CAN
CAN-H: 橘黑
CAN-L: 橘棕

b)舒适CAN
CAN-H: 橘绿
CAN-L: 橘棕

c)信息提供CAN
CAN-H: 橘紫
CAN-L: 橘棕

图 5-34 不同 CAN 总线系统

2. 同轴电缆

同轴电缆由一根空心的圆柱形外导体围绕单根内导体构成,如图 5-35 所示。内导体为实芯或多芯硬质铜线,外导体为硬金属或金属网。内导体和外导体之间由绝缘材料隔离,外导体外还有皮套或屏蔽物。

图 5-35 同轴电缆

目前广泛使用的同轴电缆有两种:一种是 50 电缆,用于数字传输,由于多用于基带传输,因此也称为基带同轴电缆;另一种是 75 电缆,用于模拟传输,一般用于电视信号的传输,称为宽带同轴电缆。

3. 光纤

光纤与同轴电缆相似,中心是光传播的玻璃纤芯。纤芯采用的是超纯的熔凝石英玻璃拉成的芯线,其质地脆、易断裂。纤芯外面包围着一层折射率比纤芯低的玻璃封套,以使光纤保持在纤芯内。再外面是一层薄塑料外套,用来保护封套。光纤不受电磁干扰或噪声的影响。光纤有单模和多模之分,多模光纤纤芯的直径为 15~100μm,单模光纤纤芯的直径为 8~10μm。光纤通常被扎成束,外面有外壳保护。

四、CAN 总线的特点

1. CAN 总线特点

与一般通信总线相比，CAN 总线的数据通信具有突出的可靠性、实时性和灵活性，其主要性能特点概括如下：

（1）CAN 总线是目前唯一具有国际标准的现场总线。

（2）CAN 为"多主"工作方式，网络上任一节点均可在任意时刻主动向网络上的其他节点发送信息，不分主从，具有极高的总线利用率。

（3）在报文标识符上，CAN 总线上的节点分成不同的优先级，可满足不同的实时要求，优先级高的数据最多可在 134μs 内得到传输。

（4）CAN 总线采用非破坏性总线仲裁技术。当多个节点同时向总线发送信息时，优先级较低的节点主动退出发送，而最高优先级的节点可不受影响地继续传输数据，从而大大节省了总线冲突仲裁时间。

（5）CAN 总线节点只需通过对报文标识符滤波就可实现点对点、一点对多点以及全局广播等几种方式的数据传送/接收，无需专门的"调度"。

（6）CAN 总线上的节点个数主要取决于总线驱动电路，目前可达 110 个。在标准"帧"报文标识符（CAN2.0A）中可达 2032 种，而在扩展帧的报文标识符（CAN2.0B）中几乎不受限制。

（7）CAN 总线报文采用"短帧"结构，传输时间短，受干扰概率低，数据的出错率低。

（8）CAN 总线的每帧信息都有 CRC 校验以及其他检错措施，具有很好的检错效果。

（9）CAN 总线节点在错误严重的情况下具有自动关闭输出的功能，以使总线上的其他节点操作不受影响。而且发送的信息遭到破坏后，可以自动重发。

（10）CAN 总线的最高通信速率可达 1Mbit/s（当总线长为 40m 时），直接通信的最远距离可达 10km（通信速率 5kbit/s 以下），其通信距离与通信速率之间的关系如图 5-36 所示。

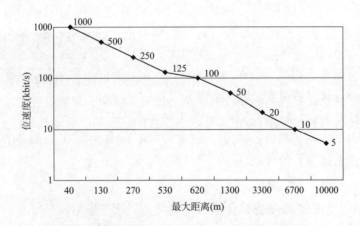

图 5-36 CAN 总线通信距离与通信速率之间的关系

（11）CAN 总线具有较高的性能价格比。其结构简单，器件购置容易，每个节点的价格较低，而且开发技术容易掌握，能充分利用现有的单片机开发工具。

2. CAN 总线应用于电动汽车的优点

在电动汽车上采用 CAN 总线具有如下优点：

（1）减少各功能模块所需的线束数量和体积。

（2）减少整车质量并降低整车成本，具有较高的数据传输可靠性和安装便捷性，扩展了汽车功能。

（3）一些数据如车速、电机转速和 SOC 等能够在总线上进行共享，因此可去除冗余传感器，使传感器信号线减至最少，控制单元可做到高速数据传输。

（4）可以通过增加节点进行功能扩展，如果数据扩展增加新的信息，只需升级软件即可。

（5）实时监测并纠正因电磁干扰而引起的传输错误，并在检测到故障后存储故障码。

第五节　电动汽车仪表

仪表是人与汽车的交互界面，为驾驶员提供所需的车辆运行状态参数，是车辆总体设计中必不可少的一部分。仪表工作性能的准确与可靠直接影响车辆的行驶安全。由于电动汽车与传统内燃机汽车的动力来源不同，要求仪表能够显示电池和电机的工作状态，致使电动汽车的组合仪表较传统汽车更为复杂。根据国家标准《电动汽车操纵件、指示器及信号装置的标志》(GB/T 4094.2—2005)和《电动汽车用仪表》(GB/T 19836—2005)的要求，电动汽车组合仪表需要显示的信息见表 5-4。

国标对电动汽车组合仪表显示信息的要求　　　　表 5-4

项　目	电动汽车组合仪表显示信息
整车	车速、累计行驶里程
传统信号	车门关、刮水器、ABS、安全带、安全气囊
电动汽车	运行准备就绪、系统故障、整车控制器打开
动力电池	电压、电流、湿度、SOC、剩余电量、充电状态、故障和切断
电机	转速、电压、电流、温度、过热、超速
充电	充电连接、充电指示
电气安全	绝缘电阻、爬电距离

电动汽车仪表是一种集 LED、LCD 显示技术、步进电机控制技术于一体，适应电动汽车电子化、数字化、信息化发展的高新技术产品。其不仅囊括了常规仪表的功能，还包括整车蓄电池管理系统各参数的显示，电机运行状态参数的显示等。电动汽车仪表对各参数进行数字化测量，以便与其他电子控制系统进行数据交换，这使得电动汽车仪表的功耗、安全性、可靠性、舒适性、功能扩展以及在传输线束上得到更好的提高和改善。因此，电动汽车仪表在网络功能、显示功能、信息处理功能等方面也具有较高要求。

一、电动汽车仪表构成

电动汽车仪表主要分为指针类仪表、发光二极管仪表、智能仪表和液晶仪表，其显示内容主要有电量、速度、电源指示、欠电压指示、左右转向灯指示、前照灯指示、骑行模式、累计行驶里程等。由于不同车型的设计要求不同，组合仪表显示的信息内容也不相同。

电动汽车组合仪表主要包括表头(指针)显示、报警(指示灯)显示和车辆信息三大部分,如图5-37所示。

图5-37　雷克萨斯X450h混合动力汽车的组合仪表

1. 指针显示

指针仪表是电动汽车使用最广泛的仪表,传统汽车的指针仪表主要包括(发动机)转速表、车速表、燃油表、水温表等。由于纯电动汽车没有发动机,故其仪表板内没有发动机转速表、水温表和燃油表,但需要相应地增加电机转速表、电流表、电压表和剩余电量表等与纯电动相关的指示表。

1) 车速表

与传统汽车一致,用于显示汽车车速,车速表可分为磁感应式和电子式两种。磁感应式车速表利用磁感应原理,使汽车运行时表盘上指针的摆角与车速成正比;电子式车速表由车速传感器、信号处理电路、车速表组成。车辆以不同车速行驶时,信号处理电路将车速传感器输入的脉冲信号转变为与车速成比例的电流信号,使电流表的指针偏转,指示出相应的车速。

2) 发动机转速表

发动机转速表能直观指示发动机转速,是发动机工况信息的指示装置。发动机转速表按结构不同可分为机械式和电子式,而电子式转速表由于结构简单、指示准确、安装方便等优点,被广泛应用于现代车辆。目前,一些车型上使用的发动机转速表,采用专用集成电路芯片来实现信号的采集和处理,芯片的体积很小可以安装在转速表内。

3) 电机转速表

电机转速指电机转子的每分钟转速(r/min),是电机的一个重要参数。为测量电动汽车的电机转速,通常采用基于霍尔传感器的电子测速装置。该电机转速测速系统主要包括传感器、信号预处理电路、处理器等。霍尔传感器将电机转速信号转化为脉冲信号,通过脉冲计数实现对电机转速的测量。

4) 燃油表

燃油表用于指示汽车燃油箱内的存油量,主要由燃油指示表、油面高度传感器以及电源稳压器等组成。常用的燃油指示表有电热式、电磁式和电子集成式等形式。

5) 荷电状态表

荷电状态表用于显示动力电池的剩余容量,用符号"SOC"表示,即显示动力电池剩余电量与总容量的百分比。电池荷电状态与电池放电率、工作环境温度和电池老化程度等有关。此外,应设置相应的报警装置,当SOC低于某一规定值时,应进行报警,提醒驾驶员电池电量过低。

6)电压表

电压表用于测量(显示)动力电池的电压。在组合仪表的标度盘上应标示出恰当的工作电压范围,通常电压在300V以上。

7)电流表

电流表测量(显示)动力电池的电流,在组合仪表的标度盘上应规定准确的位置。对于具有再生制动功能的车辆,在标度盘0位置的两个方向上都应标示正常工作电流的范围,负电流表示能量回收。

由于纯电动汽车与混合动力电动汽车的动力源和驱动系统存在差异,因此二者的指针仪表显示内容也不尽相同。纯电动汽车和混合动力电动汽车的表头显示信息见表5-5和表5-6。

纯电动汽车显示信息　　　　　　　　　　表5-5

纯电动汽车显示信息	指示方式	刻度区间
车速表	指针/数字	0~240km/h 或 0~150mile/h
电机转速表	指针/数字	0~8000r/min
功率表	指针/数字	-100~300kW 或 -140~400hp
电机电流表	指针	±200A
动力电池电压表	指针	H~L
电池温度表	指针	H~C
电量表	指针/数字	0~100% 或 E~F

混合动力电动汽车显示信息　　　　　　　　表5-6

混动汽车显示信息	指示方式	刻度区间
车速表	指针/数字	0~240km/h 或 0~150mile/h
发动机转速表	指针/数字	0~8000r/min
功率表	指针/数字	-100~300kW 或 -140~400hp
燃油量表	指针	E~F 或 1/1、1/2、0
水温表	指针	H~C 或 50~130℃
电量表	指针/数字	0~100% 或 E~F

2. 报警显示

报警及信号指示装置用来告知驾驶员有关电驱动系统和动力电池正确操作条件的信息,习惯上称为报警指示灯。电动汽车组合仪表中常用的报警指示灯有:运行准备就绪、过热、超速、剩余容量低限、绝缘电阻、驱动控制器就绪、能量回馈故障、停车指示、充电指示、互锁指示、系统故障、动力蓄电池故障等。

(1)运行准备就绪指示灯点亮,表示整车控制器已经准备就绪,踩下加速踏板即可向驱动系统供电。

(2)当充电器向动力电池充电时,动力电池充电状态指示灯亮,表示电池当前处于充电状态,不可行车。

(3)电机及控制器过热指示灯亮,表示电机及其控制器温度过高(限值),此时如果继续行车将对车辆安全性造成严重影响。

(4)系统故障指电机系统故障。如果电机系统发生故障,其控制器向整车控制器发送故障码,此时系统故障指示灯点亮。

(5)当电池管理系统发生故障,或当前电池容量过低时,动力电池故障指示灯点亮。

3. 车辆信息

车辆信息主要是在液晶显示屏上显示关于车辆运行状态的基本信息,如总里程、平均车速、平均油耗、瞬时油耗、平均电耗、瞬时电耗、续驶里程等。

二、几种电动汽车仪表

目前汽车仪表正经历由模拟电路电子式仪表向全数字化仪表的转型期,汽车仪表正向着数字化、智能化的方向高速发展。由于电动汽车的电气设备较多,普通的数字仪表已无法满足电动汽车电气设备的需求。车载液晶数字仪表的应用为电动汽车电气设备的采集与控制提供了一种新思路。

传统仪表板都集中在驾驶员一侧,如时速表、转速表、水温表、油量表以及一些报警系统等,行车信息的分享性较差。现今,仪表与中控台采用集成设计,提高了行车信息的共享性。

1. 雪佛兰 VOLT 混合动力汽车仪表

VOLT 混合动力汽车采用专业的数字式仪表板,拥有两种操作外观,如图 5-38 所示,所有驾驶信息一目了然;能量叶和能量球使得驾驶员能够随时了解驾驶状况。燃油和电池以图文并茂的形式进行显示,一表多用,更为直观地显示了油量、电量和续驶里程等信息。车门和胎压信息以车辆图片形式显示,对报警位置一目了然,比单纯的指示灯报警更为直观。车辆仪表板为 7in(英寸)高精度触摸显示屏,能够帮助驾驶员全面了解行车导航、电力消耗、动力流向、充电计划等多项车况。

图 5-38 VOLT 混合动力汽车仪表

2. 奔驰 S 400 混合动力汽车

图 5-39 奔驰 S 400 混合动力汽车仪表

奔驰 S 400 混合动力汽车使用两块液晶显示屏,其中取代传统物理指针显示仪表板的显示屏长宽比为 8∶3。中央显示屏尺寸为 12.3 英寸,不仅可以提供音频、视频、导航、蓝牙等电话服务,还可显示车辆信息,实现车辆设定、家长控制等功能。仪表台左侧的显示器实现仪表板功能,虚拟指针表盘置于液晶仪表上,在凸显时尚感与科技感的同时,显示效果也更加清晰(图 5-39)。

参 考 文 献

[1] 麻友良,严运兵.电动汽车概论[M].北京:机械工业出版社,2012.
[2] John M Miller.混合动力汽车驱动系统[M].刘玉梅,赵聪聪,译.北京:机械工业出版社,2016.
[3] 谢明洁.电动汽车发展现状及前景[J].中国科技信息,2013,(22):120-122.
[4] 刘卓然,陈健,林凯.国内外电动汽车发展现状与趋势[J].电力建设,2015,36(07):25-32.
[5] 陈信强,沙文瀚,蔡文博.电动汽车控制技术发展趋势研究[J].内燃机与配件,2018,(12):204-206.
[6] 程启明,吴凯,王鹤霖.电动汽车技术的发展研究(续)[J].电机与控制应用,2013,40(08):1-4+28.
[7] 王丹,续丹,曹秉刚.电动汽车关键技术发展综述[J].中国工程科学,2013,15(01):68-72.
[8] 孙旭,陈社会.新能源汽车概论[M].北京:机械工业出版社,2016.
[9] 宋传学,王达,宋世欣.基于动力分布设计的增程式电动汽车[J].吉林大学学报(工学版),2015,45(03):681-688.
[10] 曹东江.增程式电动客车多动力源能量管理策略研究[D].北京:北京理工大学,2014.
[11] Amir Khajepour.纯电动和混合动力汽车机电控制技术[M].殷国栋,边辰通,译.北京:机械工业出版社,2016.
[12] 王少鹏,张安堂,王君力.用于混合动力汽车的软开关双向DC/DC变换器[J].重庆大学学报,2018,41(04):35-42.
[13] 秦大同,林毓培,胡建军.基于无级变速器速比控制的插电式混合动力汽车再生制动控制策略[J].吉林大学学报(工学版),2018,48(02):380-386.
[14] 刘永刚,李杰,秦大同.基于多工况优化算法的混合电动汽车参数优化[J].机械工程学报,2017,53(16):61-69.
[15] 沈登峰,王晨,于海生.复合功率分流混合动力汽车能量管理策略研究[J].汽车工程,2017,39(01):15-22+27.
[16] 夏超英,杜智明.丰田PRIUS混合动力汽车能量优化管理策略仿真分析[J].吉林大学学报(工学版),2017,47(02):373-383.
[17] 于永涛.混联式混合动力车辆优化设计与控制[D].长春:吉林大学,2010.
[18] 党超.电动汽车电池热管理系统研究[J].内燃机与配件,2018(24):188-190.
[19] 郑岳久.车用锂离子动力电池组的一致性研究[D].北京:清华大学,2014.
[20] 刘伟龙,王丽芳,廖承林.基于模型融合与自适应无迹卡尔曼滤波算法的锂离子蓄电池SOC估计[J].汽车工程,2017,39(09):997-1003.
[21] 周苏,韩秋玲,胡哲.质子交换膜燃料电池故障诊断的模式识别方法[J].同济大学学报(自然科学版),2017,45(03):408-412.
[22] 陈维荣,刘嘉蔚,李奇.质子交换膜燃料电池故障诊断方法综述及展望[J].中国电机工程学报,2017,37(16):4712-4721+4896.
[23] 胡晓松,唐小林.电动车辆锂离子动力电池建模方法综述[J].机械工程学报,2017,53

(16):20-31.

[24] 谢潇怡,王莉,何向明.锂离子动力电池安全性问题影响因素[J].储能科学与技术,2017,6(01):43-51.

[25] 曲炳旺,陈会翠,邢夏杰.质子交换膜燃料电池变载过程动态响应分析[J].同济大学学报(自然科学版),2017,45(S1):110-116.

[26] 常国峰,季运康,魏慧利.锂离子蓄电池热模型研究现状及展望[J].电源技术,2018,42(08):1226-1229.

[27] 王震坡,丁晓林,张雷.四轮轮毂电机驱动电动汽车驱动防滑控制关键技术综述[J].机械工程学报,2019,55(12):99-120.

[28] 邵玉龙.电动汽车BMS关键技术研究及硬件在环测试系统构建[D].长春:吉林大学,2018.

[29] 张雅歌.纯电动汽车用永磁同步电机无位置传感器控制研究[D].长春:吉林大学,2018.

[30] 周汉秦.电动汽车用直驱式轮毂电机设计与优化[D].杭州:浙江大学,2018.

[31] 李刚,王野,宗长富.四轮轮毂电机电动汽车行驶状态估计[J].汽车工程,2018,40(02):150-155.

[32] 杨喜峰,王耀南,刘东奇.增程式电动汽车串联再生制动控制策略[J].控制工程,2018,25(02):238-244.

[33] 周飞鲲.纯电动汽车动力系统参数匹配及整车控制策略研究[D].长春:吉林大学,2013.

[34] 卢东斌,欧阳明高,谷靖.电动汽车永磁同步电机最优制动能量回馈控制[J].中国电机工程学报,2013,33(03):83-91+12.

[35] 王猛,孙泽昌,卓桂荣.电动汽车制动能量回收最大化影响因素分析[J].同济大学学报(自然科学版),2012,40(04):583-588.

[36] 郑维.混合动力汽车动力总成参数匹配方法与控制策略的研究[D].哈尔滨:哈尔滨工业大学,2010.

[37] 赵国柱.电动汽车再生制动稳定性研究[D].南京:南京航空航天大学,2006.

[38] 何洪文,余晓江,孙逢春.电动汽车电机驱动系统动力特性分析[J].中国电机工程学报,2006,(06):136-140.

[39] 詹迅,秦大同,杨阳.轻度混合动力汽车再生制动控制策略与仿真研究[J].中国机械工程,2006,(03):321-324.

[40] 王天怡.基于轮毂电机汽车的全轮线控转向系统控制策略开发[D].长春:吉林大学,2019.

[41] 曹汝恒,刘松,张书义.新能源汽车空调系统的现状及发展趋势[J].汽车实用技术,2016,(06):106-108.

[42] 王振国.基于CAN总线的纯电动汽车组合仪表设计[J].上海汽车,2013,(03):21-24.

[43] 谢卓,陈江平,陈芝久.电动车热泵空调系统的设计分析[J].汽车工程,2006,(08):763-765.